U0933902

厦门大学哲学社会科学繁荣计划资助项目

妇女/性别研究

2020年卷（总第七卷）

Women/Gender Studies

邓朝晖◎主　　编
王　宇◎执行主编

厦门大学出版社
XIAMEN UNIVERSITY PRESS
国家一级出版社
全国百佳图书出版单位

图书在版编目(CIP)数据

妇女/性别研究.2020卷:总第七卷/邓朝晖,王宇主编.—厦门:厦门大学出版社,2021.3

ISBN 978-7-5615-8087-5

Ⅰ.①妇… Ⅱ.①邓… ②王… Ⅲ.①妇女问题—研究—中国 ②性别差异—研究—中国 Ⅳ.①D669.68 ②D669.1

中国版本图书馆 CIP 数据核字(2021)第 043556 号

出 版 人 郑文礼
责任编辑 曾妍妍

出版发行 厦门大学出版社
社　　址 厦门市软件园二期望海路 39 号
邮政编码 361008
总　　机 0592-2181111 0592-2181406(传真)
营销中心 0592-2184458 0592-2181365
网　　址 http://www.xmupress.com
邮　　箱 xmup@xmupress.com
印　　刷 厦门市金凯龙印刷有限公司

开本 787 mm×1 092 mm 1/16
印张 14.25
插页 1
字数 340 千字
版次 2021 年 3 月第 1 版
印次 2021 年 3 月第 1 次印刷
定价 69.00 元

厦门大学出版社
微信二维码

厦门大学出版社
微博二维码

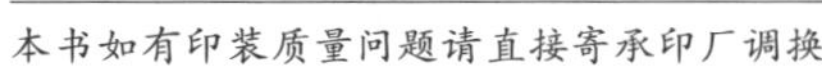

刊首寄语

2006年6月，厦门大学与中华全国妇女联合会、中国妇女研究会合作共建妇女/性别研究与培训基地（以下简称"基地"）。在全国妇联、福建省和厦门市妇联领导的大力支持下，在厦门大学党委的领导下，基地坚持以马克思主义妇女观为指导，坚持服务国家经济建设和社会发展，注重发挥厦门大学综合性大学优势和地缘优势，汇聚了一支具有不同学科背景和专业特色、研究能力强的妇女/性别研究力量，积极传播先进性别文化，跨学科交叉研究成绩斐然，努力打造妇女/性别研究的"厦大学派"。

《妇女/性别研究》正是我们这个基地创办的集刊，2014年创刊至今，每年一辑，迄今已出版六辑。这是一个综合性学术刊物，旨在推动国内外妇女/性别的理论和实践研究，推动妇女/性别研究在不同学科的交流与发展，主要刊登在文学、经济学、教育学、法学、社会学、公共卫生学等学科的妇女/性别研究成果，尤其注重海峡两岸学术界妇女/性别研究的最新进展和最新成果。目前发表国内外各个学科的性别研究成果近百篇，同时开辟专栏，鼓励研究生投稿，培育优秀青年人才，已成为体现厦门大学妇女/性别研究与培训基地学术成绩和学界影响的一个重要窗口。

2020年卷（总第七卷）的出版适逢厦门大学百年校庆，我们汇聚妇女/性别研究的优秀作者，跟踪学科前沿，面向现实问题，精心选题编辑，以此作为向厦门大学百年校庆献上的一份厚礼！希望妇女/性别研究的成果为厦门大学"双一流"建设贡献力量。

来日正长,《妇女/性别研究》方兴未艾。我们将深入学习贯彻习近平总书记关于妇女工作重要论述,吸引更多优秀人才从事妇女/性别研究,博采众长,海纳高见,砥砺学海,精进学业。我们将更加重视妇女参与社会的作用,不仅埋首耕耘于妇女与性别的研究,更执着于性别平等与两性和谐发展的实践行动,为男女平等基本国策的落实,为全球妇女事业的发展贡献力量。

厦门大学副校长、《妇女/性别研究》主编　邓朝晖

2020年初秋

目 录

性别与社会学、哲学

书　评

Contents

Gender and History

Gender, Sociology and Philosophy

Book Reviews

女性学学科建设

Disciplinary Building of Women's Studies

Women/Gender Studies

再论女性学的学科地位与发展态势

叶文振*

内容摘要：女性学虽然只是一个新兴学科，却显示出相当丰茂的学科生命力。本文将通过对前人研究的梳理和思考，重新理解女性学的学科界定及其研究范式，综合评价女性学的知识价值和学科贡献，并在学科崛起和演进历程的再现中，前瞻女性学的学科发展态势。我们认为，没有妇女，就没有女性学；没有党和国家高度评价、尊重与爱护的中国妇女，也就没有女性学在中国的繁荣与发展。

关键词：女性学；学科地位；发展态势

作为一个新兴学科，女性学是怀着反对性别歧视、实现男女平等的崇高使命，一路执着地走过来的。尽管到今天以男性为中心的学科界依然还质疑女性学知识体系的科学性和学科存在的合理性，但它的生命力却没有减弱，反而在参与和推进女性研究的过程中，通过与其他学科的同场论道，充分彰显出完全可以自立于学科之林的学科品质和力量。本文将在梳理前人研究的基础上，重新认识女性学的学科界定和研究范式，综合评估女性学的知识价值和学科贡献，并在学科演进过程的回首中，预示女性学的学科发展态势。

一、女性学的概念界定

在第二波妇女运动中诞生的女性学，既是妇女运动的延续，又是一场在知识生产、传播和培养系统中的运动和革命。① 女性学还源于女性主义这股力量，“女性主义思潮是女性学的思想之源”。② 随后历经40多年的演化，它不仅成了美国高校中广受学生欢迎、深得学者赞赏的“显学”，而且还发展成一个科目种类日臻齐全、学科边界日益扩展的跨学科领域。③ 而在我国，根据社会学家邓伟志教授的回忆，女性学的出现是老一辈妇女理论工作者侯荻同志在20世纪80年代初以“妇女学”的概念提出的，1984年又被作为一个专题在全国妇女理论研讨会上展开讨论。时至今日，我国已经推出20本关于女性学的教材，其中第一本女性

* 叶文振，男，汉族，美国犹他大学社会学博士、福建江夏学院教授，研究方向为人口学、女性社会学。

① 杜芳琴.性别平等、女性学与女性主义人才的培养——以课程为中心的本土研究与实践[J].山东女子学院学报，2013(1).

② 韩贺南，张健.女性学导论[M].北京：教育科学出版社，2005：2.

③ 王卓，王恩铭.美国女性学的历史沿革[N].中国社会科学报，2015-8-24.

学教材——《女性人类学》是在1988年出版的。[①] 如果单以教材建设作为认定标识的话，我国女性学学科发展已经有32年的历史了。

中外学术界对女性学有不少的界定，至今还没有形成一个比较权威的定义。美国学者认为，女性学是“以女性在历史上和制度上一直受歧视这一性别上的不平等为基础，追究产生这种不平等的宗教、哲学和社会思想根源，使它成为女性依靠自己力量消除不平等的手段，并致力于通过妇女力量来进行社会改变和文化革命的科学”[②]。日本女性学会指出：“所谓女性学，是从尊重女性人格的立场出发，跨学科地研究女性及妇女问题，并以女性的观点重新研究已有学问的一门科学。”[③]韩国学者金成南则把女性学界定为：“女性学是以性别平等主义观点为中心，从批判的角度出发，研究与爱情、婚姻、性、家庭、劳动、法律、经济、政治、文化等领域相联系的男女人生的科学。”[④]

中国学者也给出多个关于女性学的定义。《女性人类学》是这样界定的：“女性学是对女性本体的多学科研究，是从女性意识出发对既有学问的全面质疑和重新阐释。”[⑤]北京大学魏国英将女性学解释为“有关女性的理论和知识系统”，是“一门关于作为整体的女性的本质、特征、存在形态及其发展规律的科学”。[⑥] 首都师范大学啜大鹏的定义更为简约，女性学“可以简单地概括为关于女性的学问”。[⑦] 叶文振强调：“女性学是研究女性本质以及女性生存发展现象与规律的综合性科学。”[⑧]山东女子学院王蕾蕾和李桂燕也持一样的观点，“是将女性置于性别关系之中，跨学科地研究其本质、生存与发展现象及其规律的一门综合性学科”。[⑨] 中华女子学院韩贺南也指出，“女性学是研究性别平等的社会、历史文化建构作用与机制的综合性学科”。[⑩]

综上所述，本文认为，女性学是关于女性的科学，是用尊重和平等的学科立场、理论与方法研究女性的学问，是研究女性作为人的存在本质、生存与发展的性别规律以及在两性关系中的地位演进的学科。

作为科学，女性学体现在对科学的知识敬畏和使命担当。科学是一个建立在可检验的解释基础上和对客观事物的形式、组织等进行预测的有序知识系统。作为科学两个重要分支的自然科学和社会科学也都是经验科学，因为它们的知识基于经验观察，并且能够由在相同条件下工作的其他研究人员检验其有效性。历史上，科学一直是男性主导的领域，以男性为中心的过往科学，有意识地把由男女两性构成的客观世界看成只是男性或由男性主宰的单一世界，他们所给出的解释是经不起检验的，存在着极大的性别偏差和歧视。以心理学为

---

① 禹燕.女性人类学[M].北京：东方出版社，1988.

② 叶文振.一朵早放的女学之花——读《女性人类学》有感[J].山东女子学院学报，2019(6).

③ 富士谷笃子.女性学入门[M].张萍，译.北京：中国妇女出版社，1986：1.

④ 中央民族大学中国少数民族妇女研究中心.21世纪妇女发展国际研讨会论文集[M].北京：中央民族大学出版社，2001：125.

⑤ 禹燕.女性人类学[M].北京：东方出版社，1988：4.

⑥ 魏国英.女性学概论[M].北京：北京大学出版社，2000：8.

⑦ 啜大鹏.女性学[M].北京：中国文联出版社 2001：1.

⑧ 叶文振.女性学导论[M].厦门：厦门大学出版社，2006：2.

⑨ 王蕾蕾，李桂燕.女性学[M].北京：科学出版社，2013：4.

⑩ 于光君.女性学学科范式与学科地位研讨会综述[J].妇女研究论丛，2013(1).

例，在以男性为中心的二元性别文化的影响下，心理学界不仅在20世纪60年代之前把对于个体心理研究对象局限于男性，而且还把传统的男性气质看成是包括女性在内的成年人心理健康的规范和标准，结果一方面影响对女性心理健康的必要关注和研究，另一方面还在一定程度上忽视了女性正常的心理需求，低估了女性心理健康问题的严重性，甚至让女性陷入双重的约束，直接成为女性心理压力产生的成因。① 就像西方女性主义者对西方男性主流社会学所批判的那样，传统的社会学也存在着同样的缺陷，都在很大程度上影响了该学科的科学性：(1)其理论主要是研究男人和服务于男人的；(2)其研究往往以男性样本为基础，由此得出结论后推及整个人类；(3)往往忽视女性领域，轻视女性状况的研究；(4)一旦女性进入社会学的研究视角，对她们的描述往往是歪曲性的，带有性别歧视的；(5)极少以生物性别和社会性别作为解释社会现象、分析社会问题的变量。② 显然，女性学把被以男性为中心的过往科学屏蔽的女性请回到科学所研究的客观世界和人类社会，使原来因为女性缺失而不完整的客观世界和人类社会恢复了本来的双性全貌，使原来由男性代言的半个世界或用男性性别经验推论的女性世界终于能够由女性自己发声、真实地呈现自我，更使原来经不起检验的、更不能用来预测的知识系统回到真正的科学轨道上。从这个意义上来讲，女性学的诞生，是科学发展的一种必然，它不仅推出一个专门的科学来研究被科学有意识遗忘的女性世界，而且还对人类至今所形成的知识系统进行前所未有的大反思和再检验，让科学不负众望、实名而归！

作为学问，女性学首次把尊重和平等引入科学伦理当中，甚至可以说是对以往科学伦理的一次历史性的重建。科学伦理道德，是指人们在从事科学研究活动时对于社会、自然关系的思想与行为准则。从本质上看，科学伦理道德源于对世界的科学认知，体现了一种正确的价值观念，是科学界应该共同承担的社会责任和恪守的行为规范，是科学界继承、发展的文明共识，是科学精神和人文精神的结合。所以科学伦理是科学研究与创新的精神动力、现代文明理念引领不可或缺的一个先进文化氛围。③ 从以往的科学伦理建设来看，科学界则偏重于自然科学技术的伦理构建，对社会科学伦理要求又更多集中在学术规范，而最为重要的对被研究对象作为有尊严的人的存在的尊重和平等以待，却没有引入科学伦理建设的重要议程中来，贯穿到学科应该持有的价值观念导向、理论建构原则和方法应用规范中去，最终出现像早期心理学和传统社会学那样的科学伦理偏差也就不足为奇了。一旦把性别尊重和平等作为科学研究的一个先进的价值观念或现代的文明理念，女性学所倡导的学科伦理就会给科学带来一种里程碑式的变革，如心理学家桑德拉·比姆在综合传统的男性与女性特点的基础上，提出适合于男女双方心理健康性格特点的雌雄一体的测试法，即一个协调的雌雄一体的人格是两个性别特质的兼容，既具有女性素质，如清醒、照顾人、温柔敏感及合作精神，又具备男性素质，如进攻性、独创性、领导能力与竞争性等。她认为双性化的个体会优于性格类型化的个体，他(她)能够更灵活、更有效地对各种情境做出反应，较好地发挥个体潜

① 叶文振.中国女性心理健康：现状、原因与对策[J].马克思主义与现实，2010(5).

② Abbott P, Wallace C. An Introduction to Sociology: Feminist Perspectives[M]. New York: Routledge, 1993. 王金玲.女性社会学[M].北京：高等教育出版社，2005：3.

③ 刘建明，王泰玄，等.宣传舆论学大辞典[M].北京：经济日报出版社，1993.

能，因此心理会更健康，满足感会更大。[①] 又如中国学者王金玲联合一批优秀的女性学学者推出《女性社会学》，特别强调，“本学科必须具备妇女的立场、妇女的视角、妇女的意识、妇女的经验、妇女的出发点和妇女的目的，但它不认为妇女是一个有别于男子的阶级，也不与男性相对立，更不视男性为敌。它力图使研究成果有利于国家和社会的运行与发展，反对父权家长制对男女两性的压迫与摧残，力争与男性一起共同获得有利的生存与发展机会”[②]。

作为学科，女性学不仅旗帜鲜明地把女性作为自己直接研究的对象，而且把过去任意被拆解、被碎片化甚至被生理化的刻板分析全面提升到一个完整的、系统的、社会化的学科研究。既然人的存在是一个完整的金字塔结构，是由自然存在、社会存在和精神存在这三个层面构成的，[③]那么不管男性女性，他（她）都是一个包含这三维存在的完整的人。过去片面强调的自然存在的女性显然只是女性学所研究的女性的一个维度，它还独树一帜地拓展到作为社会存在和精神存在的女性，以突出女性作为人的存在完整性以及女性学研究女性的学科完整性。在女性学学科视野里，女性存在的本质，其实就是一个创造与被创造、建构与被建构的过程，女性学的研究目标就是加快实现女性与男性之间、女性与社会之间平等地互为建构和升华。关于生存与发展的性别规律，女性学既关注女性的现实生存状况，更重视女性发展的性别规律，不论是新中国成立70多年来女性和国家的同步发展、女性和男性的协调发展，还是女性个人的全面发展，都早已纳入它的研究议程里。至于两性关系中的地位演进是女性学的核心议题，和前面两个重大问题都密切相关，甚至互为解释，从过去女性对男性的依附，到女性对男性的对抗和权益诉求，再到相对的性别自立和平等，以至今后更多地以比较优势互补为基础的性别合作与和谐，女性学始终以历史唯物主义、社会性别意识的学科视角跟踪女性性别地位演进的方向、速度、质量和溢出的经济社会和文化效应。很显然，年轻的女性学做了不少古老的学科未曾想过和做过的事，它不仅在改变着科学发展的路径和方向，而且也让自己快速成长和成熟起来，可以预期，有了女性学这支鲜艳的春花，学科之林的春天才是有温度和美丽的！所以清华大学肖巍的观点还是有道理的，“国外女性主义新发展对女性学学科建设的启示，是在承认女性学科时，得给出合理性论证，得有说服人的东西。合理性实际上是价值的预设，是合理的可接受性。女性学学科论证就是要论证合理的可接受性”。[④]

二、女性学的研究对象

在讨论女性学的研究对象之前，我们先来厘清女性学和妇女研究之间的重要区别，明确作为一个学科的基础性标志。

① 周诗乐.女性学教程[M].北京：时事出版社，2005：227.

② 王金玲.女性社会学[M].北京：高等教育出版社，2005：6.

③ 禹燕.女性人类学[M].北京：东方出版社，1988：21.

④ 于光君.女性学学科范式与学科地位研讨会综述[J].妇女研究论丛，2013(1).

(一)女性学与妇女研究

在西学的语言系统里,学科主要是指知识的一个类别或者一个分支,或者是相关联的几个课程,有时候也用领域和专业来表示。所以准确地来讲,Women's Studies 还不能直接翻译为女性学,而应该是指妇女研究。其实经过这些年的努力,我们已经弄清楚了女性学和妇女研究是不同的概念,存在着比较明显的区别。

妇女研究是一个学术范畴,本质上是一个开放的领域,很多学科都可以介入,带着它们的理论视角,也带着它们的研究范式,对同样一个女性问题也就有了不同学科的探讨,形成不同学科的理论解释和政策应对,所以妇女研究本质上具有非常突出的跨学科或者多学科的学术属性。而女性学是一个学科概念,有自己作为一个独立学科的明确边界,通过这个学科边界,展现和守护本学科的理论体系和研究范式,并应用这些理论架构和研究范式,形成与其他学科不一样的对女性问题的探索和解释,在和其他学科的横向竞争和比较中,显示出本学科在妇女研究领域中的学术地位。

显然,我们既要明确区分女性学和妇女研究这两个概念的本质差别,认识女性学作为妇女研究主打学科的学科地位;又要坚定把主打学科做强做大的学科自信,加大发展的力度。否则女性学不仅很难成为一个主导力量,在引领妇女研究上,显得底气不足、力不从心,而且还有可能偏离既定的学科方向,一些学者会习惯性、无意识地又回归到其他传统学科里面去。[①]

(二)女性学的学科标识

根据女性学学者畅引婷的建议,"妇女学学科'建设'可以借用已经发展了的其他学科的理论资源和物质资源来发展自身,在相互融合中对其他学科中男性中心的知识霸权形成挑战,进而在'跨学科'的发展过程中确立自己的学科地位"[②]。我们不妨借用现有的学科定义,以及其他学科的建设经验来阐明女性学的基础性学科标识。

在百度百科,学科是指相对独立的知识体系。而一个学科的最后兴起或一个知识体系的建成,是源于活动和经验而来的知识不断积累和演进的结果,即"人类的活动产生经验,经验的积累和消化形成认识,认识通过思考、归纳、理解、抽象而上升为知识,知识在经过运用并得到验证后进一步发展到科学层面上形成知识体系,处于不断发展和演进的知识体系根据某些共性特征进行划分而成学科"。其实,女性学也大体上经历了这个过程,从历史上长期被剥夺和不平等对待的境况和体验中产生女权诉求,当越来越多妇女逐渐走出家庭,进入一向被男子所独占的公共领域,表现出了不亚于男子的能力,更促使她们对女性本身所具有的性别潜质和作为人存在的价值进行发掘和反思,进而上升到女性完全可以从自身潜质出发,而不是从男性的尺度出发,充分利用自己的性别潜能和优势去实现人生价值的认识,这些觉悟和认识不断地得到叠加、验证和抽象以至发展成比较完整的女性主义知识体系,最后作为一个独立学科的女性学也就水到渠成了。

---

① 叶文振.女性学学科意识与女性学开放发展——中国女性学学科建设 40 年[J].中华女子学院学报,2018(6).叶文振.一朵早放的女学之花——读《女性人类学》有感[J].山东女子学院学报,2019(6).

② 畅引婷.命名与建构:妇女学学科建设新思考[N].中国妇女报,2020-2-18.

但是作为一个学科确立的标识,各学科有着不同的经历和看法,还没有形成比较统一的共识。如心理学的诞生是以实验室建立这一个标志性事件发生作为标识的。1879 年,德国心理学家冯特在莱比锡大学建立世界上第一个心理学实验室,开始对心理现象进行系统的实验研究,使心理学从此成为一门独立的学科,冯特也因此被称为“心理学之父”。又如,“社会学理论”的形成是社会学学科独立的基本标志,“社会学可以理直气壮地宣称自己毫无疑问属于一门学科,原因有两个:其一是它有一个被广泛公认的理论传统,其二是它在方法论上有一种严肃的态度,即以精密的方法来指导研究”①。再如,一些学科是以本学科第一本教材的推出作为学科形成的标志,像教育学作为一门独立的学科萌芽于捷克教育家夸美纽斯的《大教学论》,而成为一门独立学科的标志则是赫尔巴特于 1806 年出版的《普通教育学》。还有的学科兴起是和专业确立或者人才培养体系形成相连接的,如林学学科形成的标志是林业高等院校中水土保持专业的确立(1958)和第一本《水土保持学》教材的诞生(1961),而翻译学从语言学和应用语言学中独立出来成为一门新兴的学科,其重要标志之一就是在高校形成完整的培养体系。结合以上这些学科的经验,女性学也可以理直气壮地宣称自己早已是一门独立的学科了,因为所有这些标志,女性学都全部具备了。

在学科发展日趋成熟、老学科传统学科架构相对庞大甚至出现一些研究领域的学科垄断的今天,一个新的学科的兴起、独立与发展是非常不容易的。作为一个新兴学科,女性学也有着一样的经历。回首过往,它的建设是一个三部曲的过程,即划出学科边界、搭建学科架构和建造学科实体,其中划出学科边界也就是亮出女性学作为一个独立学科的标志,而其后两部曲是让女性学的知识体系更丰满和科学,也让其学科标识变得更加富有价值和意义。②

划出女性学有别于现存的其他学科的边界,也就是要在哪里打桩和建造自己的学科架构和实体,很显然,我们不能在社会学的界别里播种,也不能在经济学的地上种植,否则那长出来的只能是社会学或经济学的庄稼。女性学的学科边界至少拥有三大标记:

一是女性研究的域界。也就是学科的关注和研究的对象是女性,是从女性衍生出来的各种问题,如女性内部的阶层差异、女性外部的男女关系,还有女性生存与发展规律等,这个领域是女性学的初始和永久居所、重大的作为空间和力图称王的主战场,不同于其他学科可能随时撤走或放弃,女性学则与这个阵地同在,把学科的旗帜高高举起,其他学科如社会学和经济学,即使没有这个领域也不影响社会学、经济学的学科存活,相反,女性学一旦失去女性研究这个领域,自己也就不复存在了。

二是理论与方法的疆界。这是涉及女性学有别于其他学科的地标问题,如果其他学科还是在女性研究领域插上世袭的或习惯性的男性中心视角标记,那么女性学就应该通过本学科的理论和方法的发展来亮起不一样的学科旗帜,并在女性研究领域形成更科学的学术高地,让其他学科相形见绌,让本学科的边界不断外延。所以本学科的理论建设与方法创新变成一个首要的任务,它不仅关系到能不能守住自己的学科阵地,而且还波及是否进一步强化本学科的拓疆能力,或者让其他学科知趣而退,或者主动地引进女性学的关键要素,进行

① 马尔科姆·沃特斯.现代社会学理论[M].杨善华,李康,等译.北京:华夏出版社,2000:1.

② 叶文振.女性学学科意识与女性学开放发展——中国女性学学科建设 40 年[J].中华女子学院学报,2018(6).

学科内部的理论与方法的变革。从这个意义上来说，我们在相当一段时间内去推进的女性主义、社会性别意识，特别是马克思主义妇女观和新时代中国特色社会主义妇女思想的理论体系建设，是非常必要的，而且要全力以赴做好做强的，女性学理论和方法建设滞后于女性研究、女性学方法创新又滞后于理论建设的现存格局不能再继续下去，是时候予以全面调整，以重现女性学理论与方法优先发展、女性学理论建设与女性研究之间形成良性互动的女性学学科发展的新格局。

三是研究范式的边界。相对来说，这方面既模糊不清，又没有得到学界足够的重视。其实，对于一个新兴学科来讲，更要在研究范式上弄清楚自己的价值取向和风格特征，否则就有很大的可能在不知不觉中被老学科湮没或同化了，这个问题将放在第三部分集中论述。

总之，精准划定女性学的学科边界，才能明确我们需要严守的学科阵地和努力作为的学科空间，才不会淡化女性学的学科意识，还可以防范学科开放发展对女性学学科独立性的冲击；科学设计和勾画女性学的主体架构，才能明确女性学这座学科楼群的全貌，了解主楼与副楼的关系以及各自的职责和功能，才不会造成学科知识的碎片化和逻辑上的脱节；高度重视女性学的实体建设，坚持力量的统筹与建设的开放性，才能准确体现蓝图设计的意图，提高学科建设的效率和质量，才不会让学科建设规划放空，防止女性学的学科意识和地位不升反降。

（三）女性学的关注对象

既然宣称自己是关于女性的科学，那么女性学所全力关注和研究的对象自然就是占世界人口一半的女性。纵观学科史，似乎还没有一个学科能如此倾力而为把女性直接作为自己的研究对象，这既是女性学学科的独特风采，又是她能够引领其他学科的力量所在。

第一，女性学扭转了学科发展路径。以男性为中心的学科发展史历来没有把女性作为直接的研究对象，即使偶尔被拉到研究场域，也基本上是满足男性的性别需要，女性作为人的存在的尊严得不到尊重，女性的价值被严重遮掩和贬低，其目的都在于强化父权制和男权文化的合理性和稳定性。女性学不仅把女性作为被尊重的研究对象，请回到科学的知识领域，而且还力图让女性用自己的眼光看待自我、看待世界和看待两性关系，这种从性别缺失到性别上场、从被代言被推论被曲解到自己发声、讲述和解说，从根本上改变了女性在学科中的性别地位，阻止了学科不科学甚至沦为利益工具的知识腐败。从这个意义上来说，女性学的兴起是学科发展史上一个里程碑式的变革。

第二，女性学把历史还给了女性。由于男权意识科学的边缘化、扭曲和屏蔽，女性是没有历史的，或者只有被任意建构的历史，不论是父权制下女性经受的卑微和艰难的岁月，还是忍辱负重的女性仍不失家国情怀挺身于危难之际，都被掩藏和湮没在主要抒写男性的人类历史里。女性学不仅批判了历史上女性没有被抒写或者被任意抒写的性别不尊重和不平等，揭开了不抒写或者不如实抒写女性的历史真相，还呼吁历史是可以重写的，而且女性自己才是历史的真正主人、才是抒写历史的最好作者。不少女性学学者把科学精神与人文情怀融合起来，借用改进后的口述史研究方法，让许多古稀妇女回望自己的过往、诉说父权制生活的悲凉和分享女性人生的感悟，就是一个向女性返还历史的女性学学科举动。

第三，女性学还和女性共担光荣使命。女性学努力揭示过往科学和历史的社会建构所造成的对女性的性别危害，呼吁女性一起来解构所有对女性的不尊重、不平等和不真实的性别塑造，完全不是为了性别复仇和对抗，也不是重拾男性的过往做法，宣扬和建构以女性为中心的思想，而是面向两性关系的未来，着眼于和男性一起重构性别新秩序，共同建设男女平等以待、和谐相处，两性同体共生、合作发展的性别新世界！所以女性学不在意任何对本学科的污名化言行，坦然面对因为还缺乏了解而出现的质疑和担忧，并始终相信随着自己的不断发展和壮大，女性学会得到学界的敬重和推崇。

在女性学的学科运行中，作为直接研究对象的女性，具有几个传统学科不可能关注到的集体属性：

一是完整性。女性学关注和研究处于不同年龄段的全部女性，甚至包括还在母亲身体孕育的女性胎儿，有研究表明，传统生育文化对女性的歧视在还没出生的时候就发生了，男孩子妊娠分娩费用要比女孩高出60%以上，这高出部分主要体现在额外营养费、雇工照顾费和婴儿用品预购费上的男孩女孩差别。① 鉴于妇女的习惯用法和传统含义，用女性学要比妇女学更能体现本学科研究对象的完整性。与此同时，女性学还关注和研究女性作为人的存在的所有维度，包括前面提到过的自然或生理维度、社会维度和精神维度，尊重和研究女性作为人的完整性，是女性学一贯的学科主张和坚持，也是对传统学科片面强调女性的自然和生理特征进而固化父权制下性别关系的错误做法的彻底纠偏。

二是动态性。作为整体，女性的动态性表现在她的性别历史的演进及其规律，还有阶段性的特征以及女性在这个历史过程中的地位和作用的变化。作为个体，女性的动态性体现在每一个女性都有自己的生命周期或历程，她的生命周期不同阶段是依次推进的，但是在父权制情境下基本上又是同构的，对生命的未来不可能有个人的预期。女性学突出研究对象的动态性在于关注女性的过往遭遇、追究女性性别命运的历史责任、赋予女性应该拥有的历史地位和发挥作用的权益，实现从被历史遗忘到被历史记住、从历史的边缘人到历史的主人的动态变化；在于不仅仅关注女性的某一个生命时点，而是研究她的生命周期的全过程，进而能够为女性生命周期的节节推进、实现最完美的人生价值提供友好型的文化和制度支持。

三是差异性。它包括女性和男性之间的外部差异、女性和女性之间的内部差异以及多个分类的复合或者交叉差异性。是否存在不合理的男女之间性别差异是女性学研究首先关注的话题，这种外部差异分析既有从人的存在完整性从发，观察三个维度的性别差异，又有从动态性视角切入，描述男女性别差异的历史演变和两性生命周期的阶段表现，还有从差异的性质入手，论述男女之间的结果差异、过程差异和获得等量结果的付出或者成本差异等。女性学也关注女性性别内部的差异，如当代女性和传统女性的差异、东西方女性的差异、城乡女性的差异、高学历和低学历女性的差异等，其研究目的在于共享性别发展的成功经验，形成性别联盟或共同体，帮助和扶持相对弱势和发展滞后的姐妹。女性学还重视多重分组后的复合差异分析，观察在性别不平等的文化和制度下，每叠加一个分组标识都可能扩大男女之间的性别差异，如离婚女性在再婚市场的行情就会因为拥有婚生孩子又人到中年而大幅度降落，与同样背景离婚男性之间的再婚机会差异就会明显扩大。

四是贡献性。在女性学的学科版图里，女性与贡献的关系一直是很突出的，充分估计女性对人类社会发展与进步的性别贡献始终摆在非常重要的研究议程里。在历史上，即使受到传统性别文化与制度的不平等对待，女性也依然在默默地为家庭幸福和社会稳定做出不

① 叶文振.孩子需求论——中国孩子的成本和效用[M].上海：复旦大学出版社，1998：194.

可磨灭的历史贡献。到了今天，女性的性别贡献更是超越了男性的想象，他们甚至发出感叹，以女性现在的发展势头，“男孩危机”将可能扩散到“男人危机”。有学者在第100个三八妇女节的时候撰文指出，中国女性对中国当代发展的性别贡献主要体现在四个方面：第一，中国女性自觉地承担了改革开放的许多责任甚至代价，在一定程度上为中国当代发展铺平了道路；第二，中国女性社会与家庭的“双肩挑”既直接参与经济财富的创造，又为中国当代发展提供相对稳定的家庭与社会环境；第三，中国女性对社会的参与还潜移默化地改变着中国当代发展的思路和模式，提高中国当代发展的效率和质量；第四，中国女性对中国当代发展的贡献还体现在她们对中国男性的性别带动，这种带动是来自正确对待“性别挤压”或“性别自我反省”而产生的一种男性群体的自我完善与提升。① 女性学对女性性别贡献的关注和估计将会彻底改变社会对女性的刻板印象，扩大当代女性在公共领域的作为空间。

三、女性学的学科范式

每一个学科都有区别于其他学科的研究范式，它不仅体现学科的学术共识，而且还在具体实践中维护学科的集体意志和风格。就像学者石彤所指出的，缺乏共同范式的学科不能算是严格意义上的学科，具有统一范式的学科才是具有科学意义的学科。②

(一)范式的界定

范式(paradigm)是美国科学史学家库恩(T. S. Kuhn)1962年在其重要著作《科学革命的结构》中提出的核心概念。库恩认为，“范式就是共有的范例”，“‘范式’一词有两种意义不同的使用方式。一方面，它代表着一个特定共同体的成员所共有的信念、价值、技术等构成的整体。另一方面，它指谓着那个整体的一种元素，即具体的谜题解答；把它们当作模型和范例，可以取代明确的规则以作为常规科学中其他谜题解答的基础”③。

学者赵静蓉对库恩的范式做了一个简单的解说，“范式既是一种世界观，也是一种方法论，是制约和规范特定的科学家共同体，对其观点、信念和行为方式发挥协调和整合作用的理论体系。对于某一学科而言，范式是框架和视角，是看问题的出发点；而理论则是认识和陈述，是对问题的解释”④。社会学家文军也认为，“范式是一种世界观，是最高层次的方法论，它包括三个方面的内容：一是共同的基本理论、观点和方法；二是共有的信念；三是某种自然观(包括形而上学假定)。‘范式’的基本原则可以在本体论、认识论和方法论三个层面表现出来，分别回答的是事物存在的真实性问题、知者与被知者之间的关系问题以及研究方法的理论体系问题。这些理论和原则对特定的科学家共同体起规范的作用，协调他们对世

① 叶文振.中国妇女百年发展与贡献[N].中国社会科学报，2010-3-4.

② 于光君.女性学学科范式与学科地位研讨会综述[J].妇女研究论丛，2013(1).

③ 托马斯·库恩.科学革命的结构[M].金吾伦，胡新和，译.北京：北京大学出版社，2012.

④ 赵静蓉.当代中国文学理论研究的范式反思——以记忆、空间和文化政治范式为例[J].学术月刊，2013(11).

界的看法以及他们的行为方式"[①]。

而根据百度百科,学科范式还有理论范式和研究范式之分,研究范式(research paradigm)是通过研究方法、论述方法、学术评价标准体现出来的学科范式。学科范式是学科内容和方法的统一,研究范式就是学科范式中的方法部分。如美国社会学家里尔茨就区分了社会学三种不同的研究范式:社会事实范式、社会定义范式和社会行为范式,这种划分主要是表明社会学家看待社会现象的不同方式或不同的观察角度。[②]

我们认为,一个学科的研究范式是其学科范式最重要的内涵,甚至在很大程度上影响着学科范式的理论范式,它主要包括三个内容:一是某一特定学科的专家学者所共有的基本世界观、价值取向和信念,二是一套互为坚持和共享的方法论,即看待和解释世界的基本方式,包括观察角度、概念体系、基本假设和检验方式等,三是对学科内部整合、对学科外部互动进行必要的协同和规制的操作方式,其中最为重要的还是共有的价值与信念,它们决定一个学科的学术境界和伦理操守。

其实研究范式也不是一成不变的,如华为云计算与大数据平台产品线市场总监席明贤认为,人类科学研究范式经历了从实验科学到理论科学再到计算科学的发展,目前已经进入数据科学阶段。数据科学是一种新的科研范式,它以算法、模型为基础,以高效率、应用广泛为特征,发展前景非常广阔,从这个意义上来讲,大数据不仅仅是数据,它还是新的技术,更是一种思维方式。[③] 而且按照库恩的理解,科学革命最重要的表征和实质就是范式的转换。一方面,这意味着范式的核心价值不容置疑;另一方面,这也揭示出范式的有限性。也就是说,范式不是一个终极概念,并不具有绝对普适性。像人类生命过程一样,范式也要经历从无到有、从有效到失效、从安全到危机的发展过程。[④] 社会学学科范式现在就面临着一个危机,也就是它的每一种理论范式都无法从整体上解释快速变化的社会现实,也就是说社会学无法从一种理论范式中找到对现实社会的满意解释。[⑤]

(二)女性学的范式

可以说女性学研究范式是在许多传统学科面临学科范式危机中崛起的,论述女性学的研究范式不仅是让所有女性学学者重温和明确需要共同尊崇和维护的研究范式,而且还要让所有学科都看到并分享女性学研究范式的优越性,因为传统学科都不同程度地存在着不能解释甚至曲解现实两性社会的研究范式危机。

首先,女性学研究范式扬起尊重女性和男女平等的价值旗帜,把被传统学科视而不见的占世界人口一半的女性请回到学科的舞台,把过去以父权为中心、以男性为代表的研究对象第一次扩展到两性都到场的完整的现实世界,而且坚决反对男性对女性的性别代言,反对以男性经验推论女性经历,鼓励被研究对象的女性自己发声,鼓励被研究对象的女性自我解

---

① 文军.论社会学理论范式的危机及其整合[J].天津社会科学,2004.(06).

② 袁方.社会研究方法教程[M].北京:北京大学出版社,2004.

③ 高莹.数据科学创新研究范式[J].社科院专刊,总第 481 期,2019.

④ 赵静蓉.当代中国文学理论研究的范式反思——以记忆、空间和文化政治范式为例[J].学术月刊,2013(11).

⑤ 文军.论社会学理论范式的危机及其整合[J].天津社会科学,2004.(06).

释。所以女性学的价值定位是所有女性的学科，也是和女性组成一个完整世界的男性的学科，女性学的学科信念是获得同等尊重和机会的女性一定是和男性一样优秀的推动人类社会发展的重要力量，女性学的奋斗目标是消除一切形式的性别歧视，实现全人类的男女平等。从这个意义上来说，许多传统学科实际上还没有真正意识到它们的研究范式所面临的危机到底是什么。

其次，女性学研究范式坚持女性既是最直接的被研究对象，又是最有发言权的研究者的方法论原则，它观察现实社会的角度就是用女性的眼睛看世界，从制度和文化的性别结构看世界；它的概念体系主要由社会性别、社会性别意识和制度、性别歧视和男女平等核心概念组成；它的基本假设是：(1)一直到今天女性还面临着得不到尊重和平等的性别对待，经历着显现和隐性的性别歧视；(2)这种性别现实是传统的性别制度和文化建构出来并力图保持下去的，是和女性天然的性别结构无关，也不是女性能够忍受和屈从的；(3)不论是女性还是男性都是传统性别制度和文化社会性别建构的受害者，男女两性互相理解、携手合作才是强化先进的社会性别意识、消除性别歧视和实现男女平等的必由之路；它的检验方式是来自真实反映女性现实处境的第一手资料，来自用这些资料支持的性别之间比较和概念质化与量化的处理，来自女性也包括男性的自我解释，也来自用更先进的统计技术的模型分析。

再次，女性学还注重价值分析与评价，因此也离不开较为鲜明的比较性和批判性。其他学科强调价值中立，实际上是有了明显的价值取向之后的标榜，并没有在学科发展中放弃男性中心视角的习惯。女性学则光明正大地倡导性别平等，去实事求是地测度性别平等思想实现的程度，去认真地发现还存在的性别差异及其造成的社会福利的损失和躲在背后的主要成因，去大张旗鼓地宣传性别平等价值观念和设计建立在性别平等价值基础上的公共政策。所以女性学离不开性别之间的社会经济指标的比较，不仅比较男女双方权益保护的状况和获得的结果，还一样重视比较性别权益实现的过程以及与结果相联系的投入和付出；离不开批判性地审视其他学科在过往研究中对性别差异给出的理论解释，在和女性学建构起来的理论分析框架的比较中，来说明所有现存的性别差异或者违背性别平等价值的女性歧视现象都是来源于起着历史建构作用的传统性别文化和制度。

复次，女性学也强调问题意识和政策效应，强调直面不平等问题的学科责任，强调本学科理论成果和研究发现的价值感化、政策转化与女性生存发展状况的改善。当然，这种问题意识和政策效应还体现在它和其他学科的关系中，以及它在整个科学知识体系中所处的地位上，不论是所谓的学科革命还是知识颠覆，都意味着女性学已经敏锐地发现其他学科存在的价值问题和过往积淀下来的知识体系的内在弊端，也都希望在女性学和女性研究发展中，能够为克服这些问题和弊端做出应有的贡献，所以女性学还关心学科政策的平等问题，努力为本学科的发展争取到更多政策内部提供的资源和机会。

最后，如前所述，在女性学的研究范式里，女性学不同于女性研究，不应该把跨学科、交叉学科取向当作本学科研究范式的本质特征，女性学研究是一种有自己学科独立支撑、彰显自己学科理想和特质的学术努力，所有跨学科、交叉学科学的意义都在于：(1)女性学的理论旗帜要跨越传统学科的疆界，去告知每一个学科，男性中心的学科和学术习惯不是一个学科的真正出路，它所产生的性别偏差甚至歧视，只会导致两性关系的紧张，减少整个社会的净福利；(2)女性学的知识体系和研究范式要向外溢出，要产生外部经济，女性学与其他学科的交叉，一定是有自己学科主见和坚持的对其他学科的友好渗透，一定是肩负让其他学科接受女性学、去除男性中心思维的学科使命的学科之间的交流与合作。

(三)女性学的学科价值

有了以上叙述,女性学研究范式的意义或者女性学的学科价值也就显而易见了。女性学对自己研究范式的选择和确立,既突出地显示出女性学在人文情怀与科学精神结合中的学科温度和魅力,又充分地说明了它作为一个独立的新兴学科建立的必要性、存在的合理性和发展的可能性,更为重要的是女性学还通过对以往研究范式的成功转换,引发了一场科学革命,这场革命对于传统学科化解当今所面临的研究范式危机,以至重新走上正确的学科发展道路无疑是一盏及时点亮的导航灯。

女性学研究范式的意义还在于整合和凝聚本学科的所有力量,用关爱女性、追求性别平等的人文价值赋予女性学这个年轻共同体的学科使命感和崇高信念,用被研究对象就是研究力量的科学精神拉近女性学与现实性别世界的距离,提高本学科研究的真实性和科学性,用学科反哺社会的服务意识强化女性学研究成果的多方位转化,包括社会性别意识主流化的推动、先进社会性别意识的宣传以及具有社会性别意识的制度建设等。可以说女性学正在进入研究范式转换与整个学科发展以及在学科界地位提升的良性联动之中。

还值得一提的是,女性学研究范式的价值还体现在有利于在开放格局当中追求学科的发展与壮大,扩大一个新兴学科成长的溢出效应和外拓能力。亮出研究范式的旗帜,在对比中彰显女性学的学科素质和优越性,会在很大程度上减少其他学科因为不了解而产生的偏见,逐渐从不承认的排斥和抵触,向能接受的包容与合作,再向常示好的欢迎与借鉴的态度转变,为女性学发展营造更好的外部知识环境。亮出研究范式的旗帜,还让走出去的女性学学者时刻记住本学科的初心和使命,维护本学科的疆界和风格,所以尽管在介入其他学科之初,我们可能做的是女性主义伦理学、女性主义文学、女性主义社会学、女性主义经济学等,也就是依然在其他学科的学科框架里唱起女性主义的旋律,但最后一定会走向伦理女性学、文学女性学、社会女性学、经济女性学等属于女性学重要分支的学科外延的必要开拓,因为我们都知道,一棵女性学大树的长成一定是主干的粗壮和分支的伸延同生共植的。

四、女性学的学科展望

虽然女性学还是一个新兴学科,但它的学科历史却是比较漫长的,贯穿其间的成长经历也是丰富多彩的。我们将简要地梳理女性学的学科历史,探讨学科崛起和发展的主要动因,最后一起关注女性学在中国的诞生与成长。

(一)女性学的学科源起与发展

据西方学者考证,先于大规模的妇女运动出现,西方社会就活跃着一些零星的女性主义思想及其代表人物,其中就有被认为是全世界第一位女性主义者的法国彼森,她的生卒年份为 1364 年至 1430 年,所以可以说女性学这颗种子播撒于 15 世纪初。[①]

---

① 李银河.女性主义[M].济南:山东人民出版社,2005:15.

那么一直到今天的女性学学科过往就可以分成从那时到 1949 年波伏娃出版《第二性》之前是女性学的学科孕育阶段；而 1949 年女性学萌芽，再从那时一直到妇女运动第二次浪潮后期的 1975 年，美国女权主义人类学家盖尔·鲁宾(Gayle Rubin)发表《女人交易：性的"政治经济学"初探》是女性学学科长成阶段；[①]接着 20 世纪的后 20 年是女性学理论流派纷呈、研究范式转换的成长岁月，而进入 21 世纪则是女性学借助改革开放的中国再创辉煌的新时期。

回望女性学的一路征程，至少可以用"一个加速、三个融合"来总结这个学科发展的特点。从发展态势来看，基本上是一个加速度的过程，也就是随着时间的推移，女性学发育与成长的速度越来越快，尤其是进入 21 世纪后，女性学在人口最多的中国的快速发展更是令世界瞩目。女性学发展的"三个融合"就是它一直近距离地关注不平等的现实两性世界，拥抱着辛苦地生活其中的女性人口，把她们的正当诉求不断地融合到学科的发展之中；它一直和妇女运动携手共进，既把妇女运动的成功经验和认识收获融入女性学的理论建设之中，又用学科发展的成果服务于运动实践，起着推波助澜甚至指导和引领的作用；女性学还一直和活跃在妇女运动第一线的女性主义思想家并肩而行，一边源源不断地把这些思想家的观点、主张以及关于女性观察和思考的范式融合到女性学的学科建设与发展之中，一边又通过女性学这样的学科平台和力量助推妇女运动领袖、女性主义社会活动家与女性主义学院派的融合，把她们对妇女现实处境的观察和思考、对妇女运动的精神指导、经验总结和思想认识上升到学科层面加以概念化、范式化和科学知识化的建构与发展。从这个意义上来说，女性学是全世界女性的学科，是她们用自己的亲身性别经历和信念、投身妇女运动的直接体验和思考共同创造的。

(二)女性学发展的主要动因

纵观女性学至今的学科历程，其动力因素及其功用还是比较明显的，而且与其他传统学科相比，正是因为这些比较独特的推动力量，才有女性学比较崇高的学科理想和先进的研究范式。

1.妇女改变不平等性别处境的历史诉求和现实需要是女性学学科发展的情怀动力

长年深受男女不平等、性别歧视和排斥之苦必然会转化为对现实境况的基本态度和改变现状的强烈愿望，这些现状得不到改变，只会让女性的基本态度更鲜明、强烈，愿望更坚决，甚至遇到一些社会变动，还会加重不平等、不合理性别秩序对女性的伤害，变成不得不为之的性别抗争。如 17 世纪的英国正处于资本主义发展的初级阶段，因为对劳动力需求增加，工厂里出现了女工，传统的社会性别劳动分工发生了变化，女性受轻视、遭压迫和被奴役的情况反而加剧了，所以也发生了被誉为英国第一次稍具规模的女性主义抗争的艾斯泰尔行动。[②]

源于对女性现实处境及其改变诉求感同身受的女性学，自然就有了自己的学科立场和性别站位，有了用研究范式表达出来的价值取向和集体信念。所以从处境、诉求，到同情、站

① 佩吉·麦克拉肯.女权主义理论读本[M].桂林：广西师范大学出版社，2007.

② 李银河.女性主义[M].济南：山东人民出版社，2005：15.

位，再到价值、信念，都有一个既温暖又坚定的性别情怀在流动，成为其他学科很难拥有的，而女性学却始终相伴的前进动力。

2.连续三个浪潮的妇女运动是女性学学科发展的经验动力

以社会运动作为一个学科发展的推动是女性学独特的学科经历。一浪高过一浪的三次浪潮的妇女运动对女性学学科发展的功用是不可或缺的，更是不能低估的。我们认为，妇女运动的推动作用至少表现在这几个方面：

(1)源自女性的现实处境，反映被不平等对待女性的集体诉求的妇女运动的起因、目标、任务和形式是和女性学拥有的情怀动力彼此一致的，妇女运动带来的对女性性别地位改善的显著作用，以及对整个人类发展和社会变革造成的积极影响是和女性学的学科目标相互对接了，所以女性学从妇女运动那里强烈地感受到女性的性别力量和主宰自己、影响社会的性别能力，得到的是对学科确立的必要性和重要性认识的深化，更为重要的是，妇女运动还给女性学带来巨大的精神鼓舞，女性不仅要有自己的学科，而且还能把女性学学科办成能够超越甚至引领其他学科的主流学科。

(2)妇女运动再次拉近了女性学与被研究对象及其现实处境的距离，拉近了与组织起来女性的集体智慧以及表达与思考方式的距离，使女性学不仅特别接地气，拥有最真实最丰富也最完整的学科第一手资料，而且还融进妇女运动领袖、妇女界别活动家甚至最底层女性的生活经验和思考智慧，让女性用自己的眼睛观察世界、从制度和文化的性别结构分析社会的学科观察与研究视角得以坚持，也让概念化和理论化的解释能得到质性和量化资料的科学检验。妇女运动是女性学学术研究和学科建设最好的实验室之一。

(3)妇女运动还直接激起联系妇女运动实际进行妇女研究的热情，并对妇女研究成果产生越发系统和更具指导价值的需求，以致在第二次浪潮中促成了女性研究的热潮，也在很大程度上间接地给女性学学科发展带来极其难得的推动和支持。

3.不断激起浪花的女性主义思想汇聚是女性学学科发展的知识动力

不论是源于英国进入资本主义初级阶段引发对女性处境更深层次的思考，或者来自法国大革命自由平等思潮的影响，还是直接从妇女运动组织和实施的实践中得到思想启迪和升华，女性主义思想这一星星之火，一旦点燃之后，就以燎原之势一直燃烧着，它不仅给女性学学科发展带来温度和能量，而且更为难得的是转化为一个非常重要的知识动力。源源不断推出的女性主义思想和理论成果滋养着女性学这块学科芳草地，在构造学科的理论基础、养成学科的研究范式、丰富学科的知识系统等方面都做出巨大的贡献，从这个意义上来说，没有女性主义长期的知识准备，在几个关键发展节点的重要突破，如波伏娃《第二性》的推出、鲁宾在《女人交易》中关于社会性别概念体系的建构、鲁宾以后的女性主义流派纷呈与开放性的四面出击，也就没有女性学学科这么快就能站立起来，而且还站出自己的学科风采与魅力。

(三)中国女性学的发展

我国古代两性关系的表现形式——男女有别，是具有稳定性、齐一性的一种文化现象，如《国语·鲁语上》所云："男女之别，国之大节也，不可无也。"这在相当长的一段时期内没有发生根本性的变化，即使是到了今天，我们仍可感受到传统性别结构以改头换面的形式对两性关系的影响。① 如女大学毕业生遭遇就业歧视、二孩生育政策出台衍生出女性职业发展的再生障碍，还有女博士是“第三种人”的性别调侃以及重提女人回归家庭的说法等，所有这些都说明，和其他国家一样，中国也需要女性学，女性学的学科使命里当然也包括浩大的中国版图。

和漫长的不平等性别关系史一样，女性学在中国的发展当然不仅仅始于20世纪的80年代，也有一个很长的孕育过程，其间也活跃着女性学的思想火花和一些代表人物。如南宋袁采(1178)在《袁氏世范》睦亲篇里就提出：“男女本应平等对待。”明代李贽(1527—1602)是扬名古时的反对歧视妇女、宣扬男女平等的思想家，在《焚书·答以女人学道为短见书》中，他批判了男子之见尽长、女子之见尽短的说法，他说：“不可止以妇人之见为见短也。故谓人有男女则可，谓见有男女岂可乎？谓见有长短则可，谓男子之见尽长，女子之见尽短，又岂可乎？设使女人其身而男子其见，乐闻正论而知俗语之不足听，乐学出世而知浮世之不足恋，则恐当世男子视之，皆当羞愧流汗，不敢出声矣。”到了清代，秋瑾在她的《勉女权歌》中，也强调过男女平等：“男女平权天赋就，岂甘居牛后?”她还提出了在当时看来最完备的妇女解放思想，“第一，要求实现男女平等；第二要求婚姻自由；第三反对女子缠足；第四，提倡女学和主张女性经济自主；第五，主张女性走向社会，参与国事”。② 尤其是五四新文化运动所传播的新女性思想就更加丰富了，它一方面从批判封建礼教对女性的压制入手，另一方面，援引欧美女权运动的思想资源，介绍和传播了西方女性自由独立的社会生活。作为启蒙运动重要阵地的《新青年》，从1916年第2卷第6号起开辟了“女子问题”专栏，陈独秀、胡适、鲁迅、吴虞等人纷纷撰文，抨击“夫为妻纲”“三从四德”“从一而终”等封建旧道德造成了女性的依附地位。吴虞的《女权平议》一文，从欧洲启蒙思想家的提倡女权，到以美国女性具体享有的教育平等权、法律、行政权等为例，向国人展示了欧美女权的发达，说明中国应该进行“女权革命”。③

1921年12月10日，刚成立不久的中国共产党以中华女界联合会的名义，在上海法租界创办了《妇女声》半月刊，这是我党创办的第一份妇女刊物。《妇女声》是党成立初期结合当时妇女运动的实际向妇女进行宣传教育的一个强大阵地，在提高妇女觉悟和促进妇女谋求自身解放的斗争中起了相当大的作用，也为女性学提供了早期马克思主义者对妇女解放运动所进行的较为深入的理论探讨。④ 特别是从1922年中国共产党的第二次代表大会制定了关于女性问题的第一个文件——《关于女性运动的决议》开始，党和党的领袖关于妇女和妇女工作的决议和论述是女性学在中国继续孕育的非常重要的思想来源，尤其是取得新民主主义革命胜利后的中华人民共和国诞生到今天的70多年间，特别是在改革开放的40多年里，马克思主义妇女解放理论和中国特色社会主义妇女理论又成为女性学非常重要的理论基础，所以就出现了女性学在当代中国的光荣诞生和飞速发展：

1988年第一本女性学专论——《女性人类学》问世；1992年国家级学术刊物《妇女研究

---

① 王小健.中国古代性别结构的文化学分析[M].北京：社会科学文献出版社，2008.

② 沈智.辛亥革命时期的女知识分子[J].上海社会科学院学术季刊，1991(4).

③ 张文灿.社会性别视阈下的启蒙困境——以五四新文化运动之塑造新女性为例[J].中华女子学院学报，2013(2).

④ 王慧青.中共第一份妇女刊物与第一所女校的创办[J].档案与史学，2004(2).

论丛》创刊;1998 年第一个女性学方向硕士点在北京大学社会学系开始招生;1999 年中国妇女研究会宣告成立;2001 年第一个女性学系在中华女子学院组建,并于 2006 年招收第一届女性学本科生;2003 年中国妇女研究会妇女教育专业委员会成立,并多次召开年会或者专题研讨会,讨论与推进女性学教育与学科的发展;2006 年经教育部批准,女性学成为北京大学社会学一级学科下的一个二级学科,第一个女性学方向博士点在厦门大学公共事务学院开始招生,32 个全国妇联授牌的妇女研究与培训基地陆续成立与运行;2012 年《中国妇女报》推出《新女学周刊》;特别是一气呵成了男女平等从"政府的承诺"到"立法的确认"再到"执政党的意志"的全方位"认证"等。

女性学在中国从无到有再到进入花季,确实惊艳了全世界,也让女性学似乎再次迎来学科的芳华年代。中国女性学能有值得骄傲的今天,大概归因于这么几个动力要素:一是历史上传统性别文化与制度长期规约和男女平等思想火花长年燃烧并存,使女性学在中国的崛起既有必要也有可能;二是中国共产党把妇女解放纳入新民主主义革命进程、把妇女发展融入社会主义建设和整个国家发展之中的伟大实践和理论思考,为女性学在中国的发展奠定了正确方向和理论基础;三是第四次世界妇女大会在北京召开和改革开放后对大量的西方女性主义思想和女性学理论的引进,为女性学在中国的成长营造了更好接触和借鉴西方知识体系和学科建设经验的国际氛围;四是全国妇联和中国妇女研究会长期以来的不懈努力和积极作为,为女性学在中国的繁荣一直提供有力的资源保障和学术激励。正如习近平 2015 年在全球妇女峰会上的讲话所指出的,"妇女是物质文明和精神文明的创造者,是推动社会发展和进步的重要力量。没有妇女,就没有人类,就没有社会"。没有妇女,就没有女性学,没有党和国家高度评价、尊重与爱护的中国妇女,也就没有女性学在中国的繁荣与发展。

当然,中国女性学进一步发展也面临一些新的挑战,如国家学科政策大幅调整、高校"双一流"建设方略稳步推进和学科评估刚性实施以及其他传统学科知识融合等,我们还需要在强化学科意识的同时,开辟一些应对和突破的路径,如王俊和郭云卿就提出两个思路:一是中国妇女研究需要"学科化"的女性学作为其制度性依托,这是知识时代学科化的命名需要和制度安排,同时也是一种求生存谋发展的话语策略;二是还要从女性学的学科知识建设和学科组织建设两个维度寻求出路和发展。① 我们有理由相信,强起来的中国一定是世界女性学最有希望长成参天大树的地方!

A Re-exploration of the Disciplinary Status and Development Trend of Women's Studies

Ye Wenzhen

(Fujian Jiangxia University, Fuzhou, 350108)

Abstract: Even as a new discipline, women studies has shown a very powerful vitality. Based on a reorganization and reconsideration. This paper gives a new understanding

① 王俊、郭云卿.中国妇女/性别研究需要"学科化"的女性学吗? [J].妇女研究论丛,2020(4).

of the definition and paradigm of women studies, a comprehensive evaluation of its knowledge value and discipline contribution, and a forecast of women studies in future. We think that there is no women studies without women, there is no prosperity and development of women studies in China without Chinese women who have received a high evaluation, respect and love from the party and country.

Key words: women studies; status of discipline; development trend

性别与文学

Gender and Literature

Women/Gender Studies

革命、爱情与肖像*

——1950—1970年代“革命历史叙事”中的女性

刘卫东**

内容摘要：1950—1970年代文学中的女性身处革命话语和性别话语的夹缝中。在“革命”和“家庭”之间选择，进而剥离后者，完全献身革命，变身为抽象符号，是革命中“女性新人”的必由之路。在革命战争的“爱情叙事”中，女性爱慕男性领导者和接受党的教育，是同时发生和合二为一的。“女新人”通常是在男性（党的象征）的领导下，走向革命道路。1950—1970年代的作品中，女性“新人”的性别特征被压抑，“身体缺席”。作为“美学”的女性，无法公然出现，只能显现在不被注意的狭小叙述缝隙中。女性的“超性别”是1950—1970年代文学中女性的宿命。

关键词：女性；1950—1970年代；革命历史叙事

1950—1970年代的“革命历史叙事”中，女性展现出前所未有、而后也没有重现的“景观”。[①] 在当时的语境下，女性被“格式化”为一种趋向，以配合实践需要，并形成一套阐释话语。文学毕竟具有“延展性”，因此，时至今日，除了当时赋予的“符号”，仍有值得关注的现象。易言之，“女性”不仅承载了历史叙事，她们本身就是历史叙事的一部分。此前关于本课题研究，学界已经积累了不少成果。[②] 本文拟在此基础上，着重关注1950—1970年代的书写逻辑，并显示“当代”视角下的问题，以期有更为复杂的讨论。

一

“革命”（夺取政权）是1950—1970年代文学的叙事中心。“革命”成为叙述历史和现实的唯一背景，规范了认识事实的视角和态度，如同河床，决定了河流的流向。故事千变万化，

* 基金项目：国家社科基金重大项目“百年中国文学女性形象谱系与现代中华文化建构整体研究”（19ZDA276）。

** 刘卫东，男，汉族，天津师范大学文学院教授、博士生导师，主要研究方向为中国现当代文学。

① 从“想象的共同体”角度说，1950—1970年代的“新中国”话语空间中，“新妇女”是参与者及表征。参见韩敏《十七年时期〈人民日报〉妇女媒介形象研究——新妇女的想象共同体》，《山东女子学院学报》2013年第6期。

② 检索此前文献可知，对1950—1970年代（或曰“十七年”）“女性文学”研究的成果数量不少，也形成研究线索，但多囿于女性形象塑造问题，一直没有明显进展。

但叙述的内容很集中：革命的缘起、发展和胜利。革命是整个社会结构发生改变的运动，因此，在强大的动员机制下，女性也参与了这场盛大的运动，并在“随后”的叙述中，显示出自身的存在意义。对于女性来说，“革命”具有双重意义，一是自身从旧有的“三从四德”等传统角色中突围，成为一个新的历史主体（“新人”）；二是这个历史主体自觉将自己与“革命”绑定，并在“革命”中达到“人”对自身意义的完成。

战争叙事中，女性更多作为陪衬角色出现，但她们并非可有可无的点缀，而是显出独特的“战地黄花分外香”的性别魅力。在紧张的战争场景中，女战士“花木兰”一般承担了与男性一样的任务，同时，她们的存在又让作品具有了一定的生活色彩，避免成为干巴巴的“战争史”。《林海雪原》中的“小白鸽”白茹，是小分队中唯一却不可或缺的女性。她聪明活泼的小女儿情状，无疑舒缓了战斗带来的紧张严肃的气氛。在给少剑波换完药后，白茹“顺口细声”朗诵了几句高尔基的诗：“我们应该赞美她们——妇女，/也就是母亲，/整个世界都是她们的乳汁所养育起来的。/没有阳光，花不茂盛。/没有爱，就没有幸福。/没有妇女，也就没有爱。/没有母亲，既没有诗人，也没有英雄。”[①]借高尔基的诗句，作者刻画了白茹与战争状态疏离的人文气息，同时也用“爱”的关键词对通篇的阶级斗争话语进行了可能作者都未意识到的“反拨”，而这，无疑依托于白茹女性的身份。曲波在2000年接受一次采访时说：“在茫茫的林海中，我们面对的是极其凶恶的敌人。恶劣的环境根本不允许小分队带女兵作战。为什么我要写一个女卫生员呢？我想，我们的战争是为了和平。在森林里除了大雪就是野兽和土匪。单纯地记载这些觉得太冷酷了，太单调了。所以我有意识地创造了一个‘小白鸽’。鸽子象征着和平，象征着我们今天的战争是为了明天的和平。”[②]曲波说塑造白茹是为了“象征和平”，聊备一格，但少剑波和白茹的“感情戏”确实起到了缓解紧张气氛的作用。

战争叙述中的女性，并不总是处于边缘。《青春之歌》《苦菜花》《红色娘子军》等作品中，林道静、母亲、吴琼花甚至成为主角，居于叙事中心地位。与旧有的《穆桂英挂帅》《女驸马》《武家坡》等作品不同，女性角色承担的功能更为复杂。在此，女性不仅一跃成为革命主体，还顺势成为性别主体，成为具有独立性的“自身”。从女性视角说，20世纪的革命不仅是意识形态革命，也是女性革命。从解放区的《白毛女》开始，女性解放与革命就被牢牢绑定，同时进行。与此同时，女性在革命中的位置也不断被定位和书写。阶级和性别的双重解放追求，使女性遇到的问题更为复杂，绝非“革命—成功”模式所能概括。戴锦华对此评论说：“《青春之歌》并非一部关于女性命运或曰妇女解放的作品，不是故事层面上呈现的少女林道静的青春之旅，事实上，其中的女性表象再度成为一个完美而精当的‘空洞的能指’；影片真正的描述对象是资产阶级、小资产阶级知识分子成长道路或曰思想改造历程。”[③]当然，并非所有关涉女性的作品都具有隐喻含义，但1950—1970年代文学中的女性身处革命话语和性别话语的夹缝中，确实具有了更多的解读视角。女性由“五四”时“娜拉出走”，到解放区“孟祥英翻身”，再到“文革”中“不爱红妆爱武装”，在文本书写中，她们同样经历了难忘深刻、天翻地覆的变化。

---

① 曲波.林海雪原[M].北京：人民文学出版社，1964：401.

② 文军，林生.在“林海雪原”深处——记曲波与刘波的爱情生活[N].老年时报，2000-1-29.

③ 戴锦华.《青春之歌》——历史视域中的重读[M]//唐小兵，编.再解读——大众文艺与意识形态.北京：北京大学出版社，2007：195.

革命需要激情——忠诚和牺牲，以及完成革命工作的能力。“砍头不要紧，只要主义真”“共产党员是特殊材料制成的”等说法，使革命者成为当之无愧的“新人”，具有了历史上前所未有的对待生命的气质。“新人”的重要特征之一，就是具有革命激情。同男性革命者一样，女性为了革命事业英勇顽强，慷慨赴死，不惜牺牲生命。《红岩》中的江姐，在就义前说：“如果需要为共产主义的理想而牺牲，我们每一个人，都应该，也可以做到——脸不变色，心不跳。”从甫志高的叛变可知，参加革命是有生命危险的工作，没有坚定的信念，很容易变节。江姐对革命的忠诚，超越了性别。她因此成为 1950—1970 年代作品中的英雄典型。《青春之歌》中的郑瑾同样如此，她仅在牢房出现，却成为林道静“成长”过程中必要的引路人。在作品中，这些女性成熟坚定，为了革命，毫不犹豫地献出了生命。江姐、郑瑾的行动，无疑带有很强的“示范性”，表明了女性在革命中的地位，也标志着“女性新人”在革命话语的洗礼中，得以树立。

在此之外，女性需要做出更多的“额外牺牲”。在 1950—1970 年代，“革命”乃第一要务，“公而忘私”和“为了革命牺牲家庭和孩子”的理念不但不算悖论，还被宣传为伟大。在此背景下，女性在革命中做出的牺牲，尤其是她们与家庭的关系就“存而不显”，得不到研究者关注。女性成为革命者，需要投入的不仅是生命，还有家庭。在“革命”和“家庭”之间选择，进而剥离后者，完全献身革命，变身为抽象的革命符号，是革命中“女性新人”的必由之路。王愿坚的《党费》，对此有较为极致的体现。小说以第一人称视角，叙述了女共产党员黄新在白色恐怖的 1934 年，为了掩护“我”而牺牲的故事，而她如何对待自己的孩子，却很少被论及。黄新在革命工作和个人情感之间艰难地抉择。“灯影里，她正忙着呢。屋里地上摆着好几堆腌好的咸菜”，“她把各种各样的菜理好了，放进一个箩筐里，一边整理着一边哄孩子：‘乖妞子，咱不要，这是妈要拿去卖的，等妈卖了菜，赚了钱，给你买个大烧饼……什么都买，咱不要，咱不要’”，“妞儿不如大人经折磨，比她妈瘦得还厉害。大概也是轻易不大见油、盐，两个大眼骨碌碌瞪着那一堆堆的咸菜，馋得不住地咂嘴巴。她不肯听妈妈的哄劝，还是一个劲地扭着她妈的衣服要吃。又爬到那个空空的破坛子口上，把干瘦的小手伸进坛子里去，用指头蘸点盐水，填到口里吮着；最后忍不住竟伸手抓了一个腌豆角，就往嘴里填。她妈一扭头看见了，瞅了瞅孩子，又瞅了瞅箩筐里的菜，忙伸手把那根菜拿过来。孩子哇的一声哭了。看到这情景，我只觉得鼻子尖一酸一酸的，再也憋不住了，就敲了门进去”[①]。这个场景太典型化了，“设计感”很强。作者想要说的是：在党的利益和母亲角色之间，黄新毫不犹豫选择了前者，坚决不让饥饿的孩子吃作为党费的咸菜。对一个母亲来说，可能牺牲生命还不是最残酷的，而把钱拿来交党费，饿着孩子，或许更难做到。[②]《党费》中表达出的，是一个将自己所有献给革命事业的女性。《党费》中交代，黄新的丈夫“卢进勇”参加了红军，并不在家。“卢进勇”是家庭中“缺席的存在”，也说明黄新来自革命家庭，因此，她的革命行动其来有自。在王愿坚另一篇带有与《党费》“互文”色彩的小说《七根火柴》中，“卢进勇”在长征途中光荣

① 王愿坚.王愿坚文集(第一卷)[M].上海：春风文艺出版社，2018：19.

② 有论者认为《党费》存在“情节牵强”“人性不真实”等问题。参见苟德培《王愿坚〈党费〉真实性缺乏之解读》，《语文学刊》2008 年第 2 期。本文以为，在“真实”层面讨论《党费》是不恰当的，因为，《党费》的主旨显然不是讲一个“真实”故事(虽然表层结构是故事)，而是书写一种理想化状态，以达到宣传和召唤的目的。

牺牲。

关于革命的叙事中,女性革命者的家庭都是不完整的。她们的丈夫只是在作品中虚拟出现,仅为了说明这位女性曾经有过“正常的”家庭。在《红岩》中,江姐看到丈夫彭松涛的头颅被悬挂在城头示众,先是“热泪盈眶,胸口梗塞,不敢也不愿再看。她禁不住要恸哭出声。一阵又一阵头昏目眩,使她无力站稳脚跟”①。接着,她用“自责”压倒了悲恸,“这是什么地方?什么时候?自己肩负着党委托的任务!不!我没有权利在这里流露内心的痛苦;更没有权利逗留”②。江姐终于转变,“把永世难忘的痛苦,深深埋进心底。渐渐地,向前凝视的目光,终于代替了未曾涌流的泪水。她深藏在心头的仇恨,比泪水更多,比痛苦更深”③。从知道丈夫牺牲到走出痛苦,江姐仅用数秒,这并不表明她不注重感情,恰为了说明党的事业大于家庭和亲情。女性走出家庭,进入“革命”领域,是“五四”后女性在1950—1970年代叙事中的必由之路,因此,淡化家庭的影响就是常见的处理方法。《党费》中的卢进勇只能缺席,以便使黄新的情感更为集中——革命的叙事空间内,不能为黄新夫妇的情感留下位置。韩英(《洪湖赤卫队》)、柯湘(《杜鹃山》)等成熟的女性革命者,更是“独立女性”。她们将所有的情感奉献给了革命事业。谢冕对此现象评论说:“可惊的是这几个戏中所有的女人都没有丈夫:阿庆嫂徒然有一个阿庆的名字——他没有出现,‘跑单帮去了’;吴琼花据说是个童养媳,但她丢下男人造反了;白毛女的对象也许是当了八路军,她们讲的都是‘阶级话’;《龙江颂》里的那位面孔生的俊俏的小媳妇,她的身份是军属,却不见丈夫,更不见子女;那个码头上抓阶级斗争的方海珍,阶级利益重于一切,也忘了婚配;至于杜鹃山上那个女英雄柯湘,为革命丢了性命,也许连男人的手也没握过。并不是说,所有的作品中有了男人就应该有女人,但也不是说,凡是出现女人的地方都不让她亲近、接近男人。文学的统一化和净化到了如此的程度,这种文学实在是可怕的。”④文学中有此现象,倒不是“统一化”和“净化”,而是“革命”话语本身的逻辑使然。在革命话语中,“‘革命’属于无产阶级的集体主义精神理念,而‘恋爱’则属于小资产阶级的个人主义情调,两者之间是一种无法调和的矛盾对立关系”⑤。“革命”要求参与者全身心投入,保留的私人空间越小越好。女性的精神世界中如果有了“革命”,就无法再加入其他的内容——当然包括“亲近男人”。事实上,如果小说中有了亲近的男性的戏码,作者也会让他们统一到革命工作中来,绝不会给他们太多的“二人世界”。

女性脱离家庭的束缚转向革命,突破了自身角色的限制,不再被定位为母亲、妻子和女儿,成为一个“精神”的人,是1950—1970年代文学对女性的要求。女性成为“新人”,与革命无缝对接,也意味着摆脱了男性的控制。家庭历来被女性主义者认为是“男权制的主要机构”。“家庭既是反映大社会的一面镜子,也是人们与大社会联系的纽带。家庭是男权制社会中的一个单元”;“在男权制社会里,妇女即便拥有合法的公民身份,对她们实施统治的也

---

① 罗广斌,杨益言.红岩[M].北京:中国青年出版社,2000:69.

② 罗广斌,杨益言.红岩[M].北京:中国青年出版社,2000:69.

③ 罗广斌、杨益言.红岩[M].北京:中国青年出版社,2000:69

④ 谢冕.文学的绿色革命[M].贵阳:贵州人民出版社,1988:27.

⑤ 刘慧英.走出男权传统的藩篱[M].北京:生活·读书·新知三联书店,1996:60.

往往只是家庭。他们与国家之间几乎不存在任何正式的关系”[①]。女性打破家庭的藩篱，走向公共领域，是实现自身价值、获得独立性的方式。这种观点虽然偏激（仇视家庭），但对于从事“革命”工作的女性来说，却是必要的。女性只有斩断萦绕在自己身边的其他情感，纯粹化自己，才能将自身献给革命。《苦菜花》中，绢子因为有了孩子不能出去工作而恼火：“人家都在轰轰烈烈的工作，争取抗战的最后胜利，可我整天守在家里转。抱着孩子出去吧？这个环境哪能行呢？……唉，千不该万不该，最不该结婚了。一个人单身过，没有孩子累赘，不论打仗工作都能跟男人一样，那该有多好啊！可是现在，这孩子！唉，都怨这个小东西……”[②]这里的“跟男人一样”，显然是要求自己舍弃女性角色带来的家庭负担，直接对接革命。绢子的想法符合“革命优先”的想象，但不惜牺牲家庭和孩子，则显示出将“革命”凌驾于人的正常欲望的一面。

无私奉献了“一切”的“革命母亲”，是女性全身心参与革命事业的代表。她们不仅自身投入革命斗争中，还哺育了下一代，承担了身体、感情的“多重牺牲”。她们白发苍苍，坚定执着，有地母情怀，使青春反叛色彩浓厚的“革命”带上了感性和人伦色彩。再不能找到比她们的牺牲更多的群体，这也是她们作为最坚决的革命者，受到 1950—1970 年代作家青睐的原因。[③]《苦菜花》中的“母亲”，几乎集中了“革命母亲”的所有质素。作者没有为小说的头号主人公取名，一律用泛指“母亲”指代，以此凸显了革命母亲的地位。母亲的母性首先体现在她对子女的关怀和保护上：“母亲闭着嘴，咬着牙，显露在嘴唇两边的皱纹更深了。她用力把怀里的孩子护住，仿佛要准备挨打似的”[④]，“有多大罪自己来受吧。孩子没有错！”[⑤]母爱出自天性，也是共性，是历来被歌颂的对象，但《苦菜花》对“母亲”的情感呈现并不止步于此。在 1950—1970 年代叙事语境中，为革命献出生命和忍受酷刑，是革命者需要承受的必备“考验”。不像其他作品的刻意回避，《苦菜花》突出了狱中受刑的母亲的性别因素，写敌人“把两根四寸长的大钢针，狠毒地从母亲的奶头插进乳房里”，同样是面对酷刑，女性受到的摧残更为严重；“母亲”表现出的英勇不屈，也更能凸显革命意志的坚决。除了身体的付出，母亲还受到精神撕裂的考验。革命历史小说的独异之处，就在于书写了革命者挣脱俗世世界，飞跃到理想世界的理念。小说写道，母亲“是一个革命的妈妈。她一点不疼惜自己，她自己吃苦抚养孩子，养大一个就送给革命一个，她还是吃苦……现在咱们最需要这样的人，这样的好妈妈！”作为女性，她必须做出“为了革命事业放弃家庭和孩子”的选择，而母亲，也正是在这样的激烈冲突中，成为“前无古人”的无产阶级“新人”。“母亲”形象带有高度的“观念先行”性，来自作者有意识的建构。类似的革命母亲形象，在 1950—1970 年代的小说中并不鲜见。《野火春风斗古城》中，杨晓冬的母亲被敌人抓住，在对儿子说完“冬儿！我的好儿子，我不累赘你，为了抗日战争的胜利，为了子孙后代的幸福，你坚持到底吧！”[⑥]之后，“飞跑几步，跨过

---

① 凯特·米利特.性政治[M].宋文伟，译.南京：江苏人民出版社，2000：42.

② 冯德英.苦菜花[M].北京：解放军文艺出版社，2007：501.

③ 1950—1970 年代文学作品中的革命母亲形象，或许受高尔基《母亲》影响，但作家们并未就此做出过说明。

④ 冯德英.苦菜花[M].北京：解放军文艺出版社，2007：43.

⑤ 冯德英.苦菜花[M].北京：解放军文艺出版社，2007：43.

⑥ 李英儒.野火春风斗古城[M].北京：人民文学出版社，2005：365.

平台的栏杆，低头猛扎，从三楼顶跳下去”①。母亲所表现出的“母爱”不仅针对儿子，还献给儿子的革命事业。“母爱”与革命纠缠在一起，成就了文学史上独有的“革命母亲”。对此，冯德英说得明白：“在党的引导下，她的阶级觉悟提高了。历经无数次斗争的考验，她逐渐从无意识到有意识，从本能的到自觉的，终于成为一个积极的革命者，以她做母亲特有的慈爱胸怀和她那劳苦人的阶级意志，贡献出所有的力量顽强地为革命事业辛勤工作。”②这里，对“母亲”的阐述遵循着当时意识形态的要求，是作者无法避免的。“母亲”，显然达到了意识形态对女性要求的极致。

二

在20世纪左翼文学的叙述线索中，“革命”和“爱情”是一对相伴相生的概念。蒋光慈的《野祭》《冲出云围的月亮》、华汉的《两个女性》《地泉》、洪灵菲的《前线》《流亡》、胡也频的《到莫斯科去》《光明在我们前面》、丁玲的《韦护》《一九三零年春上海》等一批作品，书写了革命大潮中的爱情故事，为爱情增加了革命的“附丽”。这是此前的爱情叙事中所没有过的，被论者认为是“大胆而超前的创造”③。爱情，在“五四”时期挣脱“家庭”后，并未从此“解放”，而又受到了革命的掣肘。《野祭》中的陈季侠毫不犹豫地放弃玉弦而选择章淑珍，就是因为后者有强烈的革命意识，并为革命献出了生命，这也是“革命＋恋爱”叙事“规定性”的选项。

虽然此后爱情在革命叙事中逐渐被排挤，但是“革命＋恋爱”的隐形结构却一直存在，并改头换面，成为1950—1970年代叙述中关于爱情叙述的“新变”。除去邓友梅的《在悬崖上》等不涉及革命的情爱书写外，爱情如同“勾兑酒”的元素一样，不可或缺，但所占比重却各不相同。宗璞的《红豆》就是“革命＋恋爱”故事的新版本。《红豆》中的江玫发现齐虹跟自己的政治选择产生了矛盾，遂与其分道扬镳，但是，作品中显然流露出更多的对“像鸦片烟一样，使人不幸，而又断绝不了”的爱情的复杂感受。小说在这里出现了裂隙：按照革命价值观，江玫跟齐虹分手是正确的，因此，她应该表现出对齐虹的唾弃和对两人恋情的不屑一顾，但文本表现出来的，却是“相思”红豆引起的缠绵悱恻的感情回忆。《红豆》在使用“革命＋恋爱”模式时操作“失误”，将爱情写得过多，因此，小说看起来并不是江玫为了追求革命而果断抛弃齐虹，而成了男女主人公受到外力阻止不得不天各一方、含恨分别的故事。江玫的“爱情”，被认为是“感情细流中的不健康因素”；“作者的感情完全被小资产阶级那种哀怨的、狭窄的、数不尽的个人主义感伤支配了”④。这个指责已经过时，但无疑说中了当时语境下小说的“硬伤”。与“革命＋恋爱”时期相比，爱情的空间遭到了挤压，几乎没有容身之处了。路翎《洼地上的战役》写了金圣姬、王应洪之间“不应该”发生的“爱情”。原因是不符合“纪律”，但更深层的原因是：“爱情”冲破“纪律”的情况打破了“革命＋恋爱”叙事中“革命优先”的规定。在对路翎《洼地上的战役》的批评中，有论者认为路翎“把由于爱情所引起的几个人的纤

① 李英儒.野火春风斗古城[M].北京：人民文学出版社，2005:365.

② 冯德英.苦菜花·后记[M].北京：解放军文艺出版社，2007:555.

③ 王智慧.“革命＋恋爱”新探[J].海南师范学院学报，2006(1).

④ 姚文元.文学上的修正主义思潮和创作倾向[J].人民文学，1957(11).

弱的感情写得千丝万缕，百无聊赖”[①]，明显流露出对爱情描写的鄙视。并且，由于爱情存在，战士王应洪的心理情绪变得不好把握。如果王应洪的献身激情更多出自“爱情”，无疑就降低了“革命”的重要性。革命与爱情之间的主次关系就发生了颠倒。革命和爱情产生了冲突。“个人温情主义已经战胜了集体主义，和纪律相抵触的这种爱情已经冲破了纪律的约束，‘照亮了’他俩的心，并且帮助他俩生长了不可战胜的力量。”[②]这种“爱情的力量大于了革命的纪律”的表述，在当时是不能被容忍的，故而遭到严厉批评。

在 20 世纪 50 年代初期的小说，如《春种秋收》（康濯）、《宋老大进城》（西戎）、《爱情》（草明）、《喜鹊登枝》（浩然）等作品中，并不缺乏对青年男女恋情的叙述，但这类作品被认为“写的都是一种劳动模范、劳动竞赛式的高度政治化的爱情，甚至最具浪漫情调的情话也被非常生硬的意识形态语言取代了”[③]。不过，这是爱情能够存在的唯一方式了，也是作家在新的叙述环境中能够写出的“新的”爱情。相对于“革命＋恋爱”，这批作品“换汤不换药”，将其转换成了“劳动＋恋爱”，并且有意识地将其结果设置为“双丰收”。浩然的《喜鹊登枝》中，韩兴老头为了查明女儿玉凤的恋爱状况，到“青春社”去考察她的对象林雨泉，发现对方是“有志气”的年轻人，于是皆大欢喜。小说传达了新形势下的爱情观，认为“只要小伙子劳动强，思想进步，家庭是革命的，结了婚，靠着农业社，凭着两双手，还愁没有幸福日子过?”玉凤是一位“女队长”，积极参加工作，废寝忘食，虽然被提及婚事时也有女性的羞赧，但对革命的事业的追求牢牢占据其内心第一位。雨泉则是跟她相配的另一位“新人”，原则性强，政治表现突出，主动建设农村，是党支部的培养对象。玉凤、雨泉无疑是革命道路上最佳的合作伙伴，成为一对顺理成章，不过，玉凤在送给雨泉的本子上写的“希望你把学习政治理论和参加斗争生活的收获都记在本子上”的留言，暴露出这对青年男女的恋爱并未被作者写至人性深处，而是作为“花瓶”，成了“新风尚”的背景。

1950—1970 年代的作品中，女性被革命逻辑分成“革命的”、“非革命的”和“反革命的”几类，且整个判断的依据是“革命取得胜利”观念下的。在“革命的”女性中，又可分为“成熟的”和“成长的”两类。前者出场就是坚定的革命者；后者却要经历一个伴随着对革命认识而“成长”的过程。女性“成长”，具有值得深思的意味，因为通常来看，她们获得革命理论和参与革命斗争都是间接的，而成长道路上的“明灯”（党）与“爱情”，有着互文关系。被植入“革命”，改变价值观，是塑造“女性新人”的方式之一，而这一工作的施动者常常是男性，并且，是通过“爱情”的形式进行的。“现象”的背后，是 1950—1970 年代文学中“爱情”的挣扎：无可避免，只能乔装打扮，改头换面。

学界普遍认为，1950—1970 年代的文学中，“言”的是意识形态的“情”，个人情感（包括爱情）被挤压在狭小的空间。在作者们的笔下，革命者不是不需要和没有产生过爱情，只不过，他们有强烈的自我检查意识，时刻提醒自己“革命比爱情更重要”。《野火春风斗古城》中杨晓冬的心理描写可以说明：“杨晓冬从背后看着她那轻盈而俊丽的身材，自言自语地说：‘真是个好姑娘！……’”，然后，他严厉地批评自己说，“晓冬啊，晓冬！党派你走进都市，是

---

① 侯金镜.评路翎的三篇小说[J].文艺报，1954(12).

② 侯金镜.评路翎的三篇小说[J].文艺报，1954(12).

③ 金汉.中国当代文学发展史[M].上海：上海文艺出版社，2004：133.

开展工作,还是追求什么个人问题?"[①],"你才二十八岁,年轻嘛,为党为人民再工作五年十年,再来谈这个问题,有什么大不了? 也许,这种观点遭人反对,甚至连年迈的母亲都不同意。但这终于是一种观点,一个共产党员情甘愿意的观点"[②]。在杨晓冬看来,革命工作的重要性大于个人问题,具有优先性,后者完全可以延迟考虑。在《创业史》的结尾,梁生宝感受到了徐改霞对他的爱意。"生宝在这一霎时,似乎想伸开强有力的臂膀,把表示对自己倾心的闺女搂在怀中。改霞等待着,但他没有这样做"[③]。原因是,"共产党员的理智,显然在生宝身上克制了人类每每容易放纵感情的弱点"[④]。在梁生宝看来,"他没有权利任性! 他是一个企图改造蛤蟆滩社会的人"[⑤]。工作更重要,因此,"没空思量"爱情。《创业史》男主人公的爱情,被画上了一个问号,这个"悬置"当然有为故事进一步发展(柳青打算写多部)留白的考虑,但更符合历史语境对"社会主义新人"爱情观的想象。"革命者有爱情却应该自我压抑"的观点,很快就显出不够激进的一面,因此,作品中残存的一点"烟火气",也逐渐消失了。在此情形下,爱情仍然顽强地"存在",但显现出异样的色彩。

在关于革命战争的"爱情叙事"中,女性爱慕男性领导者和接受党的教育,是同时发生和合二为一的。"女新人"通常是在男性(党的象征)的领导下,走向革命道路。《野火春风斗古城》中写银环对杨晓冬的感情:"银环第一次接触他,便鲜明地感到这位新来的领导同志,对革命忠诚,对同志热爱,对自己的得失毫不计较"[⑥],"银环每次接触过杨晓冬之后,思想上总是感到充实提高,精神也感到兴奋愉快,再没有以前那些寂寞空虚的感觉"[⑦]。杨晓冬对银环的吸引,既有党的代言人的魅力因素,又有男性性别因素。虽然作者刻意强调前者,但还是不经意中流露出性别吸引在二人关系中的重要性,因为,见面后的"兴奋愉快"和缓解"空虚寂寞",无疑是恋爱中女性才会有的情感体验。《青春之歌》中,林道静对卢嘉川说:"卢兄,你应当相信我,了解我。……我不是那种没有骨头的人。我常常在心里命令我自己,——我一定要向你们这些英勇的革命者学习。……这两个月我学得不少;今天,我学得更多。……你知道我多么感激你们给了我——这种幸福。"[⑧]林道静所感到的"幸福",当然来自卢嘉川带给她的革命理论,但也有卢嘉川本人的男性魅力,因为,与卢嘉川在一起,"她就觉得心安,觉得有勇气,有力量"[⑨]。杨晓冬和卢嘉川作为革命导师,对银环、林道静的感情中,同样包含了爱情因素。

革命女性的成长依赖于男性的帮助,是1950—1970年代作品通常的叙事模式。"革命"的魅力如此之大,以至于不由分说,就将神秘的光环赋予了参与它的男性。男性因为"革命"而显得与众不同,获得了女性的青睐,并成为女性参与革命的引路人,类似的戏码多次在革命历史小说中上演。女性在革命男性面前,完全是崇拜者的角色,毫无爱情中"应有"的挑剔

---

① 李英儒.野火春风斗古城[M].北京:人民文学出版社,2005:254.

② 李英儒.野火春风斗古城[M].北京:人民文学出版社,2005:254.

③ 柳青.创业史[M].北京:中国青年出版社,1960:541.

④ 柳青.创业史[M].北京:中国青年出版社,1960:541.

⑤ 柳青.创业史[M].北京:中国青年出版社,1960:542.

⑥ 李英儒.野火春风斗古城[M].北京:人民文学出版社,2005:86.

⑦ 李英儒.野火春风斗古城[M].北京:人民文学出版社,2005:86.

⑧ 杨沫.青春之歌[M].北京:人民文学出版社,1961:152.

⑨ 杨沫.青春之歌[M].北京:人民文学出版社,1961:153.

和反思，有时甚至表现出坠入爱河后的“傻气”。在《红旗谱》中，恋爱中的春兰是这样的：“春兰睁起又黑又大的眼睛，静谧地看着运涛。青年少女到了这刻上，会感到无边的幸福。做起活儿，不再孤单。睡起来，像有个人儿伴随。她的眼睛，成天价笑啊，笑啊，合不拢嘴地笑。她的心情，像万里星空里，悬着一个圆大的月亮，窥视世界上一切都是美好的。”①春兰是因为爱慕运涛而接触革命的，多少有“爱屋及乌”的意思。尽管不识字且对“革命”一无所知，但春兰为了表示“一心向往革命，不怕困难”和“迎‘新’反‘旧’”，特地让江涛写了“革命”二字，然后自己绣在衣襟上，穿着去庙会。《红旗谱》中，春兰虽然受到江涛影响，但是对革命的理解是非常日常化的：“革命成功，乡村里的黑暗势力都打倒。那时，她和运涛成了一家人。哪，他们就可自由自在的，在梨园里说着话儿收拾梨树。黎明的时候，两人早早起来，趁着凉爽，听着树上鸟叫，弯下腰割麦子……不，那就得在夜晚，灯亮底下，把镰头磨快。她在一边撩着水儿，运涛噌噌磨着。还想到：像今天一样，在小门前头点上瓜，搭个小窝铺，看瓜园……她也想过，当他们生下第一个娃子的时候，两位老母亲和两位老父亲，一定高兴。”②春兰完成的，并不是接受了“革命”后的“成长”，她的憧憬的“图景”中的“爱情”竟然没有被“革命”替代，是梁斌保留下来的“原汁原味”的乡村生活情感叙事。春兰罕见地没有被革命“异化”的爱情，却没有得到运涛的回应，③因为运涛“要到南方去，参加革命军”。这说明，春兰的“成长”还很不够。

林道静的“成长”历程扭结了知识分子、女性在革命和性别叙事中的复杂冲突，既有意识形态对个人传记的强行介入，又带有很多集体无意识的质素，因此，历来是以往研究中关注的重点。在1957年的表述中，杨沫强调个人的成长：“正当我走投无路的时候，幸而遇见了党。是党拯救了我，使我在绝望中看见了光明，看见了人类的美丽的远景；是党给了我一个真正的生命，使我有勇气和力量度过了长期的残酷的战争岁月，而终于成为革命队伍中的一员。”④转而，到1959年，她就把林道静的个人经历上升为“小资产阶级知识分子变成无产阶级战士的发展过程”⑤了。显然，杨沫吸取了作品出版后的批评意见，对林道静的成长进行了新的定位。此后的文学史对林道静的叙述，都把她的经历表现了“一个典型的小知识分子如何经历了种种艰难曲折，终于在共产党的教育下，在时代的熔炉中，锻炼成为坚定的共产主义战士的全过程”⑥判为定论。随着《青春之歌》研究的拓展和深入，林道静成长中的性别因素逐渐被认识到。有论者认为：“林道静的爱情、婚姻遭遇，隐含着复杂的女性问题。但有关女性命运的主题因素，在作品中是被压抑、被淡化，被主要当作阶级立场、阶级意识的矛盾和转变的因素来处理的。”⑦从“女性问题”的视角重新考察林道静的“成长”，发掘出作品中“被压抑”和“被淡化”的成分，我们能够发现，决定林道静命运发展的并不是所谓的革命逻

① 梁斌.梁斌文集(第一卷)[M].北京：人民文学出版社，2005：112.

② 梁斌.梁斌文集(第一卷)[M].北京：人民文学出版社，2005：113.

③ 运涛对革命成功后的想象是，“工人、农民掌握了政权。那他，也许在村公所里走来走去，在区里、在县上做起工作来”，“一片光明”。耐人寻味的是，运涛并不太清楚，因为这是“贾湘农说的”。(梁斌.红旗谱[M]//梁斌文集：第1卷.北京：人民文学出版社，2005：113.)

④ 杨沫.青春之歌・初版后记[M].北京：人民文学出版社，1961：671.

⑤ 杨沫.青春之歌・再版后记[M].北京：人民文学出版社，1961：763.

⑥ 金汉.中国当代文学发展史[M].上海：上海文艺出版社，2002：166.

⑦ 洪子诚.中国当代文学史[M].北京：北京大学出版社，1999：119.

辑，而是作者无法回避的生活逻辑。林道静选择男性恋人和精神成长之间，本来没有联系，但在当时的书写语境中，就先天具有了意识形态因素，这是由男性所携带的政治基因决定的。表面上是林道静的选择和成长，实际上，在此之前，她的道路就已经被设定，毫无任何改变余地。女性在爱情中，放弃"非革命男性"而投入"革命男性"的怀抱，是写作的"前定"。《青春之歌》并不像此前论述的，用爱情来写革命，而是相反，在革命的外壳下，填塞了爱情的内容。相比起其他作品中爱情的闪烁和遮掩，《青春之歌》对林道静和男性的情感描写大张旗鼓，意外地满足了当时读者对爱情的渴求。林道静"成长"的实质是完成对革命事业的认同，因此是"伪成长"。只不过，她的"成长"是以爱情选择的方式出现的，故而显得更为跌宕起伏。拥抱、追求革命的外衣下，林道静跟不同男性有情感瓜葛的叙事就完全可以被接受，并且可以趁机添加时代语境不允许的"小资产阶级"的情感。这些叙事元素使《青春之歌》成为革命小说中少有的以言情为线索的作品。

三

1950—1970年代的作品中，女性"新人"的性别特征被压抑，"身体缺席"。作为"美学"的女性，无法公然出现，只能显现在不被注意的狭小叙述缝隙。在对女性新人的肖像描写中，女性的特征隐匿。作品更多凸显她们能干、朴素的一面。《铁道游击队》这样描写芳林嫂："女房东是一个黑眉大眼二十六五岁的青年妇人。明亮的大眼睛是美丽的，里面却含着哀伤，但从端正的鼻子和微向下弯的口形上，都可以看出她是个有志气的女人。衣服虽是粗布，可是剪裁得很合体。"①"明亮的大眼睛"的描写因为克制而显得毫无文学色彩，并未带有任何对女性性别特征的强调。《林海雪原》中的白茹："她很漂亮，脸腮绯红，像月季花瓣。一对深深的酒窝随着那从不歇止的笑容闪闪跳动。两条不长的小辫子垂挂在耳旁。前额和鬓角上漂浮着毛茸茸的短发，活像随风飘动的芙蓉花。她的身体长得精巧玲珑，但很结实。还有一个十分清脆而圆润的嗓子，善歌又善舞，舞起来体轻似鸟，唱起来委婉如琴。她到了哪里，哪里便是一片歌声一片笑。她走起路来清爽而灵巧。她真是人们心目中的一朵花。"②在这段描述中，白茹是一位未谙世事的活泼少女，与已经表现出坚定革命意志和丰富战斗经验的一面形成反差（白茹同时也是"抢救模范"和护士长）。像白茹这样少女型的革命者，并不多见，她的出路必然是变得成熟稳重，意志坚定。《青春之歌》中"成长中"的林道静见到郑瑾，把对方视为"希腊女神"："这是个非常美丽的女人。年纪约莫二十六七岁。她的脸色苍白而带光泽，仿佛大理石似的；一双眼睛又黑又大，在黯淡的囚房中，宝石似的闪着晶莹的光。"③郑瑾以其美丽和坚定，获得了林道静的崇拜。成熟稳重、意志坚定型的中年女性，是革命女性中的主力。在革命叙事中，任何其他视角对女性的观察都是亵渎和冒犯。革命女性，是超越了"身体/性别"的女性。很多研究者注意到了1950—1970年代作品的这一特点，并将其视为该阶段文学的败笔。有论者认为，该阶段的文学是"泯灭性别"的，"原以为自'五

① 知侠.铁道游击队[M].北京：人民文学出版社，1958：163.

② 曲波.林海雪原[M].北京：人民文学出版社，1964：46.

③ 杨沫.青春之歌[M].北京：人民文学出版社，1961：415.

四’以来随着思想解放运动而逐渐觉醒复苏的女性自我意识及其所要求的男女平等，会随着这样平等口号的提出而自动获得，而事实上却相反，泯灭男性性别差异的背后，掩盖着的是对人性的无视，是对权威话语的绝对遵从，是以新的菲勒斯专制代替和抹杀了性别平等”①。从人性论出发，指出性别的消弭是专制的结果，可能略有偏颇。在“救亡”和“建设”(被广泛动员)语境中，女性首先要完成跟男性一样的工作，无暇顾及本身性别的要求和成长。

1950—1970 年代文学中，为何女性纷纷化身为“花木兰”和“穆桂英”？时代要求“革命”中的女性必须首先完成生存意义上的工作。战争的敌对双方中，女性是战士，与男性的功用一致。女性参与到“革命”中，目标就是革命的成功。就此而言，她们跟男性没有分别。《林海雪原》中，少剑波开始时坚决不要白茹，认为“女同志不成”。少剑波不同意白茹参加小分队，是基于战争条件考虑，并非歧视女性。此时，白茹说：“斯大林同志说过，共产党员不是普通人，而是特殊材料制成的。我是共产党员，什么特殊困难我也不怕”②，“我没有病，体格好，觉悟也不低，意志也坚定，自觉自愿！”③白茹强调的，是自己的非女性性别特征。她知道，只有消弭性别，才可能参与到男性主导的战争秩序中。显然，要求战争状态中的女性展现出女性特征，是不可能的。女性的身体经验，无法被编码到革命历史叙事中，只能流散于其他副文本。④ 由此看来，女性的“超性别”是 1950—1970 年代文学中女性的宿命，不宜不由分说地对此现象予以否定。

新的美学原则中，政治意识的进步与女性性别意识的强调不相容。梳妆打扮、涂脂抹粉，背离了工农兵审美标准，进而被指定为一种疏离革命的丑陋的行为。萧也牧《我们夫妇之间》中，农村来的张同志说：“那么多的人：男不像男女不像女的！男人头上也抹油……女人更看不的！那么冷的天气也露着小腿；怕别人不知道她有皮衣，就让毛朝外翻着穿！嘴唇血红红，像吃了死老鼠似的，头发像个草鸡窝！那样子，还美得不行，坐在电车里还掏出小镜子来照半天！整天挤挤攘攘，来来去去，成天干什么呵……总之，一句话：看不惯！”⑤张同志从工农兵审美视角，对资产阶级美学追求进行了批评。萧也牧因为对张同志的视角没有表现出完全赞同，遭到了批判。⑥ 作品中写到带有性别特征的女性，都是反面角色。《暴风骤雨》中，韩老六让女儿韩爱贞充当诱饵，勾引杨老疙瘩。作品这样描写韩爱贞的长相：“她穿一件轻飘飘的白底红花绸杉子，白净绸裤子。领扣没有扣，露出那紧紧地裹着她的胖胖的身子的红里衣，更显得漂亮。”⑦《吕梁英雄传》中，桦林霸要求跟他有一腿的大儿媳妇去勾引康

---

① 徐坤.女性意识与文学写作[M]//杨匡汉，孟繁华.共和国文学 50 年.北京：中国社会科学出版社，1999：314.

② 曲波.林海雪原[M].北京：人民文学出版社，1964：44.

③ 曲波.林海雪原[M].北京：人民文学出版社，1964：44.

④ 杨沫在 1950 年 10 月的日记中说，“我才三十岁多一点，就把卵巢、子宫都摘除了，内分泌自然失调(听说有的妇女一摘子宫、卵巢就神经失常)。我的病看来也是此缘故。不然，为什么我一闹得厉害，栗大夫给打一针外国的荷尔蒙就见好呢？”(杨沫.杨沫文集 6[M].北京：十月文艺出版社，1994：112.)

⑤ 萧也牧.我们夫妇之间[J].人民文学，1950(1).

⑥ 丁玲认为，“李克最使人讨厌的地方，就是他装出一个高明的样子，嬉皮笑脸来玩弄她的老婆——一个工农出身的革命干部”。参见丁玲《作为一种倾向来看——给萧也牧同志的一封信》，《文艺报》1951 年第 4 卷第 8 期。

⑦ 周立波.暴风骤雨[M].北京：人民文学出版社，1956：149.

有富。作品写大媳妇时，用了“白牙把下嘴唇一咬，脸上显出两个酒窝，斜瞟了有富一眼”[①]来形容，是当时作品中很少见的对女性性别特征的描述。与此类似，1950—1970年代电影史中，出现了一批“女特务”，以悖论的方式展现了女性性别之美。[②] 同样是“坏女人”，处理起来也不同。作品写到革命斗争中的“敌人女性”时，往往把她们的外貌写得丑陋不堪。《林海雪原》写蝴蝶迷：“要论起她的长相，真令人发呕，脸长得有些过分，宽大与长度可大不相称，活像一穗包米大头朝下安在脖子上。她为了掩饰这伤心的缺陷，把前额上的那绺头发梳成了很长的头帘，一直盖到眉毛，就这样也丝毫挽救不了她的难看。还有那满脸雀斑，配在她那干黄的脸皮上，真是黄黑分明。为了这个她就大量地抹粉，有时竟抹得眼皮一眨巴，就向下掉渣渣。牙被大烟熏得焦黄，她索性让她大黄一黄，于是全包上金，张嘴一笑，晶明瓦亮。”[③]对比一下可以看出，作者(男性)在写前一种“坏女人”时，一些对女性的性别审美态度隐约暴露出来——要不然，她们也不可能完成美人计的“任务”。在1950—1970年代的身体政治学看来，女性容貌“丑陋”与灵魂“丑恶”密不可分。

1950—1970年代，“肖像政治”是意识形态的重要组成部分。正面人物和反面人物的区分，直接体现在肖像叙述中。作者描写人物容貌，绝不是随意下笔，而是经过深思熟虑。这样的现象本身就说明，肖像中暗含着价值判断。从吴强《红日》的不同版本对张灵甫的描写中，我们可以看出微妙的变化。张灵甫是国民党知名将领，抗战期间多立军功，1945年率74师与华东野战军在孟良崮作战，战死。对这样一位抗战有功的将军，吴强在描写其肖像时颇为踌躇。1957年初版本是这样描写的：“他的身材魁大，生一幅大长方脸，嘴巴阔大，肌肤呈着紫檀色。因为没有蓄发，脑袋显得特别大，眼珠发着绿里带黄的颜色，放着使他部属不寒而栗的凶光。从他的全身、全相综合来看，虽使人觉得他有些蠢笨而又可怕，但总还是个有气概、有作为的人。”[④]后面“有气概、有作为”是褒义词，跟前面的描写明显不搭。1959年的版本改为：“他的身材魁梧，生着一张大长方脸，嘴巴阔大……他的全身、全相综合来看，使人觉得他有些蠢笨而又可怕，是一个国民党军队有气派的典型军官。”[⑤]“有气派”则中性得多，但不是“痛恨”心态。1964年版本改为：“他……和尚头，有点秃顶，脑袋显得特别大，眼珠发着绿里带黄的颜色，放着使他的部属不寒而栗的凶光。从他的全身全相来看，使人觉得他是个骄纵凶悍、蠢笨却又奸险又会装腔作势的人。”[⑥]作者既想抹黑张灵甫，又觉得跟史实不符(毕竟是真名实姓)，所以出现了“蠢笨”和“奸险”这种矛盾的评价。可见，随着政治风云变迁，张灵甫身上的“真实”色彩被逐渐剥离，被处理为越来越符号化的反派角色。

---

① 马烽，西戎.吕梁英雄传[M].北京：人民文学出版社，1957：134.

② 时代变迁之后，“女特务”形象却成为留在当时读者和观众心中对“美丽”女性的记忆。参见王彬彬《红色电影中的“女特务”形象》，《随笔》2008年第5期。

③ 曲波.林海雪原[M].北京：人民文学出版社，1964：21.

④ 吴强.红日[M].北京：中国青年出版社，1957：419.

⑤ 吴强.红日[M].北京：中国青年出版社，1959：421.

⑥ 吴强.红日[M].北京：中国青年出版社，1964：438.

四

1950—1970年代文学中，女性及其形象问题，不能被孤立理解。“革命历史叙事”语境中，女性表现出的“功能”与宣传口径相符，文学作品在依附“革命逻辑”的同时，展现出很难完全压抑的“生活逻辑”的一面，故而，文本呈现出诸多“裂隙”。这些“裂隙”并不是当下“重评”的理由，也不能印证文学价值，但可以由此观察到女性问题与社会其他问题的互动。20世纪，“女性文学”逐步蔚为大观。1950—1970年代是一个“承前启后”的时代，遗留下多项值得重返的场域。在性别解放层面，20世纪80年代“女性”意识的展开，与此前女性“同工同酬”及婚姻制度密切相关。而文学中，《爱，是不能忘记的》《方舟》《香魂女》《街上流行红裙子》《金鹿儿》等作品，把女性主义讨论迅速提高到一个层面，也得益于性别问题的长期宣讲与执行。1950—1970年代“女性”的想象种子，未必没有播撒到作家心田，而直至20世纪80年代以后，才成长为参天巨木。

Revolution, Love and Portrait: Women in Revolutionary Narratives from the 1950s to 1970s

Liu Weidong

(College of Literature, Tianjin Normal University, Tianjin, 300387)

Abstract: Women in literature from the 1950s to 1970s were caught between revolutionary discourse and gender discourse. Choosing between "revolution" and "family", then stripping off the latter, completely dedicating to revolution, and transforming into abstract symbols is the only way for "new women" in revolution. In the "love narrative" about the revolutionary war, women's love for male leaders and receiving the education of the Party happened at the same time and merged into one. "Female newcomers" are usually led by men (the symbol of the Party), heading for the revolutionary road. In the works from the 1950s to 1970s, the gender characteristics of female "newcomers" were suppressed and "physically absent". As an "aesthetic" woman, she can't appear openly, but can only appear in the narrow narrative gap that is unnoticed. Women's "super-gender" is the fate of women in literature from the 1950s to 1970s.

Key words: women; the 1950s—1970s; revolutionary historical narrative

朱天文小说《世纪末的华丽》嗅觉书写与女性意识

史　言*

内容摘要：本文拟定"文学与嗅觉"议题作为研究视点，针对小说体裁的嗅觉书写展开理论探究与批评实践，在反思"感知—嗅觉—记忆"模式和建构"身体感—嗅觉—想象"阐释体系的基础上，选取台湾作家朱天文《世纪末的华丽》中的嗅觉意象展开讨论，结合现象学、迷宫论、神话原型批评、女性主义理论等，对身体研究范畴下的文学与嗅觉课题予以探讨。

关键字：朱天文；嗅觉意象；迷宫原型；女性意识

一、引言

自20世纪下半叶以来，随着"身体"主题成为众多学科及媒体日渐注意的焦点，关于"嗅觉"的思考，也逐步在人文研究、社会学和文化理论诸领域，引起了广泛的兴趣。① 将文学中的"嗅觉"书写放置在当前身体研究的总体框架和宏大背景之下，已是必然趋势。嗅觉课题的特殊地位造就了自身纵深维度的同时，也彰显出其带给文学的冲击、启示和研讨价值。然而，双刃剑的另一侧，则是文学批评从文艺批判之根上已然长出了各种理论的参天大树，今时今日的文学批评正在走出文学。此一境况所引发的问题意识，落实到文学的嗅觉议题，便是如何具体而微地审视作家创作中的"嗅觉"书写，如何使我们的文学批评于众声喧哗的年代，在走出文学的路途上不至走得离文学太远。

有鉴于此，本文将选取台湾作家朱天文(1956—　)的小说《世纪末的华丽》为研读对象，针对小说中的嗅觉意象展开讨论，结合现象学、迷宫论、神话原型批评、女性主义理论等，对身体研究范畴下的文学与嗅觉课题予以探讨。

---

* 史言，男，汉族，厦门大学中文系助理教授。主要研究方向为20世纪东西方文艺理论、中国现当代文学。

① 希恩·斯威尼，伊恩·霍德.绪论[M]//斯威尼，霍德.贾俐，译.身体.北京：华夏出版社，2006：2.拉图尔.身体、控制论身体物体和肉体的政治[M]//斯威尼，霍德.贾俐，译.身体.北京：华夏出版社，2006：120.

二、小说中的显性气味与隐性气味书写

朱天文是当代善于描摹感官细节的作家之一，其笔下大量的身体书写历来为评论界称道，目前已有为数颇众的专著、散论涉及朱天文作品中的嗅觉议题，特别是短篇小说《世纪末的华丽》（后文简写为《世》）。然而，根据我们的观察，学界在此议题上的大多著述，基本是将小说的嗅觉书写最终引导至记忆唤起的层次，以“感知—嗅觉—记忆”的阐释模式为分析取径。本文希望可以于批评实践中，针对这一境况有所突破。尤其值得强调的是，朱天文笔下“干燥花草气味”呈现给我们的，恰好是嗅觉书写作为身体感意象的绝佳范例，这例典型意象不仅触及小说家的时间意识与空间意识，更突显了其独有的创造性想象力。①

（一）显性气味：从“安息香”到“迷迭香”

《世》是朱天文创作于1990年的短篇小说，与另外六个短篇收入同名小说集《世纪末的华丽》，标志着朱天文写作成熟期的到来。② 女主角米亚“是一位相信嗅觉，依赖嗅觉记忆活着的人”，尽管她“也同样依赖颜色的记忆”，但“比起嗅觉，颜色就迟钝得多”，对米亚来说，“嗅觉因为它的无形不可捉摸”，最为“锐利和准确”③。围绕女主角，小说述及了米亚身边许多人、事与物的气味，并常常以这些气味作为区分空间与人物的属性标志。

从叙述的时间序列上来看，所谓“米亚常常站在她的九楼阳台上观测天象”的“常常”这个当下时间段，既是故事的开始，也是故事的结束，空间背景都是米亚的“屋里”。小说是以“烧一土撮安息香”④开篇，最终以“萝丝玛丽，迷迭香”⑤收束。开端结尾之间穿插了众多气味的状写，如作家所言，不同的气味代表着女主角不同时段“当时的心情”，揭示出米亚对自身际遇与周遭环境的不同态度。⑥ 假如对文中明显出现过的气味按其所属进行简要归类，我们可大致得出表1，以便观察：

表1　朱天文《世纪末的华丽》中出现的气味

类别	举例	说明	页码
草香	药草茶的薄荷气味	在米亚的楼顶阳台铁皮棚，米亚为老段沏茶的茶香	142
	迷迭香	米亚的九楼屋子	158
花香	繁复香味	宝贝（米亚的女性朋友之一）的花店	151
	荷兰玫瑰的香味	米亚的九楼屋子、浴室	153-154

① 张诵圣.朱天文与台湾文化及文学的新动向[M]//高志仁，黄素卿，译.梅家玲，编.性别论述与台湾小说.台北：麦田出版社，2000：323-347.

② 王德威.小说中国：晚清到当代的中文小说[M].台北：麦田出版有限公司，1993：167.

③ 朱天文.世纪末的华丽[M].台北：INK印刻出版有限公司，2008：141-142.

④ 朱天文.世纪末的华丽[M].台北：INK印刻出版有限公司，2008：141.

⑤ 朱天文.世纪末的华丽[M].台北：INK印刻出版有限公司，2008：158.

⑥ 朱天文.世纪末的华丽[M].台北：INK印刻出版有限公司，2008：141.张小虹.城市是件花衣裳[J].中外文学，2006(10)：176-181.

续表

类别	举例	说明	页码
果香	百香果又酸又甜的甜味	米亚的九楼屋子	154
木香	安息香	米亚的九楼屋子里的焚香而来的熏烟气味	141
	肉桂与姜的气味	米亚的辛辣姜茶与卡帕契诺咖啡	144-145
	乳香	“非中东部跟阿拉伯产的树脂，贵重香料”	145-146
体味	太阳光味道	来自米亚的情人老段。小说中亦说是“白兰洗衣粉晒饱了七月大太阳的味道”	143
	刮胡水和烟的气味	老段体味的补充书写	143
	良人的味道	老段体味的补充书写	143
	冷香	安(米亚的女性朋友之一)的气质感觉	143
	香水气味	宝贝的“爱情的气味”“陈腐气味”	150
其他气味	湿味	梅雨季节米亚的九楼屋子里的气味	144
	肥香冲鼻臭	宝贝的喜帖味	150
	店铺的气味	巷内小门面精品店	151
	茶咖啡香	宝贝的花店	151
	神秘麝香	宝贝花店对面拉克华	151
	异国奇香	火车途中	155
	圣诞节风味的香钵	米亚亲手制作放在老段工作室	157

从一般的象征意义上说，表 1 所列举的草香、花香、果香、木香等均是较为常见的馨香类型，在人类史与文化史中其象征意涵也比较固定。朱天文对这些香气的书写显然有所侧重，写作上的有意经营无疑与小说所要表达的主题关联密切。例如，慨叹女性青春消逝，抒发继之而来的苍凉感，以及面对“年老色衰”的无奈与极度悲伤，是《世》较为明显的主题之一。对此主题的表达，小说至少选用了“迷迭香”“薄荷”“安息香”与“乳香”的某些象征意涵。“迷迭香”(rosemary)与“薄荷”(mint)均是古老的永生象征。[①] 植物学上，二者属于薄荷科，最早是来自地中海的香草，在古埃及文明、希腊罗马时代均表征灵魂永驻，因为其阳刚的清香足以掩盖死亡的腐朽味。在中国，《本草拾遗》《香谱》等古籍对迷迭香也都特别记载。魏文帝曹丕(187—226)有《迷迭香赋》，同时代“建安七子”的王粲(177—217)、陈琳(？—217)、应玚(？—217)均以此为题留有诗篇。“安息香”(benzoin)与“乳香”(frankincense)则是树脂制成的昂贵香料，是由树皮分泌而来的油脂经人工方法得到的香脂。[②] “乳香”具有神性，是古代许多民族祭神、祭祖、安葬等仪式最珍贵的焚香香剂。印度教、瑜伽、佛教、密宗等均使用乳香作为打坐时烧的香，它具有平静心情、均匀呼吸、进入空灵之境的作用。除了宗教用途，它亦可制造延缓衰老、祛除皱纹、改善皮肤的药膏。[③]

① 奚密.芳香诗学[M].台北：联合文学出版社，2005：27，44.

② 奚密.芳香诗学[M].台北：联合文学出版社，2005：133.

③ 奚密.芳香诗学[M].台北：联合文学出版社，2005：133-134，140-141.

然而，像上述这种一般意义上的象征阐释，尽管在《世》一文还可更大范围地从人类学、文化学角度进行追溯，但我们不打算以此作为我们下文的研究方向，因为，如何在“一般性”之中找到朱天文创作的“个性”或“特殊性”，才是我们研讨的重点。

(二)隐性的气味："风干"与"去湿味"的"干燥花草"嗅觉意象

若将朱天文对植物芳香的直接书写视为嗅觉的显性描摹，那么在《世》中还存在一种隐性的气味。这些气味往往是诸多气味的混合气息，并伴随着对“干燥花草”的强调和突出。“干燥花草”意象在小说中多次重复出现，不得不引起我们的重视：

> 米亚的楼顶阳台也有一个这样的棚，倒挂着各种干燥花草。①
>
> 米亚忧愁她屋里成钵成束的各种干燥花瓣和草茎，老段帮她买了一架除湿机。②
>
> 米亚恐怕是个巫女。她养满屋子干燥花草，像药坊。③
>
> 的确她(米亚)也努力经营自己的小窝，便在这段日子与那束风干玫瑰建立起患难情结。④
>
> 老段初次上来她(米亚)家坐时，桌子尚无，茶咖啡皆无，唯有五个出色的大垫子扔在房间地上，几捆草花错落吊窗边，一陶钵黄玫瑰干瓣，一藤盘皱干柠檬皮橙子皮小金橘皮。⑤

“风干”花草植物以达到“去湿味”的目的，这种意愿与操作过程，是女主角米亚成长经历中标志其心境逐渐老去的一种暗喻。在情人老段眼里，米亚好像“巫女”，也恰是由于米亚所进行的各类属花草的干燥“实验”，⑥而对米亚来说，所有这些实验，“全部无非是发展她对嗅觉的依赖”⑦。关于“实验”的起因，小说是这样解释的：

> 所有起因不过是米亚偶然很渴望把荷兰玫瑰的娇粉红和香味永恒留住，不让盛开，她就从瓶里取出，扎成一束倒悬在窗楣通风处，为那日日褪暗的颜色感到无奈。⑧

当目睹这束风干玫瑰“花香日渐枯淡，色泽深深黯去”，直至“变为另外一种事物”，米亚好奇有没有机会改变这种“宿命”。“好奇心”趋使她“启始了各类属实验”。⑨ 从一路追踪观察“满天星”“矢车菊”“锦葵”“猫薄荷”等干燥花，到制作药草茶、沐浴配备，再到压花、手制纸，小说至少有两处十分详尽地描写了工序的细节：

---

① 朱天文.世纪末的华丽[M].台北:INK印刻出版有限公司,2008:141.
② 朱天文.世纪末的华丽[M].台北:INK印刻出版有限公司,2008:144.
③ 朱天文.世纪末的华丽[M].台北:INK印刻出版有限公司,2008:153.
④ 朱天文.世纪末的华丽[M].台北:INK印刻出版有限公司,2008:153-54.
⑤ 朱天文.世纪末的华丽[M].台北:INK印刻出版有限公司,2008:154.
⑥ 朱天文.世纪末的华丽[M].台北:INK印刻出版有限公司,2008:154.
⑦ 朱天文.世纪末的华丽[M].台北:INK印刻出版有限公司,2008:157.
⑧ 朱天文.世纪末的华丽[M].台北:INK印刻出版有限公司,2008:153.
⑨ 朱天文.世纪末的华丽[M].台北:INK印刻出版有限公司,2008:154.

老段……捡给她(米亚)一袋松果松针杉瓣。她用两茶匙肉桂粉,半匙丁香,桂花,两滴熏衣草油,松油,柠檬油,松果绒翼里加涂一层松油,与油加利叶扁柏玫瑰花叶天竺葵叶混拌后,缀上晒干的辣红朝天椒,荆果,日日红,铺置于原木色槽盆里,圣诞节庆风味的香钵,放在老段工作室。①

将废纸撕碎泡在水里,待胶质分离后,纸片投入果汁机,浆糊和水一起打成糊状,平摊滤网上压干,放到白棉布间,外面加报纸木板用擀面棒擀净,重物压制数小时,取出滤网,拿熨斗隔着棉布低温整烫一遍。一星期前米亚制出了她的第一张纸笺,即可书写,不欲墨水渗透,涂层明矾水。这星期她把紫红玫瑰花瓣一起加入果汁机打,制出第二张纸。②

圣诞节风味的“干草香钵”与掺入花香、果香的“压干纸笺”,强调的都是混合香气的干燥过程,因此我们认为在《世》众多香气书写里对“干草之味”,即干燥花草混合气味的书写,完全有理由作为核心嗅觉意象进行分析。

三、迷宫叙事与嗅觉之旅:从深井原型到气味差异

面对朱天文《世》中“干草之味”嗅觉意象的经营,我们认为,仅仅发掘气味在记忆里的呈现以及与记忆力的互动,并不完备。对作家想象模式的揭示,才是我们研究预设的目标。本节尝试从深井原型谈起,进而论述迷宫叙事在朱天文笔下的显现,揭示作家特殊的文学想象模式,尤其关注嗅觉书写在想象力展现过程的重要作用。

(一)“蓝色深井”:“湖泊—无底洞—蓝色”三位一体链接

比德曼(Hans Biedermann,1930—)在《世界文化象征辞典》(*Dictionary of Symbolism*)中指出,通常的“井”(well)皆位于有泉水的地方,泉水则往往象征着“具有神秘威力的‘深处的水’”,而史前传统中,来自地下的水具有疗病作用,这深刻影响了后来的基督教神学观念。非基督教传统也有“青春泉”的传说,以及与象征意义紧密关联的“净身沐浴”习俗。③同时,比德曼亦写道,与这种“井”相对立的,是“《启示录》第9章里的‘无底洞’:火和硫磺从中喷涌而出,战败的魔鬼被囚禁其中,达一千年之久”④。不论是“井”,抑或“无底洞”,均可被视为通往地下世界的道路。⑤

在《世》一文,我们很明显地看到了比德曼所指出的那种与“水”相关的一般意义上的“深井”原型:

① 朱天文.世纪末的华丽[M].台北:INK印刻出版有限公司,2008:157.

② 朱天文.世纪末的华丽[M].台北:INK印刻出版有限公司,2008:157.

③ 比德曼.世界文化象征辞典[M]//刘玉红,谢世坚,蔡马兰,译.桂林:漓江出版社,2000:15.

④ 朱天文.世纪末的华丽[M].台北:INK印刻出版有限公司,2008:158-159.

⑤ 朱天文.世纪末的华丽[M].台北:INK印刻出版有限公司,2008:53,158.

> 云堡拆散，露出埃及蓝湖泊。萝丝玛丽，迷迭香。……年老色衰，米亚有好手艺足以养活。湖泊幽邃无底洞之蓝告诉她，有一天男人用理论与制度建立起的世界会倒塌，她将以嗅觉和颜色的记忆存活，从这里并予之重建。[①]

“湖泊—无底洞—蓝色”三位一体的链接，构成了朱天文“蓝色深井”意象，女主角米亚年华逝去，渐渐变作“年老色衰”的女人。“井”（这里以湖泊形式出现，亦属于神秘地下之水的一个变体）的原型治愈作用，使“蓝色深井”接近前文提到的“青春泉”意涵。但仅仅将其视作女性青春眷恋的叹老体现，远远不够，深层次来说，它更像是主角米亚女性意识觉醒的一个标志。

《世》中，“云堡”与“蓝湖泊”共筑了天空意象，但二者之间，是遮蔽与被遮蔽的关系。“云堡”暗喻“男人用理论与制度建立起的世界”，“蓝湖泊”则代表了某种有待“重建”的女性意识。“云堡”若不“拆散”，“蓝湖泊”便难以“露出”，这或许就是“米亚常常站在她的九楼阳台上观测天象”[②]所悟出的道理。朱天文在《世》的结尾安插“云堡”及“蓝湖泊”两例暗喻，彰显出米亚这一人物形象女性意识的觉醒。米亚用一系列“巫女实验”实践她的“解构—建构”策略：“以嗅觉和颜色的记忆存活”，将倒塌的世界加以重建。然而，必须指出，就像众多女性意识觉醒者一样，《世》表现出的米亚的女权精神也面临重大的困境，简言之，就是处于“女性激进主义”与“女性自由主义”的裂缝之中：[③]一方面，她们坚持自己的“革命者”身份，认为父权制形成的根源，在于男性长期而普遍地控制了公众领域和私人领域，因此解放妇女，必须通过彻底的革命根除男性统治；[④]另一方面，却又站在自由主义立场上，迷恋“改良者”的角色，质疑如何确保性别评价的公正性，不致使得“解构—建构”策略演化为一半对另一半的极端行经。[⑤] 因此，在反叛男性对于女性的界说、进而探索女性的真谛和出路时，她们的内心难免矛盾重重：预设男性整体的堕落，从对立面发起攻击，实质是否定了现存的这个由男权建立起来的社会，这无异于否定自身；但如果以女性的个体身份一味强调“分离”，使自己与社会完全隔绝，那么女性势必难以作为一个群体站在同一阵线。妇女解放便流于空谈。[⑥]

当然，米亚的觉醒未必能够达到上述层面的自我认知高度，这就更加导致了她的孤寂与痛苦。尽管在“以女性的经济上的机会和公民自由为妇女充分解放的必由之路”[⑦]上，她是一个成功的个体，但“不拿老段的钱”“有好手艺足以养活”[⑧]却最终成为米亚进行自我隔离的条件和借口。米亚抛弃家人关怀，“逃开大姐职业妇女双薪家庭生活和妈妈的监束”，也

---

① 朱天文.世纪末的华丽[M].台北：INK 印刻出版有限公司，2008：158.

② 朱天文.世纪末的华丽[M].台北：INK 印刻出版有限公司，2008：141.

③ 罗斯玛丽·帕特南·童.女性主义思潮导论[M].艾晓明，等，译.武汉：华中师范大学出版社，2002：68.

④ 凯特·米利特.性的政治[M].钟良明，译.北京：社会科学文献出版社，1999：36-39，84-88.

⑤ 刘小莉.女性主义的解构策略何以可能[M]//荒林.中国女性主义.桂林：广西师范大学出版社，2005：93.

⑥ 陈晓兰.关于女性主义批评的反思[J].兰州大学学报，1999(2)：167-172.

⑦ 刘小莉.女性主义的解构策略何以可能[M]//荒林.中国女性主义.桂林：广西师范大学出版社，2005：93.

⑧ 朱天文.世纪末的华丽[M].台北：INK 印刻出版有限公司，2008：143-144，158.

"绝不要爱情,爱情太无聊只会使人沉沦"①。所以同龄的男性朋友,像杨格、欧、蚂蚁、小凯、袁氏兄弟等,她最终也是一个都不爱。米亚选择与"已婚男人"老段在一起,却又绝非为了"做情人们该做的爱情事"。小说写道:

> 他们过分耽美,在漫长的赏叹过程中耗尽精力,或被异象震慑得心神俱裂,往往竟无法做情人们该做的爱情事。②

米亚也明白老段的年龄"会比较早死"。"她比老段大儿子大两岁。二儿子维维她见过,像母亲。她会看到维维的孩子成家立业生出下一代,而老段也许看不到",所以米亚决定"必须独立于感情之外,从现在就要开始练习"③。这里,尤其需要强调的是,作为女性,米亚并没有将希望寄托在女性群体认同上,她既无意遵循妈妈的传统道德规范,也不赞许大姐的职业妇女双薪家庭生活,而又有别于身边安、乔伊、婉玉、宝贝、克丽丝汀、小葛等一众"女朋友们"。威顿(Chris Weedon,1952—)等学者曾指出,从 20 世纪末开始,女权主义理论正逐渐从追求男女平等转向强调妇女之间的差异性和差异的复杂性,质疑以往那种一统性的"正宗的(authentic)女性主体意识"同时,积极发掘女性主体意识的多元性和不断变化性④。米亚的特立独行或许恰好展现出这种后现代多元性差异⑤。

(二)深陷"Maze":困局中的迷宫探行者

米亚决意自我隔离,实际上仍是处于进退维谷间隙中的无奈选择。小说末尾的细节颇具启发意义:米亚意识到应该"独立于感情之外",是"城市天际在线堆出的云堡告诉她"的,⑥而世界的"倒塌"与"重建",却是"湖泊幽邃无底洞之蓝告诉她"的,⑦这很大程度上揭示出米亚"自我隔离"所蕴含的两难迷途喻义。

其一,既然"云堡"作为男权社会的暗喻,那么"云堡告诉她"无疑表明,女性在男权社会惯例的控制作用下,根本没有多少选择的余地,以个体身份使自己与社会隔绝便成了一条宿命式的路途。就像小说所言,貌似"米亚愿意这样,选择了这种生活方式",其实"开始也不是要这样的,但是到后来就变成唯一的选择"⑧。其二,"蓝色"又给米亚带来启示,生活在自己的世界里,不在乎外界想法,但必须"随着自我找寻的个性,依照自己的规矩寻求自己完美的路径",走出"一条特立独行的路"⑨。米亚无法抗拒神秘而梦幻的"埃及蓝"诱惑,古代埃及

---

① 朱天文.世纪末的华丽[M].台北:INK 印刻出版有限公司,2008:153.

② 朱天文.世纪末的华丽[M].台北:INK 印刻出版有限公司,2008:142.

③ 朱天文.世纪末的华丽[M].台北:INK 印刻出版有限公司,2008:156-157.

④ CHRIS WEEDON. Feminist Practice and Poststructuralist Theory[M]. Oxford:Blackwell Publishing,1987:102-107.

⑤ 苏红军.成熟的困惑:评 20 世纪末期西方女权主义理论上的三个重要转变[M]//苏红军,柏棣.西方后学语境中的女权主义.桂林:广西师范大学出版社,2006:36-37.

⑥ 朱天文.世纪末的华丽[M].台北:INK 印刻出版有限公司,2008:157.

⑦ 朱天文.世纪末的华丽[M].台北:INK 印刻出版有限公司,2008:158.

⑧ 朱天文.世纪末的华丽[M].台北:INK 印刻出版有限公司,2008:142.

⑨ 张志雄.生命的密码,色彩知道[M].台北:人本自然文化事业有限公司,2005:129.

的深蓝色，“尼罗河源头的守护神”之色，产生永恒的、生命的、轮回的感觉，带来冷漠的气质。[①] 当今许多色彩理论或色彩心理学理论大都认为，蓝色是追求完美的颜色，具有完美主义者的性质，“有宁为玉碎，不为瓦全的执着”。而当“完美”不存在于现实中时，蓝色便“发展出筑梦的个性”，为了“找寻一个永恒的梦，即使路程孤独坎坷也甘之如饴，绝不后悔”[②]。小说使用“蓝色”作为“深井”意象主导色，配合米亚的自我独立和自我隔绝，或许亦可得到解释。由此可见，与其说米亚的女性意识有所觉醒，倒不如说是徘徊在半梦半醒的状态。表面特立独行的她，实则依然深陷充满矛盾的局面。借用法国学者阿达利（Jacques Attali，1943— ）在《智慧之路：论迷宫》（*Chemins de Sagesse：Traité du Labyrinthe*）一书中的术语来描述这种局面，即女性自身意识与周围的社会文化为米亚编织了一座“难以穿越的迷宫”（maze）[③]，并将其困身于内。

迷宫本身可被视为一种最古老的原型及象征，是“集体想象”的产物，是人类集体无意识的表现。“迷宫绝非局部现象”，它具有原型的力量和价值，它不独属于一种文化、一个地域。“早在数千年前人们就已在世界各地……发现了出奇相似的迷宫草图”[④]。现实世界里，迷宫是使人们得以拥有直接领悟的原型之一，因为人们可以切身行走在迷宫里面，但它更是精神上的历程，以“隐喻与符号作为转变的锁钥”[⑤]，包含了从外部可见层面开始，最终到达内部不可见层面或内在核心的运动与过程，同时也包括了这样的从外到内以及从内到外的循环。[⑥] “难以穿越的迷宫”也被阿达利称作“走不出的迷宫”，这类迷宫所挑战的，是人们“要做抉择的部分”[⑦]。可以说，它是宇宙与世界轨道的抽象，是“错综复杂”“黑暗所在”与“无规则性”之极致的代名词。[⑧] 身处其中的行进者，必将遇到许多绕到死胡同的回环歧路。他们随时都会迷路，甚至面临根本找不到迷宫的中心和出口的危险。这种行进者被称为“迷宫探行者”（maze traders）。他们置身迷宫之中，对道路的情况模糊不清，不知其复杂性，只有在前进中才逐步领悟。茫然无知与迷惘的感受无时无刻不伴其左右。[⑨] 米亚就是这样一个陷落在青春迷惘、流行文化、大众时尚、商品拜物所组建的现代迷宫中的“迷宫探行者”，而90年代台湾社会政治图腾、价值观念、道德操守的急剧转化，更加深了这座“难以穿越的迷宫”之复杂多变。[⑩] 年轻时代的米亚，曾经“立志奔赴前程不择手段”，作为一个“物质女郎”，她追逐时尚，“拜物，拜金，青春绮貌”，“崇拜自己姣好的身体”，耽溺于和男朋友们的游戏之中，

---

① 布拉尔姆.色彩的魔力[M].陈兆，译.合肥：安徽人民出版社，2003：35，45-50.

② 张志雄.生命的密码，色彩知道[M].台北：人本自然文化事业有限公司，2005：130.

③ 阿达利.智慧之路：论迷宫[M].邱海婴，译.北京：商务印书馆，1999：18.

④ 阿达利.智慧之路：论迷宫[M].邱海婴，译.北京：商务印书馆，1999：14，26，37.郑振伟.诗歌和迷宫：黄国彬的诗歌创作[J].华文文学，2001(1)：30-39.

⑤ 艾翠丝.迷宫中的冥想：西方灵修传统再发现[M].赵闵文，译.台北：商业周刊出版股份有限公司，1999：216-218.

⑥ 申荷永.心理分析：理解与体验[M].北京：三联书店，2004：297.

⑦ 艾翠丝.迷宫中的冥想：西方灵修传统再发现[M].赵闵文，译.台北：商业周刊出版股份有限公司，1999：89.

⑧ 阿达利.智慧之路：论迷宫[M].邱海婴，译.北京：商务印书馆，1999：17.

⑨ 阿达利.智慧之路：论迷宫[M].邱海婴，译.北京：商务印书馆，1999：17-18.

⑩ 黄文成.感官的魅惑与权力的重塑：台湾九〇年代女性嗅觉小说书写探析[J].文学新论，2007(6)：77.

"不知老之降至"①。环绕在米亚周遭的是数之不尽的多元时装风潮，是快速堆积与倾覆的流行商业品牌，是服食"大麻"与"符片"等毒品、药物之后的"激亢癫笑不止"②。米亚所见世纪末台北市之华丽，便是这样一幅声光绚烂、颓废享乐、目眩神迷的浮世绘。阿达利说，"从古代起，城市就是迷宫中的迷宫"③。《世》中的台北意象，完全就是一个迷宫的缩影和喻象，小说如是对其描绘：

> 终于，看哪，……前方山谷浮升出一横座海市蜃楼。云气是镜幕，反照着深夜黎明前台北盆地的不知何处，幽玄城堡，轮廓历历。④

米亚于山顶"气象观测台"鸟瞰台北，说它像"海市蜃楼""幽玄城堡"，具有很明确的迷宫所指。米亚曾一度尝试摆脱这座迷宫，找寻出路。她毅然"提了背包离家"，"买了票随便登上一列火车"往南行，但"愈往南走，陌生直如异国，树景皆非她惯见"，在台中，她下车，"逛到黄昏跳上一部公路局"。"外星人"的感触趋使她"跑下车过马路找到站牌，等回程车"。踏出台北市只有一天，"米亚已等不及要回去那个声色犬马的家城"⑤。米亚的这次尝试以失败告终，却让她发觉了自己所在的这座迷宫的双重辩证：世纪末台北的华丽既是囚禁她的监牢，又是保卫她的乡土。迷宫作为监狱的最原始形式，触及人类史的一项基本主题，即"监狱是一种保护"⑥。对米亚来说，"离城独处，她会失根而萎"，她熟悉的是"雪亮花房般大窗景的新光百货""塞满骑楼底下的服饰摊""樟树槭树荫隙里各种明度灯色的商店"以及"空中大霓虹桥"。回到台北，"米亚如鱼得水又活回来了"。相比这座迷宫以外的"异国"，"台北米兰巴黎伦敦东京纽约结成的城市邦联""才是她的乡土"，米亚"生活之中，习其礼俗，游其艺技，润其风华，成其大器"⑦。迷宫作为米亚生活经历和生存环境的隐喻，确实令我们体会到今时今日的迷宫"无处不有。可以想象的迷宫图像的数量是无限的"⑧。

（三）从"干草之味"到"太阳光味道"

针对《世》的研讨，我们曾在小说众多的气味书写中提炼出"干燥花草"的嗅觉意象，并指明米亚不厌其烦、不断操作的那些"风干"与"去湿味"的"巫女实验"，从迷宫论角度，完全可视之为女主角试图走出迷宫的第二次尝试。我们说，第一次以失败而告终的远行，使米亚意识到，台北是座保护她的迷宫，它声色绚烂且华丽，时尚与潮流的气息是她再熟悉不过的。离开台北一日，最先令她发觉不适应的，便是某种不知名的异国的"奇香"：

---

① 朱天文.世纪末的华丽[M].台北：INK印刻出版有限公司，2008：147-148.

② 朱天文.世纪末的华丽[M].台北：INK印刻出版有限公司，2008：147.

③ 阿达利.智慧之路：论迷宫[M].邱海婴，译.北京：商务印书馆，1999：90.

④ 朱天文.世纪末的华丽[M].台北：INK印刻出版有限公司，2008：147.

⑤ 朱天文.世纪末的华丽[M].台北：INK印刻出版有限公司，2008：155.

⑥ 阿达利.智慧之路：论迷宫[M].邱海婴，译.北京：商务印书馆，1999：12.

⑦ 朱天文.世纪末的华丽[M].台北：INK印刻出版有限公司，2008：155.李晨.从"伊甸"，到"风尘"：朱天文创作的文学地景转变[M]//青年文学会议论文集：台湾作家的地理书写与文学体验.台北：台湾文学馆筹备处，456-458.

⑧ 阿达利.智慧之路：论迷宫[M].邱海婴，译.北京：商务印书馆，1999：17.

车开往一个叫太平乡的方向，愈走天愈暗，刮来奇香，好荒凉的异国。[①]

对于迷宫外的这种气味，米亚无法忍受，她返回迷宫之内，退守到自己的小天地：她“自己的小窝”，“自己这间顶楼有铁皮篷阳台的屋子”[②]，米亚开始在其中制造属于自己的气味，于是进行各类属花草的干燥实验。之前我们认为，这种“以嗅觉和颜色的记忆存活”的“解构—建构”策略，本质上并不能达成对男性世界的彻底瓦解，因而导致米亚更深层次的困惑与迷茫，以及身处困境难以自拔的景况。从嗅觉书写的角度来看，此处恰好有一例代表男性世界的气味意象：老段身上的“太阳光味道”，而它正是米亚不论如何努力都无法企及和人为制造出来的。

二十岁时，“米亚便不想玩了”[③]，正是此时她遇到老段。“老段使米亚沉静”[④]。米亚被老段身上的两个特点所吸引，第一是代表成熟男性的“浪漫灰”，第二是“良人的味道”。相比之下，后者更为关键，因为“五十岁男人”普遍具有的这种“风霜之灰，练达之灰”，是能够普遍意义上地“唤起少女浪漫恋情”，而老段身上独有的气味，却是特别地被“很早已脱离童騃”的米亚所识别[⑤]：

……嗅觉，她闻见是只有老段独有的太阳光味道。……一股白兰洗衣粉洗过晒饱了七月大太阳的味道。……良人的味道。那还掺入刮胡水和烟的气味，就是老段。[⑥]

“太阳光味道”是米亚自幼便曾接触到的，在她幼小心智中，这种气味又与男权社会不能违逆的“禁忌”紧密相连：

妈妈把一家人的衣服整齐迭好收藏，女人衣物绝对不能放在男人的上面，一如坚持男人衣物晒在女人的前面。她公开反抗禁忌，幼小心智很想试测会不会有天灾降临。[⑦]

老段是个集父亲与情人于一体的男性人物形象。米亚“稚龄也够做他女儿”[⑧]。他身上的“太阳光味道”既是天空的气味也是男人的气味。天空本身就是一种传统的“男性—父亲”象征[⑨]，《世》中多次重复米亚“常常站在她的九楼阳台上观测天象”“罩着蓝染素衣靠墙栏观测天象”[⑩]。与其说米亚的女性意识是要最终解构天空所代表的男权世界，不如说是先要企图无限地趋近于天空，是要在天界占有一席之地，进而以女性“蓝湖泊”与男性“云堡”分庭抗

① 朱天文.世纪末的华丽[M].台北：INK 印刻出版有限公司，2008：155.
② 朱天文.世纪末的华丽[M].台北：INK 印刻出版有限公司，2008：153-154，157.
③ 朱天文.世纪末的华丽[M].台北：INK 印刻出版有限公司，2008：149.
④ 朱天文.世纪末的华丽[M].台北：INK 印刻出版有限公司，2008：152.
⑤ 朱天文.世纪末的华丽[M].台北：INK 印刻出版有限公司，2008：143.
⑥ 朱天文.世纪末的华丽[M].台北：INK 印刻出版有限公司，2008：143.
⑦ 朱天文.世纪末的华丽[M].台北：INK 印刻出版有限公司，2008：143.
⑧ 朱天文.世纪末的华丽[M].台北：INK 印刻出版有限公司，2008：156.
⑨ 科尔曼.父亲：神话与角色的变换[M].刘文成，王军，译.北京：东方出版社，1998：11.
⑩ 朱天文.世纪末的华丽[M].台北：INK 印刻出版有限公司，2008：141，157.

礼。米亚强调和看重她的九楼阳台以及楼顶阳台，坚守这一阵地，实质就是与天空拉近距离的不懈努力。老段曾想帮米亚订一间“Dink族与单身贵族的住宅案”，却立即遭到婉拒，“米亚喜欢自己这间顶楼有铁皮篷阳台的屋子”，原因就是“她可以晒花晒草叶水果皮”，可以制造属于她自己的干燥花草气味①。干草之味虽然不能取代太阳光气味，可对米亚来说，却是实现她“解构—建构”策略不可或缺的手段。她要存活于嗅觉的记忆，以此作为走出迷宫的再次尝试。

四、结语

当阿达利明确将迷宫的“启蒙意义”区别于“旅行意义”“考验意义”和“复活意义”时，就已注定如下事实：不论是迷宫探行者，还是迷宫视图者，只要一个人在迷宫中历经探游，便都具备变成“新人”的可能。阿达利说穿行迷宫的“一切考验，一切牺牲，一切战胜妖魔鬼怪的胜利，一切发掘宝藏的成功”均可看作“无意识或有意识的”启蒙，这“是人类命运的一种表述形式”②。《世》中米亚面对生活的际遇，在第二次尝试穿行迷宫的过程，表现出女性意识的进一步觉醒与切实的行动。在接受迷宫启蒙奥义的层面上，她“进入了一种新的生活”③。“干草之味”这例核心嗅觉意象的功用，恰在于开启一种身处迷宫表里以及穿游迷宫进程的“内在感受”，恰在于唤醒那种潜伏在人心深处的围绕迷宫古老原型而展开的最原始的想象。而“干草之味—太阳光味道”这条线索所指示的对天界的无限趋近意识、女主角对于高处居所的坚守、米亚对天空“蓝色深井”的凝视，也展现出某种“上升情结”的遐想。

Olfactory Descriptions and Female Consciousness in Zhu Tianwen's *End of a Century: Miea's Story*

Shi Yan

(Xiamen University, Xiamen, 361005)

Abstract: This paper focuses on "olfactory descriptions" in Zhu Tianwen's fiction *End of A Century: Miea's Story*. It mainly examines the important core olfactory imageries presented in the fictionist's literary work, seeking to describe some significant features. From a contrastive approach of East-West olfactory poetic, this paper also explores the meaning of "corporeality-olfactory descriptions-imagination" combination and challenges the conventional "perception-olfactory descriptions-memory" mode of explanation.

Key words: Zhu Tianwen; olfactory descriptions; maze; female consciousness

① 朱天文.世纪末的华丽[M].台北：INK印刻出版有限公司，2008：157.

② 阿达利.智慧之路：论迷宫[M].邱海婴，译.北京：商务印书馆，1999：42-43.

③ 阿达利.智慧之路：论迷宫[M].邱海婴，译.北京：商务印书馆，1999：43.

在通俗市场之外

——论梅娘伪满时期小说《第二代》

吕明纯[*]

内容摘要：本文探讨了现代文学早期女作家梅娘在伪满时期的短篇小说集《第二代》，从梅娘文学风格的写实主义转向，挖掘其对沦陷区底层人民的强烈关怀及鲜明尖锐的性别意识。透过精密的文本分析，本文认为，早在通俗小说市场喊出"南玲北梅"这一称号前，梅娘已靠这部写实主义风格的作品在伪满文坛树立威望，并积极实践她提笔为文的社会责任。透过探讨这部单行本小说的风格特色和书写策略，本文试图在通俗市场外，以不同切入角度呈现梅娘这个全方位作家文学表现上的多样性，并恢复她在文学史上的地位。

关键词：梅娘；孙嘉瑞；女性文学；伪满洲国

一、导言

在文学史上销声匿迹多年后，"梅娘"这个活跃于三四十年代现代文坛的女作家，重新在90年代回到现代文学史的脉络。[①] 这位夙慧的东北才女，在16岁时便以单行本《小姐集》初试啼声；1940年又以风格完全转变的短篇小说集《第二代》震撼了彼时的伪满文坛。在此之后，文学重心转往华北地区发展的梅娘，更以《蚌》《蟹》《鱼》等一系列女性视角的中长篇小说，细腻地抒写了封建大家族的恩怨和女性的情爱婚姻，扬名于40年代已然成形的东亚华文读书市场。在她以华北作家代表身份出席"大东亚文学者大会"后，梅娘的文学地位又得到进一步确认。此时她的创作影响，更是遍布到日本、伪满和整个华北文坛，使其成为彼时女作家中声势如日中天的佼佼者。

然而，早在梅娘名扬整个大东亚华文圈前，她在彼时东北文坛已是相当重要的创作主力。在1934年，萧红为了避祸而远行上海后，年轻的梅娘，可说是东北女作家继往开来的重要指标，和几乎同期的伪满女作家吴瑛共同负担起继承东北女性文学传统的重责大任。比起据说风格清丽脱俗、不食人间烟火的作品《小姐集》，[②]她在1940年结集出版的《第二代》，

---

* 吕明纯，女，汉族，集美大学文学院讲师，主要研究方向为性别研究、中国现当代文学、殖民地文学。

① 梅娘，本名孙嘉瑞，另有笔名孙敏子、敏子、柳青娘等，吉林长春人。在伪满时期曾任《大同报》妇女版编辑、《妇女杂志》编辑。结集出版的单行本有《小姐集》《第二代》《鱼》《蟹》等。

② 刊行于1936年的《小姐集》今已不存，对于《小姐集》的风格陈述，现都来自于文学家当时的评论。

更加展现出梅娘作为一个全方位作家的企图心，得到当时文坛的好评和赞许。

在1940年的一篇短文中，年方二十的梅娘，在探索近代文学思潮的兴衰起伏后归结出文学最核心的价值："政治与文化底本身，自然就免不了有生发与扬弃，在它生发与扬弃的过程中，我们想要抓住它，认识它底真正的价值，那就只有看一看它底存在有没有恒久性，所说的恒久性，就是说它是不是能恒久地属于大众。"①也许意识到只有属于大众的作品才能恒久，梅娘《第二代》中的创作实践，从语言操作到关怀阶层，无一不突破了《小姐集》的自我观照而向大众靠拢。她走出了书斋与绣房，主动放弃了大小姐的阶级身份，以女作家特有的细腻，书写关怀着伪满的底层人民样态，以"大众"回应着自己对于文学恒久性的要求，实现了她提笔为文的社会责任。

这种风格大转变的女性底层书写，得到当时文坛的认可。梁山丁曾撰文评价："《小姐集》到《第二代》，梅娘给我们一个崭新的前进的意识；《小姐集》描写著作者小儿女的爱与憎，《第二代》则横透着大众的时代的气息。②"而吴瑛也认为梅娘在《第二代》这本小说集中："视野展开于穷窘枯干底现代人的生活，实为标志了满洲近代文学底两阶段的姿态，她从极度情感的汹涌而步入现实，从华丽的笔路走到泼刺的白描。"③

作为刻画底层人民生活的现实主义文学，梅娘《第二代》被文坛托以众望。当时的评论家认为，这部作品"奠定了自由主义的文学之在满洲文学存在的地位"，④而一个愿意改变创作风格、从温室中的华美路线转变到现实批判路线的女作家，也被视作"进步""进化"的标志而被高度赞扬。早在"南玲北梅"的称号扬名大东亚华文读书市场之前，年轻的女作家梅娘，已靠这部写实主义风格的作品集在伪满洲国文坛打下江山，奠定了自己的文学基业。本文探讨这部单行本小说中的风格特色和书写策略，试图在通俗市场外，从不同切入角度，来恢复梅娘这个全方位女作家文学表现上的多样性。

在《第二代》这个单行本中，有两项最引人注目的创作特色，一是从儿童视角出发的底层书写；二是在半封建半殖民的社会状态下女性的生存困境。

二、儿童视角的底层书写

以现今的分级标准来看，梅娘书写的"儿童"题材作品，内容是非常"儿童不宜"的。在"宜"与"不宜"的夹缝中，其实正突显了"儿童"这个概念的不确定和流动。在大东亚体制前期的伪满洲国，官方概念中的"儿童"，往往是个被强行建构的现代文明所输入的新概念——被科学的育儿法养成、重视卫生和健康、到学校去受分龄国民教育以便成为储备国民的未成年人。这些对于孩童的陈述对现今的我们并不陌生，但在彼时，却可能是被新建构出来的陌生想法。

---

① 梅娘.献[N].华文大阪每日(1940年11月1日)，第三卷第九期，总号第二十五号，49.

② 山丁.关于梅娘的创作：从《小姐集》到《第二代》[N].华文大阪每日(1940年11月15日)，第五卷第十期，总号第五十号，41.

③ 吴瑛.序[M]//梅娘.第二代.长春：益智书店，1940：1.

④ 韩护."第二代"论[M]//陈因.满洲作家论集.长春：发行者不详，1943：309.

前近代的儿童世界，往往是由年龄大些的孩子在负责照顾小的孩子。这种混龄情形，往往发展出一个孩子的自治社会：既弱肉强食又相互帮助，模拟或是照搬着成人世界的价值体系。要有这种理解，才能解释梅娘笔下"儿童"世界所呈现的粗鄙和残酷。向来在严苛环境下，前近代的儿童们不是安琪儿，而是必须要世故的"拟成年人"。

从另一角度来说，"女作家写儿童题材"这个看来再温馨不过的安全选项，若回归到当时的历史语境，其实可能含有更多反叛性。如果孩童世界向来是成人的缩小模型，而不是成人世界的内心颠倒，在书写"暗的文学"会遭制当时的文艺统制打压之时，表面上书写孩童成群结队闹着玩、无伤大雅的调笑和游戏，其实都是一种包藏祸心的政治姿态。在这种心理准备下，展读梅娘笔下无情又残酷的"儿童天地"，可能会有另一种不同的理解。

正如这本单行本的书名，梅娘在《第二代》这部小说集中，有很多篇幅都是以儿童为主要的刻画对象。《第二代》这篇文本，是她书中篇幅最长也最重要的小说。作为残酷的儿童书写，这篇文本特意采取弱势者视角，把大杂院中底层人民挣扎于生存边缘的种种，透过粗鄙的口吻歪曲隐微地呈现出来。

《第二代》的登场人物极多，基本上以分租大杂院这种空间形式作为小说建构经纬，而不以时间性的情节叙述取胜。除了第一人称的叙述者"我"（丫头，花），家中还有生病的爸爸、妈妈、年幼的小锁柱和二姐（小铃）；大杂院中分租的底层人民，尚有对门寡妇王大娘和其独子小三子；小贵家（家中有为了车税而苦恼万分的马车夫爸爸和贵妈）；小爽一家子（父母是逼不得已卖妻的爹和被人叫作烂桃的娘）；玉姐一家子（家人是卖包子的爹和缠脚的娘）；小铁一家子（其父张大叔是没生意做的剃头匠及其母张大婶）；还有打光棍的单身汉李坏蛋等人。这些以大杂院中各家的"第二代"为主的叙述主轴，已打破了家户长式的认知方式，而横向地重新组合起一个具体而微的小型社会。在这个底层孩童所构成的人际网络中，并不缺集团内弱肉强食恃强凌弱的情节，但也有相互扶持、有福同享、共渡难关的底层互助机制。这些穷到交不出房钱的分租邻居，面对麻木不仁只爱钱的房东，总有一套底层社会的应对策略：先是避不见面，再就是插科打诨，真被逮住了，或是干脆耍起无赖。这些看来理不直气更盛的话语，正是边缘弱势者的策略性应用。《第二代》之所以能有这种底层的视角，也许可以说与梅娘年幼时的旅行经验有关。

梅娘特殊的童年经历，让这位出身大富之家的千金小姐，有机会和她所属阶层以外的人群们产生接触。根据梅娘自述，九一八事变后，她的实业家父亲孙志远为了逃避伪满洲国中央银行副总裁的任职，带着全家人在外四处游历。在大连避暑的夏天，梅娘这么写着：

> ……大连却总是裹着最绚丽的色彩在我的记忆中出现。小朋友给我留下了极其深刻的印象。我认识了另外一种简陋贫穷但生机盎然的人生。小朋友都会说不同程度的日本话，用他们自己的体会来说，你不会说几句小鬼子话，就休想顺利地通过各种检查站的哨位。这是清政府把大连画给沙俄，又由沙俄把大连拱手让给日本人后加在大连同胞头上的土枷，受制的中国人便想出各种招数来求得生存。几乎所有的小朋友都有一套和日本人周旋的巧办法。我第一次从心底理解了被统治时那种难耐的处境。[①]

① 梅娘.我的青少年时期[M]//张泉.寻找梅娘.香港：明镜出版社，1998：112-113.

早在伪满洲国成立前，大连所在的“关东州”便是日本的租借地。当少女梅娘随同家人逃避伪满洲国这个新兴傀儡国家之前，这块土地已更早地承受着沦陷区的种种苦难，而她所认识的小玩伴们，在接待这位随着家人旅行的千金小姐的同时，也向她展演了沦陷区特殊的底层生存策略，给了梅娘深刻的印象。

在压迫的权力结构之中，装疯卖傻的生存之道，往往是弱者唯一的武器。人类学者James C.Scott在研究马来西亚农民反抗政治时发现：这些处于底层的农民往往是透过偷懒、装糊涂、开小差、假意顺从、偷盗、装疯卖傻、暗中破坏等难登台面的方式，与压迫榨取他们的殖民阶层进行着持续斗争。“农民利用心照不宣的理解和非正式的网络，以低姿态的反抗技术进行自卫性的消耗战，用坚定强韧的努力对抗无法抗拒的不平等，以避免公开反抗的集体风险。”①根据梅娘日后的自述，少女时期她在关东州的小伙伴身上看到的，正是这种生机盎然但又粗鄙低俗的周旋招数，而她在《第二代》中所书写的底层人群，采用的正是类似的抵抗方式。比如对于冷血房东，梅娘先书写了大宅院中的孩童们如何透过取绰号、编歌调笑来宣泄他们的怨愤。当房东找上小局子中的胖甲长出头代理，这位权力执行者忙得气喘吁吁却只逮住一个欠钱房客的小孩。当他郑重宣布“你们家该交两毛”时，这孩子却厚颜无赖地回嘴：“行，我欠你两根××毛，等明个我这长长了给你送去呀！”②“‘你他妈的这个小野种！’老胖子追过来冲小铁举起大肉手。小铁跑了。……大伙哄地笑起来，胖子立时急眼了”③。

在合作无间的嘲弄和通风报信间，梅娘书写这群无赖野种，如何一次次地击退房钱的催逼。透过这些孩童们粗鄙的调笑和应对策略，梅娘的“儿童书写”，其实揭露出一个成人底层用来应对世界的价值体系。这些大宅院里的“第二代”们，得过且过、装疯卖傻地漫游在大都市的边缘。他们成群结队地在街道穿梭，找寻任何维持生活的方法。比如在热到滴油的天气里，这群“穷种”们发现摩天大楼下的风口是乘凉的好地方，于是一边纳凉一边抬头对着这个凭空拔起的都市建筑品头论足：“‘你看云彩在楼半截腰那呢！’‘老天爷准得住这楼顶上！’‘我妈说大楼里住的竟是阔的（注：富人之意）’‘阔的就是老天爷呀！’‘呸！老天爷在我们家灶火上啦！’”④在孩童这种你一言我一语的议论调笑中，梅娘呈现了底层的观看视角，呈现出伪满洲国新兴大都市“贫与富”“传统与现代”无法缝合的巨大断裂。

关于都市中不同阶层的尖锐交锋，梅娘《在雨的冲激中》有更鲜明的表现。同样是借由孩童，梅娘先是书写了滂沱大雨中一群小乞儿如何成群结队地在都市的街道上行乞，冒雨在垃圾堆中翻破烂讨生活。接着他们遇上优雅地打着伞、穿着胶皮高靴步行归来的一对中产小兄妹并爆发短暂的口角冲突；占了上风的小兄妹一转头，却又被穿皮鞋坐汽车的三个富家少爷用汽车的泥水溅了一身。面对盛气凌人娇贵的少爷们，中产小兄妹刚才辱骂底层时趾高气扬的气焰马上消失无踪，反而被小乞儿们恶狠狠地嘲笑。

透过都市街道上三批不同阶层人马的短兵相接，梅娘刻画了“螳螂捕蝉，黄雀在后”的弱

---

① 詹姆斯·C.斯科特，著.弱者的武器[M].郑广怀，张敏，何江穗，译.南京：凤凰出版社，2007：书封底页.

② 梅娘.第二代[M]//梅娘.第二代.长春：益智书店，1940：23

③ 梅娘.第二代[M]//梅娘.第二代.长春：益智书店，1940：23-24.

④ 梅娘.第二代[M]//梅娘.第二代.长春：益智书店，1940：33.

肉强食的食物链。这个拟成人的世界，信奉的是经济决定论。家庭的出身主宰了说话的音量。受了三位富家少爷怨气的中产小哥，向妹妹许下的结论是"等将来我长大了，非买一个比他们这辆还大的汽车不可；溅那三个小子一身，连脖颈里都叫他们溅上大泥饼。还有——还有，非得把那群穷种叫汽车从他们身上轧过去"[①]。

梅娘笔下第二代的儿童世界，便如此充满着复制成人权力阶序的暴力想象，而作为具体而微的世界缩影，"性"与"情欲"，也从来没在儿童的周遭世界中缺席过。梅娘在《傍晚的喜剧》中，[②]刻画了在浆洗房当小伙计的小六子所见的赤裸裸的情欲世界——做错事时，小六子得靠老板娘宠幸的小白脸师哥帮忙说项，才躲得过凶悍泼辣的打骂，而他出门去看到的，也是放着正经事不干的大掌柜，在大街上和遇到的妓女拉扯调情的香艳画面。[③]

对这种"儿童"书写，山丁曾有这样的评价："梅娘的笔是优于处理孩子们的题材的，《第二代》正表现了她作家上的跃进。倘使真的能使孩子们的父母、师长，以及那些不大关心儿童教育的绅士太太们读到这册集子的话，我相信，他们能得着的是现实批判的精神。"

尽管是"儿童书写"，山丁把梅娘这些书写儿童的作品，当作现实批判的工具，所以是一种贴近大众低层的创作，"每一篇都是'读来使人生出仿佛看见浮雕一般的实感'（这是某杂志给她的评语）每一篇都是抹着浓厚的色与香的人生画图"[④]。的确，尽管采取"儿童视角"，抹着浓厚的色与香的原始版《傍晚的喜剧》，主题其实是街市上、店铺中，活色生香、四处流淌的情欲和性。

除了善用粗鄙的儿童视角来刻画底层，梅娘笔下也出现过天真无邪的小女童。她们往往是以一种局外人的姿态，跳脱局内人的价值观来重新定义这个世界。梅娘的《迷茫》正是以小女孩的局外人视角，来呈现成人世界的性欲纠葛。这篇小说开篇就是以七岁小女孩英的视野，写一个家庭女性逼不得已周旋在三个男人间的故事。清晨被狂暴捶门的巨响惊醒后，英惊讶地发现衣衫不整的母亲惊慌从院中进屋，然后，一个颤动的黑影翻过板墙而去。没多久，供养着这家人生活的相好李大爷怒气冲冲进来巡视。在一无所获后，李大爷只得悻悻而去，而一头雾水的英，在姨娘的编派命令下，也被迫接受强记一套敷衍父权男性的不同说辞。然而，辛苦记下的这套说辞还来不及用上，姨娘带着英回到家后，就发现家里出了事。

---

① 梅娘《在雨的冲激中》，原发表于《华文大阪每日》第二卷九期（1939 年 5 月），今引自梅娘.第二代[M].长春：益智书店，1940：100.

② 创作于 1939 年的《傍晚的喜剧》，最初发表在王秋萤主编的《文选》第 1 辑，后收入文艺丛刊第 3 辑的短篇小说集《第二代》。

③ 要特别说明一点，尽管 90 年代以后梅娘有许多重新编辑的单行本或回忆录，但要认识伪满洲国时期梅娘小说，就得去读最原始的版本。也许是长期承受附逆、汉奸文学的精神压力，梅娘在后来重新刊行出版的作品中往往进行关键性修改，造成整篇文本批评力道的转移。伪满洲国时发表的《傍晚的喜剧》主要是以小六子的底层视角观看身边掌柜、内掌柜和妓女、小白脸师哥之间的情欲攻防和性别角力，但在梅娘 90 年代所修订的版本中，和内掌柜相好的师哥被重新加上了朝鲜人的族群身份，小六子是家乡被日本人侵占而只好出来当学徒受人欺压，而泼辣的内掌柜也变成是靠着和日本鬼子的特殊关系而逞凶霸道。而有了日本太君做靠山，恶质少掌柜骂街的台词也变成一种展示权力的威胁："你敢骂我妈，叫我妈送你进小衙门灌你辣椒水。"在后世的修订版中，作为权力核心来源的"太君"始终在叙述中如影随形，使得这篇小说批评重心产生位移，向民族压迫靠拢。

④ 山丁.从《小姐集》到《第二代》[N].华文大阪每日（1940 年 11 月 15 日），第五卷第十期，总号第五十号，41.

清晨翻墙出去的年轻小伙子和出钱养这家子的相好李大爷狭路相逢大打出手，于是英妈也一并被警察带走了。在小说的结尾处，无助地坐在门口等到打盹的英，终于等到了散尽千金回来要钱的赌徒生父：

> "'你妈呢？'爸抱起来英。
>
> '爸！我睡着了不知道，娘叫我听话'英软软地伏在爸肩上啜泣起来。"①

透过英这个无助软弱的幼女形象，梅娘成功地塑造了英的母亲的生存困境。同样的书写策略，也出现在梅娘《蓓蓓》这篇小说。不解人事的小女孩蓓蓓，从睡醒开始就感受到的一连串惊奇。从大清晨就被唤醒开始，蓓蓓发现院子里锣鼓喧天。平日素颜的母亲早已严妆以待，而她也被母亲大费周章用心妆扮："今个是姨父生日，客人可是多，你不许上这那乱跑去，叫人家笑话，跟妈在屋里，乖乖的吃饭的时候再出去，你若不听我话，晚上那顿打可是免不了，我先告诉你。"②

然而终究还受不了诱惑偷跑去院中玩的蓓蓓，和这个大户人家的少爷小姐们起了肢体冲突。就连佣人也落井下石，最后闹得大太太登屋讨公道，母亲受尽污辱赔笑脸道歉才完事。在一顿早先预告过的暴打成真后，母亲凄切地对蓓蓓自白："咱们命苦，跟着别人吃饭，啥气也得受，怎能打人家呢？还亏是姨姨得脸，不然我们早就被赶出去，要饭都没地方……"③至此，读者才知道梅娘透过蓓蓓这个幼童视角要呈现的，是孤儿寡母寄人篱下混口饭吃的悲哀。

借由这些故作天真的童女视角，梅娘着力呈现的不只是天真无知的小女孩本身所遭受的生存困境，而是从局外人的角度，隐微地折射出成年女性在父权社会中所遭受到的性压迫。从"前近代"到"现代"，"儿童"特质被重新植入了"天真""无知""纯洁""善良"等特质。这些特质正好可以很方便地被拿来运用作为书写的利器。在大东亚体制的高压文艺统制下，女作家笔下看似天真无邪的儿童视角，往往是以一种局外人的姿态，跳脱局内人的价值观，从另一种价值观来重新定义这个世界。透过被国家机器所重视的纯洁"儿童"这个新的弱势身份，梅娘找到了意义的缝隙，开拓了重新赋权的论述空间。

三、沦陷区女性的性困境

通过不解人事的女童视角，梅娘呈现了成年女性在父权环境中承受的性压迫。在彼时封建大家庭和核心小家庭的夹缝中，《第二代》成书时的伪满洲国女性，在价值观上面临了巨大的断裂。梅娘的《时代姑娘》，是从华二小姐清晨被噩梦惊醒说起。华二小姐和姐姐同在一家公司上班，同时也承受着传统封建家庭中必定存在的女儿待字闺中、年华老去的压力。负责核算账目的她，面对同事热情的书信追求暗暗动心，可是出于俱为受薪阶级的经济考

① 梅娘.迷茫[M]//梅娘.第二代.长春：益智书店，1940：108-110.

② 梅娘.蓓蓓[M]//梅娘.第二代.长春：益智书店，1940：74.

③ 梅娘.蓓蓓[M]//梅娘.第二代.长春：益智书店，1940：84.

量，又对照着前几天媒婆刘大娘来家夸口的豪奢场面，华二小姐宁可选择传统封建婚姻中的媒妁之言：

> 这样深情的动人的字句摆在华小姐面前已经不止一次了，每次读了后总是咬着嘴唇去压抑心中奔腾起来的青春的热力。目前华小姐实在分辨不出自己对这位同事的热情的青年究竟为着一种怎样的情绪。说爱，是有，但这爱决敌不过长期困在封建家庭中的懦弱(?)的素质。
>
> 想到家，就立刻想到爸，连下班晚回来一会都得盘问的爸，若知道女儿正在和一个男人写信的话，那比要他五十垧地还利害；即或不能打死也得立刻给撵出去。撵？离开这样舒适的家，即或有爱，华小姐知道，若让自己整天去处理柴米油盐，要作件衣服或买顶帽子都得预先核计的两人的简单生活是么样也过不来的，而且还得触怒了爸。就这样在"爸"底权威下，华忍受青春的苦闷，忍受着甚于一切的青春的苦闷。[①]

相对于把女人作为姻亲社交网络关系交易筹码的封建婚制，这种以受薪阶级的两人为主的核心家庭模式，意味着她会失去旧时封建家庭的经济依恃，会失去做大小姐或少奶奶的一切派头。最后她还是决定固守父权家庭体制对女儿贞节与规矩的要求，咬牙拒绝杨的痴心，打算进入父亲不顾自尊想要攀附的李家的豪华生活，梦想"一件时代的高贵的衣服，一顶西洋风的帽子，一双珠络的鞋，一个最新流线型的汽车，一个风流飘洒的丈夫——"[②]

虽然放弃新式文明恋爱的动心感受，可吊诡的是，她透过矮小化和客体化自我所幻想进入的旧式买办婚姻，所企想得到的，却是最奢华先进的物质文明生活。可惜这场灿烂的幻梦，最后因对方高傲地嫌弃而告吹。在她拒绝求爱回家后，两位华小姐从父母的嘟哝中偷听到她们难堪的被"退货"的命运：(爸向妈抱怨)"不要拉倒，咱们也不是姑娘臭到家没人要啦，嘿！什么大的又大啦，小的又不算小的话"[③]"就凭咱们这样的人家还说是，不是门当户对，叫他找去吧！"[④]两头落空的华小姐，最后只能"悔恨和委曲缠上来，离开镜子底脸无力地垂下去。猛然华小姐像受了创的野兽一样，身子突地仆在床上用手帕握了鼻子，伤心地啜泣起来"[⑤]。通过梅娘所举出的两种出路的象征，我们可以看到，在伪满洲国为暴力介入的殖民现代性之下，女性在"精神上的现代"和""物质上的现代"所必须面对的落差。

一篇相似题材的小说是梅娘的小说《落雁》。出身保守乡下的女学生李雁，在师范学校毕业后就被教育厅派到某小学教书。新的世界让她走出乡村投身素有神圣之名的教育事业，并且能寄钱养活衰弱的老母亲，可在日复一日吃不尽的粉笔末中，她的内心却感到对于异性的需求和空虚寂寞。

事情是从教育科长新派来赴任的年青男教员张先生开始的。一星期前一张"李先生，请把你底红笔借给我。张"的纸条，就让这位老实、粗笨而"有着中世纪拘谨"的李雁心头小鹿

① 梅娘.时代姑娘[M]//梅娘.第二代.长春：益智书店，1940：123.
② 梅娘.时代姑娘[M]//梅娘.第二代.长春：益智书店，1940：124.
③ 梅娘.时代姑娘[M]//梅娘.第二代.长春：益智书店，1940：126.
④ 梅娘.时代姑娘[M]//梅娘.第二代.长春：益智书店，1940：126.
⑤ 梅娘.时代姑娘[M]//梅娘.第二代.长春：益智书店，1940：127.

乱撞。她觉得对方向她做出了求爱暗示，所以躲在房中又哭又笑，做尽恋爱中的人所有能做的疯癫傻事。“雁觉得身里有一点什么东西活过来了，那是被羞涩锁闭了二十七年的，不，那是被残余在社会上的一点封建遗毒压下去的，可珍贵却又胆怯的处女底热情。”①

对于初恋少女在恋爱中莫名其妙的怀春心境，梅娘描写得非常入神。李雁一方面疑神疑鬼地害怕同事窥破她的秘密心事，一方面又盘算着圈子中有没有足以竞争的单身女性。在此梅娘直陈女性对于己身外貌自卑的天人交战。当李雁揽镜自照，对自己庞然臃肿的粗腰身不满意、欣羡起小辣椒妹妹的风骚水蛇腰时，这个知识女性马上回过神来严厉地提醒自己：“不！这卑鄙的思想，恋爱原不是非要腰细不可，雁自己捶起头来，恋爱是神圣的，是精神最高点的结合，只要心好，心能纯洁就行，像小辣椒妹妹那样一下子就靠在男人怀里，那简直跟妓女一样，真给女性丢脸。”②

在受过新思潮洗礼的知识分子李雁的观念中，恋爱“应该”是神圣的精神层面的结合。可惜这种理念是新时代的产物，是否经得起男方身体力行的检验还是个未定数。当她因爱慕的人最终选择和风骚小辣椒共度星期天而跑到后山哭泣时，李雁不巧遇见酒醉归来的昏懦教员。被酒店老板娘撩得满身欲火的这位教员趁醉进犯。在奋力打斗抗拒的过程中，李雁却感到了一种“从未经验过的强烈而茫然的快愉”③“血流中却增加一种甜蜜的流质，这流质通过了全身，全身充蕴着高度的快感”④，于是，在神智昏沉中，李雁就这么被按在柳树丛强奸了。

事情闹开之后，这位强奸案的受害者，从头到尾都没有得到任何的询问。恍恍惚惚还没回神的李雁，在极短时间内就得到临时开会所讨论出来的处置方式，而她最终得到的“公道”，却是这样直接贴在公告栏的揭示牌：

> 兹因三年级级任李雁行为浪漫有伤风化即日令其去职遗缺由何芳林暂时代理。
> 又四年级级任王森中酒失慎记大过一次罚薪一月以资惩戒此示。
>
> ××县立第一小学校校长×××

在梅娘的安排里，拘谨自持的新时代知识分子李雁，就在这么唯一一次春心荡漾中不幸中箭落马，拱手让出妖娆小辣椒妹妹用身体向校长暗盘交易来的教职职缺，成了黑暗教育环境中走后门的牺牲者。她不但在新世界中失去了经济支柱和心中初萌发的恋情，也同时失去了旧社会“好女人”的必备资质——名节和贞操。“落雁”这个题名，既暗示了女主角李雁的中箭落马，也回应了传统“沉鱼落雁”这个成语中女人的美貌能够凌驾一切的、无法松动的价值观。在这个残酷的故事里，梅娘笔端无不透露着对于李雁的深刻同情，也敏锐地触及女性的性欲问题。

---

① 梅娘.落雁[M]//梅娘.第二代.长春：益智书店，1940：163.

② 李雁曾经在休息室撞见过小辣椒妹妹和校长的狎昵情形，“当时羞涩滞着心，带着些惊惧地迅速抽回身子来，但回到屋里后，精神一安定，又渴望着再看，心里有一种不能遏止地骚动，一种近于望梅止渴的情绪”。梅娘.落雁[M]//梅娘.第二代.长春：益智书店，1940：164.

③ 梅娘.落雁[M]//梅娘.第二代.长春：益智书店，1940：181.

④ 梅娘.落雁[M]//梅娘.第二代.长春：益智书店，1940：181-182.

而《第二代》中的《追》，是另一篇沉痛的、书写女性的小说。家道中落的少女桂花，在挥金如土的父亲死后，为了供应母亲和哥哥烧烟的巨大开销，只得到烟馆中侍候大爷们烧烟兼卖身。在一个眼看着要过个穷年的除夕，桂花好不容易攀上个出手大方的贵客。他答应在过年来桂花家住上几天。正当她兴高采烈地在家准备打扫接待时，烟馆无赖趁机蹭进来占便宜歪缠，一时没给好脸色的桂花，得到了一顿羞辱和暴打："'我×你妈的！吃了两天饱饭又忘了大爷了，别不识抬举，今儿来是大爷一乐敢跟我顶，说叫你挨饿你可就没饭吃，你再来来，明天就叫你往屁股眼上按烟泡去'……'妈的！小骚婊子还跟我较劲哪，大爷一句话连卖×都叫你摸不着人！'"①

透过粗鄙恶毒语言的重现，梅娘生动地塑造了让女性羞愤惊恐但又无能为力的残酷情境。"泪在桂花底脸上流了河。适才的愤怒被恐惧压下去。"②但只要一想到"妈犯瘾时痛彻心肺的呻吟"，桂花马上就明白：烟馆是不能不去的，而想要再去烟馆挣钱，就不能再惹他发火。为了生计，为了尽对母亲的孝道，这个昔日的富家千金只好忍受着屈辱，在母亲的软言劝诱之下伺候这个恶心的家伙。吃干抹净、满足过后的无赖终于肯拿了钱离开。但在过完年去零卖所上工时，桂花才发现她除夕夜的"招待不周"所引发的后续报复——她被烟馆赶出来了，外带一顿奚落和羞辱。当被暴打得昏过去、像具尸体一样被丢在后巷的桂花苏醒后，她所面对的，是自己衣衫不整浑身伤痕，饿到发昏同时烟瘾来犯的绝境："她现在简直没有思想，刚才的愤怒已经消失在寒风中，现在她只要本能地要吃要抽烟，但她什么时候能捱出这黑暗的巷子去呢？路是这样的崎岖，而且她是软弱得几乎不能举步。"③小说结尾的桂花好不容易出走巷口，却看到无赖正拐骗到的年轻少女新货，进入这个方才把她轰出来的烟馆。

"性产业"在伪满洲国建立以前的东北移民社会中本来就存在，而在时由关东军统治的半殖民社会中，娼妓业更和鸦片专卖业一起被政府列为可公然登记营业的行业，是政府为了控制社会秩序而推行的手段。发达的妓业，引发大量女子人身买卖等社会问题，尽管伪满洲国民政部社会科曾经成立"满洲国妇女教化团"，试着救济保护这些烟馆私娼，但成效非常有限。在后来回忆童年生活的文章中，梅娘曾记载这么一件事：在喜气洋洋的过年，父亲派她向来拜年的花界姑娘分发压岁喜钱。"姑娘们莺声燕语地致谢，又一次姗姗下拜时，那分娇柔、那分娴雅、那分显示了青春魄力的身姿，我以为是客厅里那幅工笔的洛神图变真了。我丝毫没有贱视这群如花似玉的女人们的感情，她们是太好看了。娘骂她们贱，不知贱在哪里。……也许，正是从孩提时感到的那种神人交错的恍惚情思，种下了我笔下为女人呐喊的基因吧！"④

出于对花界姑娘美丽和不幸的深切同情，梅娘种下了为女人呐喊的基因。这种对于性别压迫的敏感和抗拒的姿态，是从萧红以降东北女作家们所特有的人道关怀。在这篇小说中，梅娘清醒地看见女人的身体被当作权力争夺和利益交换的场域，甚至于更尖锐地直指家庭为压迫的核心，同时又把这种呐喊与反省镶进伪满洲国特殊的历史背景：伪满洲国的鸦片

---

① 梅娘.追[M]//梅娘.第二代.长春：益智书店，1940：132-134.

② 梅娘.追[M]//梅娘.第二代.长春：益智书店，1940：132.

③ 梅娘.追[M]//梅娘.第二代.长春：益智书店，1940：144.

④ 梅娘.我的青少年时期[M]//张泉.寻找梅娘.香港：明镜出版社，1998：109.

政策采用专卖制度和吸食证规定，而烧烟馆的零卖商多半罗致烟妓以招徕生意。以同情的笔调，梅娘呈现了这个烟妓在身体上所遭受的剥削和压迫。事实上向来被认知成女性庇护所的"家庭"，其实也正是让桂花沦落至此的主因。家道中落后，为了供应鸦片瘾的娘和吗啡瘾的哥哥，"一家人的衣食住便放在少女的青春上"①。桂花鲜嫩的肉体成了家庭牺牲品，带着她走向了绝望的道路。

正如同王德威所言："梅娘无视'国'难，而专注在当时任何政治环境中都可能面临的'女'难，不能不是说一种清贞决绝的女性主义姿态。女性的福祉与国家命运息息相关，但女性的命运并不就此必须得同于国家命运。"②梅娘对于女性苦难的敏感，对于家庭中不平等性别阶序的愤怒，让她很早就立志要"为女人呐喊"，知道自己"不能走我娘我大姐那生活中锦衣玉食、精神上备受凌辱的老路"③。她从日本回伪满洲国后，在长春的《大同报》主编妇女版副刊。在《我的青少年时期(1920—1938)》中，她写道："就让我用给我的这点点自由，尽量说说妇女的苦难吧！我要为我的小姑姑、为包括我在内的广大妇女呐喊：为什么我们连接受赠予都要受到阻碍，为什么我们不可以自己选择要走的路？"④

从《时代姑娘》《落雁》《追》这几篇短篇小说中，我们可以看出梅娘这种以书写为女性伸张正义的用心，而在书写社会底层人民的痛苦时，女作家特有的敏锐，也让梅娘能更清楚地看见底层的性压迫。《追》这篇小说刻画了少女身体如何在中落的家庭中起到养家活口的作用，刻画了烧烟姑娘所面对来自四面八方的暴力和性剥削；在《花柳病患者》这篇小说中，梅娘描写了穷困而老实的单身老瓦匠如何因宿娼而染上性病，情况严重到只得硬着头皮上医院公开受治疗和嘲弄；⑤而在《六月的夜风》中，梅娘刻画了没钱讨媳妇的打铁匠，暗地里向村里的风骚小寡妇献殷勤，暗通款曲以解决性欲问题的故事，但最后这种变调的性交易却擦枪走火：在发现小寡妇还有其他情夫后，争风吃醋的打铁匠演变成失控的杀人犯。⑥

在伪满洲国的社会底层，梅娘看到许多人仍不具备传统观念中"成家""娶媳妇"的物质条件，但却没有一个完整管道来排解性欲问题。她将这些社会问题在小说中呈现出来。身为一个年轻女作家，她完全不避讳书写这些婚姻体制之外的"性"，也能够从底层语言上贴近呈现庶民的思想样貌，从她所刻画的殖民地儿童书写，到封建家庭女性苦难，再到底层人民的性欲困境，我们可以看出，在《第二代》这本小说中，梅娘展示了她走出个人主义色彩、面对全体群众的企图心。这一年，她不过二十岁。

---

① 梅娘.追[M]//梅娘.第二代.长春：益智书店，1940：136.

② 王德威.读梅娘的《蟹》[M]//张泉.寻找梅娘.香港：明镜出版社，1998：82.

③ 梅娘.写在《鱼》原版重印之时[M]//张泉.寻找梅娘.香港：明镜出版社，1998：132.

④ 梅娘的父亲生前把一栋房子给了婚后不如意的妹妹，但由于社会风气不允许出嫁女儿继承财产，父亲死后这幢大房子被家族中的三叔侵占。(梅娘.我的青少年时期[M]//张泉.寻找梅娘.香港：明镜出版社，1998：127.)

⑤ 梅娘.花柳病患者[M]//梅娘.第二代.长春：益智书店，1940：65-70.

⑥ 梅娘.六月的夜风[M]//梅娘.第二代.长春：益智书店，1940：53-63.

四、结论

1940 年在长春所刊行的《第二代》中，无论是东北底层方言的纯熟运用，书写策略的迂回跌宕，还是关怀阶级对象的全方位，都展现出年轻女作家梅娘作为一个严肃创作者的思想高度。尽管在华文读书市场成形后，让她大受欢迎且名满天下的作品较偏向消散取向的通俗言情路线，可是梅娘并非仅能书写封建大家族各户间的恩怨与小儿女的情思。这样全方位的展示，早在单行本《第二代》中便可以看出端倪。

尽管梅娘创作的文路多变、书写风格可软可硬，但这个曾经叱咤一时的女作家，在新中国成立没多久就面临严酷的政治整肃。伪满时期台面上与日本的亲善关系，留日的求学经历，富商巨贾的资产阶级出身，以及二战结束后曾到国民党统治下的台湾居住的过往，凡此种种，都造成梅娘日后有口难言的连串灾难。雪上加霜的是，留日时相识相恋的丈夫柳龙光，虽然已在 1948 年不幸死于台湾海峡上的船难，但关于柳龙光的飞短流长却没有间断。梅娘在百口莫辩之余，对这一切指控也只能承受。①

这些不配合的物质外在条件，让梅娘不得不中断创作，在乱世中以低调与谦卑换求平安活命的机会。终于在四十几年后，梅娘当年受欢迎的小说集《鱼》被通知要原版重印，而她所属的单位已经没有人知道梅娘是谁。为了配合出版，梅娘打破了多年的沉默，如此娓娓自述道：

> 我曲折的政治经历，使我谈《鱼》色变。《鱼》带给我的苦难，一言难尽。一九五二年，忠诚老实运动中，批资产阶级腐朽思想，重重地挨了一记。一九五五年肃反运动中，清查汉奸，又重重挨了一记。一九五七年反右运动，《鱼》上升为颓靡的黄色小说，印证我的资产阶级出身，我的"复杂的社会关系"，我成了货真价实的右派。按照右派分子的一级处理条款，我被开除公职，押送劳动教养，驱赶到正常生活以外去了。②

在经历这么多惊心动魄的苦难后，为求保命的梅娘，最后只得亲手把她的创作藏书一把火烧了，"我和文学的缘分到此为止，上天保佑，能平平安安地做我的绣花女，就是我最大的幸福了"。③ "一九七二年以后，无休无止的外调没有了，也不开斗争会了。我生活在我那绚丽的丝线之中；生活在张姐、李姐的家长里短之中。往昔的一切，都成了过眼烟云，记忆中那些有着光彩的事件逐渐暗淡下来，有的消失得无影无踪。甚么《第二代》、甚么《鱼》，我连有哪些内容也记不清了。"④

---

① 正如她多年后平心静气的自述："柳因为海难夭折，躲过了这些说不清的历史纠葛，陷进去的是我，人家硬说柳并没有死于海难而是去台湾作了国民党的特工，我从小穿过日本衣裳，又有誓共生死的日本父辈，有众多的日本好友，可以判定是货真价实日本特工。与匿藏在台湾的柳遥相呼应谋划作出对不起人民的事。"（梅娘.我与日本[M]//张泉.寻找梅娘.香港：明镜出版社，1998：146.）

② 梅娘.写在《鱼》原版重印之时[M]//张泉.寻找梅娘.香港：明镜出版社，1998：129.

③ 梅娘.写在《鱼》原版重印之时[M]//张泉.寻找梅娘.香港：明镜出版社，1998：138.

④ 梅娘.写在《鱼》原版重印之时[M]//张泉.寻找梅娘.香港：明镜出版社，1998：138.

这种肃杀环境让梅娘噤声并亲手毁掉她的文学生命足迹。这造成了梅娘小说文本的大量佚失，她的第一部单行本《小姐集》失传至今，连梅娘本人都未曾再见。在 90 年代后，文坛对梅娘重燃关注，但却是在张爱玲的光环下，以“南玲北梅”的称号对她进行重新发掘。①

这个切入点，一时间把梅娘推上和张爱玲并列的传奇地位，可也同时限制了对梅娘这个女作家的理解和想象。在与张爱玲的对照下，梅娘被关注的往往是后期被文学史认定为通俗言情的小说作品，而偏偏这些可资对照的创作，在一套先行既定的审美标准中，往往显得不够华丽、不够世故、不够苍凉。梅娘早期所发表的单行本《第二代》，恰恰落在“南玲北梅”称号声名鹊起前的伪满洲国时期。在当前学术对沦陷区文学讨论聚焦于政治立场的状态下，也尴尬地失去了讨论和比较的参照系。

在“南玲北梅”的脉络之外，梅娘伪满洲国时期的创作，其实展现了不同于通俗言情的小说风貌，也更贴近当时底层人民的精神状态。本文初步讨论了梅娘伪满洲国时期的小说集《第二代》，希望让这些被历史湮没的女性文本，能以新的方式被观看阅读，从而全盘地重建出梅娘笔下的文学世界。

Beyond the Genre Fiction Market: Mei Niang's *The Second Generation* during the Manchukuo Period

Lü Mingchun

(School of liberal arts, JIMEI UNIVERSITY, Xiamen, 361021)

Abstract: This article discusses Mei Niang, a female author in the early modern literature period during Manchukuo; who adopted realism in her work, *The Second Generation*, a collection of short stories, to reveal her strong concerns towards the grassroots living in the colony; as well as her distinctive gender awareness. After a thorough close reading, this article considers that Mei Niang had not only established herself a prestige author in Manchukuo period via the respective realism work of *The Second Generation*, long before she was honoured as "Eileen in the South and Mei in the North" by genre fiction critics; but also positively fulfilled her social responsibility as an author. By looking into the offprint of the novel with its stylish features and writing strategies, this article aims to present Mei Niang, the gifted author, from an perspective different from the discussion of the genre fiction market, and identify the diversity in her literature, so to restore her position in the history of literature.

Key words: Mei Niang; Sun Jiarui; feminist literature; Manchukuo

① 据说在 1942 年，北京马德增书店和上海宇宙风书店联合发起过“读者最喜爱的女作家”民意测验，上海的张爱玲和北京的梅娘双双夺魁，从而形成了中国现代文坛“南玲北梅”之说。（张泉.寻找梅娘[M].香港：明镜出版社，1998：52.）

以亲情线索再看舒婷诗歌中女性形象

杨宇琦*

内容摘要：本文选取三首舒婷在不同时期缅怀女性亲人的诗歌，分析舒婷诗歌的诗文变化与其中的女性形象。研究发现舒婷诗歌运用丰富的意象抒发自己的情感。舒婷的诗歌意象经历了从简单宏大到复杂精细的变化，语言风格经历了从浓烈激昂到沉稳厚重的变化，叙述视角经历了从参与者到旁观者的变化。种种变化与其生活经历息息相关。舒婷诗歌中的女性亲人是充满关爱的守护者、和蔼可亲的教育者等传统女性形象。这与其描写爱情的诗歌中独立自主、强调男女平等的女性形象形成鲜明对比。由此可见，舒婷诗歌中呈现的不是彻底革新的女性形象。

关键词：舒婷；诗歌；女性形象；亲情

"文化大革命"之后，中国诗歌领域逐步恢复生机。"朦胧诗"成为当时炙手可热的文艺元素，并对中国诗歌文学产生深远影响。舒婷作为"朦胧诗派"的代表性女诗人，通过丰富的意象与创新的写作手法，在其诗作中表现男女平等的观念，[①]提倡女性独立意识，[②]引发读者对人生对社会的思考。[③] 像《致橡树》《双桅船》等代表作都曾在当时引起轰动。《致橡树》更是成为学界探究舒婷女性意识与独立意识的不竭源泉，被不同学者广为研究，在20世纪80年代与90年代占据重要文学地位。其中呼吁男女平等的性别意识，亦被社会广泛赞扬。

女性诗歌中流露出的母性解构与情爱诉说，带着男性不能体会也无法触及的现代意绪，[④]成为考察作者身份、性别身份以及个体主体性之间关系的载体。[⑤] 舒婷诗歌中的女性意识与女性主体通过其爱情题材诗歌表露无遗。舒婷因此成为独立女性意识的启蒙者，其诗歌甚至成为一阵旋风，激起广大女性对自身性别身份的反思与重构。但是女性意识、女性身份、女性形象不应仅停留在爱情关系中的个体主体性阐释上，尤其是在以家庭为核心的中国文化背景中，女性意识与身份还须依托亲情关系中的女性形象而建立，并通过女性诗人自身而彰显。分析舒婷亲情诗歌中的女性意识有助于了解舒婷认知中女性意识的全貌，有助

---

* 杨宇琦，男，西南民族大学民族学与社会学学院讲师，主要研究方向为社会心理与性别研究。

① 辛梅.呼唤女性独立意识的赞歌——谈舒婷《致橡树》中女性爱情观的现实意义[J].吉林广播电视大学学报，2011(8).

② 吴思敬.舒婷：呼唤女性诗歌的春天[J].文艺争鸣，2000(1).

③ 黄晓东.舒婷的文学创作与女性主义[J].当代文坛，2010(2).

④ 卢桢.论都市视野中的女性诗歌[J].文艺争鸣，2007(12).

⑤ 杜昆.论舒婷的接受误区与创作转型[J].中国现代文学研究丛刊，2012(6).

于辨析何为“进步”的女性意识。

舒婷的《呵,母亲》《献给母亲的方尖碑》《怀念——奠外婆》三篇诗作,从亲情角度入手表达其来自家庭与亲情的女性意识的一面。《呵,母亲》写于 1975 年 8 月,于 1978 年发表,为舒婷最早公开发表的诗歌之一,属舒婷最早期作品;《献给母亲的方尖碑》作于 1981 年 8 月,是舒婷诗歌创作巅峰时期的作品之一,也是舒婷第一次停笔前的作品;《怀念——奠外婆》完成于 1984 年 5 月 5 日,[①]是舒婷 1982 年因结婚怀孕而停笔期间的作品,也是舒婷产子之后的作品之一。此三首诗歌的创作代表着舒婷个人成长的发展过程,选择它们作为研究对象能够更深刻地了解舒婷亲情诗歌中女性形象的变迁历程。

一、充满“生活感”的意象

《呵,母亲》的第一节舒婷运用“晨曦”与“不敢睁开眼睛”的意象暗示梦境,用母亲的身影“渐渐隐去”清晨日出“把梦剪成烟缕”的意象暗示梦醒,用“苍白的指尖”“理着我的双鬓”体现母亲的温柔,一幅母亲帮助女儿整理鬓角的头发,顺势抚摸孩子的脸颊,并用慈祥的眼神注视着女儿的画面立刻出现在读者眼前。后一句“禁不住像儿时一样”“拉住你的衣襟”则是一幅小女孩拉着母亲衣服的一角,紧紧跟随的既温馨又柔情的画面。两个对过去记忆的定格直指每个读者童年的回忆,让读者能立刻感受到母亲的温柔与怜爱。舒婷在第二节用“浣洗”“流水的岁月”“褪色的记忆”来描写光阴如梭、无法挽回。“鲜红的围巾”象征着母亲的形象与温暖。“珍藏”“生怕”两个动词以及象征母亲的“画屏”不被轻易打开的动作尽显女儿对母亲、对母女之情小心翼翼的呵护、珍惜与怀念。第三节中舒婷用“一根刺”与“荆冠”的对比引出对自己的成长与成熟的描述。长大之后的诗人虽然声音有力,能够“穿透黄土”,但是不敢大声向母亲呼喊,因为不论怎么喊也喊不醒一个去世的人。诗人通过描写自己成长后也无力回天的无奈再一次突出自己与母亲的感情之深。最后一节舒婷说“不敢陈列爱的礼品”。“爱的礼品”是指作者对母亲思念之情的集合。它“不是瀑布”“不是激流”,不是给他人看的,不是需要大声宣讲的。用这样的意象,诗歌进而体现了诗人对母亲的感情是内心珍视、独一无二的,而“古井”这一意象更是象征着自己对母亲的怀念源源不断、生生不息,温柔而又深沉。不论“花木掩映”下荣枯有变,诗人对母亲情感不改变。

《献给母亲的方尖碑》分为两节。前一节写入睡,写母亲尚在人世的最后一刻;后一节写睡醒,写母亲已经离去之后的感怀。第一节重在叙事。舒婷用长寿、喜光之树——乌桕树来比喻母亲,长寿的象征与母亲的离世形成鲜明对比,而后诗中“逆光的湖水”这一给人光明灿烂的画面正好衬托母亲光明温暖的形象。“时抿时飞的笑容”是对母亲嘴唇变化的细致生动的描写。诗歌将母亲的形象刻画出来,整体构成一幅母亲就在不远处温柔相视、微笑和蔼,背后光芒熠熠的画面。但是诗人入睡之后,“黑暗聚拢”。“风悄悄进来”,在她病床上“撒满凋谢的红玫瑰”。黑暗象征死亡。风象征悄无声息。凋谢象征年老体弱,而撒满这一动作暗示了回天乏术的状态。低沉灰暗的描写与最初光辉明亮的画面形成鲜明的对比。作者在诗中提及“她随着落潮去了”——表明母亲已经离去。落潮可以去了又返,但是母亲去了便不

① 舒婷.舒婷的诗[M].北京:人民文学出版社,1994:146,150,152.

能再回来。如此的对比正好成为作者抒发自己思母之情的窗口。在第二节中,“她的往事”“她的声音”象征着对母亲的思念。这些思念虽不是具体所指,但是可以给读者极大的想象空间,可以让读者通过回忆自己与母亲之间言语和行为的互动来一窥舒婷与母亲之间的往事与交谈。然而,这些思念是“漂流无依”“含着眼泪”的,也就是说诗人对母亲的怀念无所寄托、尽显哀悲。另外,对香橙果实的描写也表达了思念之情无所寄托这一主题。其中“香橙树”象征作者自己。“香橙果实”便是作者对母亲的思念。可惜母亲已经去世,不知道“交给谁”。作者接着提问“现在后悔—如果不睡着—凭借青春和爱情—能不能夺回母亲”。这种于事无补的假设正好是作者内心的独白,同时也衬托出诗人对母亲的无限思念。最后作者说“在人心靠近源泉的地方/为母亲们/立一块朴素的方尖碑”。“人心靠近泉源”的地方是指作者对母亲思念之情的源泉,是人性,是亲情,是母女之间的爱;“朴素的方尖碑”则是对前文所述思母之情无所寄托的弥补。树立方尖碑本身便是一种铭记、纪念的行为,也是诗中寄托思念的精神场所。值得注意的是,作者是为“母亲们”立方尖碑。母亲从单数变成了复数,可以看出作者对母亲这个身份的歌颂。她不只是怀念自己的母亲,更是赞颂母亲这一身份。

《怀念——奠外婆》这篇怀念诗将诗人对逝者的怀念全部具象化。第一节中,“填进表格”的是去世的“家庭成员”的名字,是被“朱笔描深”又“很快褪浅”的墓碑上的名字。这两个意象是对外婆去世的真实描述,也直指起诗的原因,奠定了怀念抒情的基调;“聒噪不休”的“遗产”是曾经家人在一起时喧闹嬉闹的回忆;“民间故事”是外婆一生的往事;外婆过去的经历与家人的生活成为作者的一笔宝贵财富。短短几句话勾勒出一家老小其乐融融的画面,同时也将回忆化作对外婆思念之情的源泉;外婆的一切都在现实中、在记忆里不断强化着舒婷的怀念之情。第二节中,怀念来自使作者眼睛湿润的照片。照片里有“隐秘的小路”,有“夏午的浓荫与鸣鸟”,有与“老外公”之间的“五味俱全”。曾经的鸟鸣现在变成“寂寞无声”。曾经的小路上有“徘徊”、有踱步、有种种故事。外婆与外公生活中的酸甜苦辣也最终将随着两位老人的逝去而“不久于人间”。这一节结合了视觉、听觉、味觉三种感觉的意象,塑造出一个可视、可闻、可品的场景,将作者与外婆之间的互动以多角度的方式表达出来,使得思念之情更加立体。全诗最后三行,“被怀念的老人”“离这一切很远很远”是指已经逝去的老人不用承受这种思念之苦,所以要“谢天谢地”。最后一句,虽没有直接写思念之苦与怀念之难,但是将其以一种隐晦的语言表现出来,更显得作者对外婆思念之深。

舒婷这三首诗都有共同的特点:实中有虚、虚中有实。三首诗中均有实实在在的意象,如珍藏的鲜红围巾、病床上的母亲、每年都被朱笔描深的墓碑。这些意象都是真实情感的来源,而这些意象又远不能承载作者所有思念,所以虚构与想象的意象便成为抒发情感的通道,如“花木掩映中唱不出歌声的古井”“人心靠近源泉的地方立一块朴素的方尖碑”“寂寞无声五味俱全的怀念”等诗句,皆以虚实相结合的写作手法将当下的真情实感和过去的记忆想象相互融合,达到相辅相成的效果。现实生活本就是虚实并存的,就像现实与梦境一样。虚中有实,实中有虚。对生活的理解和感悟,对亲情的怀念与体会,总是伴随着物质世界的“真实物件”与精神世界的“思绪感情”的见与思而实现。因此,舒婷在其诗歌中表现出的虚实结合的意象是其对生活与亲情的深刻洞悉。

总体而言,这三首诗歌运用了大量丰富且极具内涵的意象,使得诗歌具有强烈的“生活感”,利用意象所呈现的生活气息表达了舒婷作为女性诗人在亲情呈现中的女性意识。《呵,母亲》描写了母亲与女儿之间强烈的情感与依恋、过去亲子间其乐融融的画面、现在母女阴阳两隔后深沉而浓重的怀念之情。这都印证了母亲温柔体贴又充满怜爱的形象，以及女儿孝顺感性又细心重情的形象。《献给母亲的方尖碑》着重描写母女之间的情感寄托。诗歌将重点放在女儿寄托思母之情上，塑造出一个为母亲自然离世而内疚的女儿、一个为母亲竖立纪念碑的女儿、一个尊重母亲这个身份的女儿。诗歌虽然对母亲的描述略少，但是还是强烈地表达出母亲是女儿精神寄托与依靠的情感态度。两首诗虽然都是女儿对母亲的思念，但是在意象选择上，《献给母亲的方尖碑》比《呵，母亲》更为具体，使读者能够轻松代入，引发共鸣。《怀念——奠外婆》立意在对外婆的怀念。作者着笔于普通人家的平凡生活琐事，通过描述其乐融融的家庭生活将外婆塑造为和蔼可亲、受人爱戴的形象。诗人通过回忆旧照片，不仅将外婆老年生活的闲适描写出来，更是将自己睹物思人、追忆往事的情绪表达出来，刻画出自己感性的一面。

二、彰显“成长感”的叙述视角与语言风格

在《呵，母亲》中，舒婷运用“你”“我”两个人称代词串联起自己与母亲之间的情感互动，例如“我紧紧拉住你的衣襟”“我曾向你哭喊”“我常悲哀地仰望你的照片”“我怎敢惊动你的安眠”，以第一人称的视角直面母亲并与之对话，仿佛在对着母亲诉说。读者似乎身临其境，能够代入其中，能够看到舒婷向母亲倾诉自己感情时的表情，能听见真挚的诉说之声。舒婷在《呵，母亲》中，运用宏大而常见的意象宣泄极强的感情，如流水岁月、褪色记忆、哭喊、戴着荆冠、穿透黄土、惊动安眠、花、海、黎明、激流瀑布、花木掩映、古井，均是诗歌中常见的意象，并且非常明显的表达着作者的感情。诗中有三处反问句：“岁月的流水不也同样无情？”“我怎敢轻易打开它的画屏？”“我怎敢惊动你的安眠？”反问句与宏大的意象都是用以表示强烈感情的方式。《呵，母亲》的语言透露出强烈的表达感情的愿望。另外，作者运用人称代词的手法也显示出直抒感情的风格。

在《献给母亲的方尖碑》中，舒婷采用“我”和“她”两个人称代词来表达自己的思念之情，例如“她随着落潮去了”“我疲倦地在她枕边睡着”“黑暗聚拢在她周围”“她的往事”“她的声音”。这样的写作手法像是舒婷在对第三方诉说自己对母亲的思念。诗歌仿佛变成了舒婷与读者之间的互动。读者成为能够理解舒婷对母亲思念之情的对象，仿佛听着舒婷面对面地向自己诉说她对母亲的回忆与怀念。这样的写法加深了读者与诗文的互动，也将读者与自己母亲的互动代入进舒婷母女之间的互动中。舒婷在《献给母亲的方尖碑》中对于母亲离世的情形娓娓道来。“夜色将近，星月熹微”“我疲倦地在她的枕边睡着”“她随着落潮去了”“风悄悄进来”“撒满凋谢的红玫瑰”等意象都透露出一个特点，那就是“慢”。除了起到暗示死亡慢慢到来，悄无声息的特点，这些意象还起到放慢整篇诗节奏的作用。另外全诗还多用对比。不仅有光明与灰暗的对比，有潮水去而复返与母亲去不复返的对比，还有假设“如果自己不睡着母亲就不会去世”和母亲已经去世的现实的对比。诗人通过这些对比反差来突出自己的思念之情。

在《怀念——奠外婆》中，舒婷没有使用“我”“你”或“她”等人称代词，只是提到了老外公。没有使用人称代词是这篇怀念逝者诗作的特点。诗歌仿佛是舒婷自己在对自己诉说，是舒婷自己对着相片发呆，自己在心中默默感怀与思念。浓浓的相思之情在诗人内心深处

变成了无声的语言，不停地重复着自己的怀念。全诗没有作者与外界对象的互动，只有作者自己与自己的互动。诗人能够诉说的思念远不及根本无法向他人诉说的思念来得厚重，所以更凸显作者至深至真的思念之情。《怀念——奠外婆》几乎都是由排比句组成。本来排比句是用来增强气势的，但是结合本诗的怀念的主旨和情境来看，排比句式不再是高昂强烈的情感抒发，而变成了一种幽幽的平铺直叙。在结构上，用最后三句“呵，谢天谢地/被怀念的老人，已/离这一切很远很远”打破排比的形式，造成破发而出的对比感觉，并以此点睛之笔提升思念之情的厚重。除此之外，《怀念——奠外婆》没有对话的对象也是本诗语言的一大特色。

对于诗歌的韵律，《呵，母亲》与《献给母亲的方尖碑》中舒婷没有特意严格按照整齐韵、隔行韵、每节末句押韵这些早期主要韵律格式进行创作①。《呵，母亲》主要韵律为 ing，in，an 三个声韵，但是声韵之间没有可循的规律。《献给母亲的方尖碑》没有主要的声韵贯穿整个诗篇，体现出舒婷在创作时的随性与流畅创作。但是在《怀念——奠外婆》一诗中，几乎每一句都押韵于 an 上。此番安排恰好和通篇的排比句相应和，就像扬声器将舒婷发自内心的声音扩大后抒发出来。舒婷诗歌声韵的变化仿佛显示出一个随性而为、充满个性的少女经过生活的历练，不断感悟人生而成功蜕变为一个成熟稳重、情感深沉的女性的过程。其言谈举止、思想观念都在岁月的流逝中沉淀下来，每一次感悟的发声都厚重而有力量。关于诗歌的节奏，通过细读我们可以发现，虽然从总体来说三首诗的节奏都不快，但是《献给母亲的方尖碑》《怀念——奠外婆》的节奏比《呵，母亲》显得更慢一些。诗歌整体节奏上的差异可能和舒婷社会阅历越来越丰富，对生活的感悟越来越细腻有关，也可能与舒婷自身的心境与思念感情状态有关。对于亲人的爱与思念源源不断并且深沉厚重。越来越理解亲情真谛的舒婷将其在诗歌创作过程之中直接表现出来，让读者能够“慢”下来以便去体会作者想要表达的感情，体会读者自己的亲情世界，体会长久以来不断深入骨髓的家庭关系。这可以说既是舒婷心境的真实流露，也是舒婷表达感情引起读者共鸣的通道。

整体上看，三首诗中舒婷分别对“你”(指母亲)、读者、自己诉说对母亲与外婆的思念之情，表现出作者自身逐渐成长的生命历程，透着一股淡淡的“成长感”。每个人伴随着自己生活阅历的丰富以及生活责任的加重，对生命的理解会越来越深刻，而这种深刻在三首诗歌中就表现为“成长感”。舒婷开始就像个意气风发的少女，以自己为中心，直抒胸臆，大胆直言；伴随着成长，她开始变得稳重，看事情更为客观独立，因此不再以“我”为中心，而是以读者为中心，讲述自己的生活与感想；在结婚生子之后，舒婷从女儿的角色转变为母亲的角色，对生命的理解与诠释更进一步，肩上担负的责任更重，也更成熟，不再叨叨诉说自己的故事，而是将所有的相思与怀念都变成对自己的“自述”。诗人默默担负起生活和社会所给予“母亲”的责任，将家庭与子女排于首位，将自己的情感诉求压抑于心。

三、诗文的变化与诗人的成熟

舒婷三首诗的诗文变化首先反映出一个从初入社会的青年到生活美满的母亲的形象变

① 王辉.情韵相生的丰盈诗韵——浅谈舒婷诗歌[J].长春师范学院学报(人文社会科学版)，2012(5).

化。三首诗分别出现在舒婷整个诗歌创作的几个主要时期。《呵，母亲》为舒婷最初发表之作。那个时候舒婷刚刚开始工作，生活与经济开始独立。个人发展与国家发展在同一时期开始。这首诗歌也成为舒婷创作起航的标志；《献给母亲的方尖碑》为舒婷诗歌创作巅峰时期的代表作之一；《怀念——奠外婆》是舒婷第一次停笔之后创作的诗歌。此时的舒婷已经结婚生子，生活发生了重大变化，而且此时“朦胧诗”在诗歌界也逐渐被其他类型诗歌所取代。在这样的时代背景下，舒婷为自己的创作之路做出新的选择和决定，此后便逐渐开始创作散文，所以《怀念——奠外婆》是分析舒婷缅怀亲人诗歌的重要资料。

其次，舒婷诗歌的变化折射出从简单宏大到复杂精细的意象变化。有学者指出舒婷诗歌风格的变化经历了一个从早期雄辩、豪言壮语逐渐到口语化、生活化语言的过程，从白描到叙述的过程，从你我到他者的过程。[①]《呵，母亲》一诗中的意象相较于另外两首更为普通常见。后面两首所用的意象更丰富、更细节化与具体化，从中也可看出舒婷在作诗过程中运用象征手法的技术逐步娴熟。《呵，母亲》一诗各个意象所指鲜明。“激流”“瀑布”“黄土”等宏大的意象带有年轻人的那种豪言壮语的情怀。相对而言，这首诗歌还略显青涩。等到完成《献给母亲的方尖碑》的时候，舒婷对生活的阅历就直接反映在诗歌的成熟度上。《献给母亲的方尖碑》对死亡的娓娓道来，对更加具体的意象（如“逆光的湖水”“乌桕树”“香橙树”）的运用，都能体现舒婷对生活的观察和感悟的深入。在完成《怀念——奠外婆》的时候，舒婷运用的意象进一步细节化。死亡通知单的表格、墓碑的名字、相片中的各种画面都被简洁的语言描述出来。这种描述并非整体呈现，而是通过描述其中的一部分，来让读者自行补充和想象出所有的画面。诗歌不仅留下了想象的空间，也引导读者通过自己的想象将亲身经历代入到其中。此外，诗人对各种意象的描写并非直接呈现，并非早前诗作中用黑暗象征死亡、用梦境寄托相思那样简单。意象上的变化体现了舒婷相思之情从澎湃浓烈到深沉稳重的变化，也体现了舒婷人生感悟由简单到复杂的变化。

最后，三首诗展现了从浓烈激昂的参与者到沉稳厚重的旁观者的画面。在《呵，母亲》中，舒婷运用第一、第二人称来抒发自己的感情；在《献给母亲的方尖碑》中主要运用第一、第三人称抒发自己的感情；在《怀念——奠外婆》中舒婷几乎没有运用人称代词变抒发感情。人称代词使用上的变化，也代表着诗人叙述视角的变化。从直抒胸臆到借物抒情，标志着诗人对诗歌理解的不断加深与作诗手法的不断娴熟。最开始的时候，诗人是个意气风发的年轻小姑娘。青春年少汹涌的情感直接表达出来，毫不介怀于外界。自我卷入程度也较强。待到创作巅峰时期，诗人能将自己对母亲的思念之情平静地表达出来，仿佛是在向第三个人诉说。诉说对象的变化也暗示了作者对生命与生活理解更加深入。当作者在写《怀念——奠外婆》的时候，作者对生命的解读和参透因结婚生子事件的发生而更加不同。那种从悠远之处流淌出的厚重情感从诗歌的表达中娓娓而来。舒婷写作这三首诗时使用人称代词的变化也标志着她从“当事者”到“局外人”的变化。舒婷对逝者表达的思念之情从一个当事者到一个局外人的变化过程，也暗示舒婷对亲情与死亡的理解更加深刻。

大致地看，舒婷写此三首诗时，语言风格经历了从“高昂浓烈的反问”到“娓娓道来的陈述与假设”再到“沉稳厚重的排比”的变化过程。这种语言风格的变化与其个人成长有关。诗人年少时情感浓烈而张扬，就像一个敢说、敢爱且充满独立意识的少女。成熟后，诗人处

① 张华.试析舒婷诗歌风格的变化[J].新疆大学学报(社会科学版)，2001(1).

事表情沉稳而细腻，切切实实成为一位有责任与底蕴的妻子和母亲，其情感的流露不激烈、不张扬，如涓涓细流般平稳不歇。三首诗见证了一位诗人走向成熟的过程，也见证了一个人走向成熟的过程。

四、亲情语境下诗文中的传统女性形象

女诗人可以借助诗性手段来塑造自己的女性意识，修正女性身份形象。[①]《呵，母亲》《献给母亲的方尖碑》和《怀念——奠外婆》以女性诗人的视角描写与怀念女性亲人。诗歌的主体和客体均为女性，而舒婷诗中的女性形象因此而变得更为生动与立体，蕴含着作为诗人身份（主体）、亲人身份（客体）的女性形象。[②]

一方面，作者向读者展现了自己作为女性诗人，在生命历程中从年轻人走向成年人的女性形象。从三首诗的内容和意象来看，作者的形象是一个女性逐渐成长与成熟的变化过程。首先，诗歌的主题从最开始怀念亲人变为怀念往事；诗歌的情感从年轻人的热烈和冲动——“凭借青春和爱情”“夺回母亲”，变为后来的将思念之情回归于情境之中平静——亲人的“民间故事”“聒噪不休的遗产”成为自己的精神财富。其次，诗人对死亡的感悟从最开始的悲哀痛苦到后来的庆幸：最开始是“我悲哀地仰望你的照片”“我是多么后悔”，后来变成“谢天谢地/被怀念的老人，已/离这一切很远很远”。虽然对舒婷而言，思念至亲仍是一种痛苦的事情，但是如果去世的亲人已不用受阴阳两隔的相思之苦，也算是一种庆幸。诗人对死亡的心态从最开始一心想挽回，到后来的五味俱全，是一个从单一感受死亡到多角度理解死亡的过程。五味俱全包含着以前生活中的喜怒哀乐、酸甜苦辣。生活中的琐事与喧闹，纷繁复杂的回忆在心中酝酿不一样的感情。最后，在《献给母亲的方尖碑》中，怀念对象最开始是母亲，到最后变成了“母亲们”。从这种一个主体到多个主体的变化中，我们可以看出，舒婷此诗从怀念相思到感激赞颂的主题变化。通过相思表达对母亲的感激和赞颂，诗人的思念之情得以升华。总的来说，作者的女性形象是逐渐成熟。这是一个容易怀念感伤，重视家的概念，部分情感依附于母亲身份之上的女性形象。

另一方面，作者向读者描述了作为女性亲人，在生命历程中从守护者向教育者转变的女性形象。需要先指出，舒婷在写《怀念——奠外婆》一诗时，明说是怀念外婆，但是实际上也有涉及对母亲的感情。全诗只提及一次“老外公”，并且非常隐晦地暗示“祖母”这一意象。此外再无其他人物和对象的表述。描述对象未贯穿始末是作者模糊抒情对象的一种方式，也是其诗歌情感指向母亲的佐证之一。另外，更重要的是，舒婷在写此诗的时候，已经诞下一子。对于儿子而言，自己的母亲也就是儿子的外婆。数十年后诗人归西离世的时候，相同的情景可能会出现在自己儿子的身上，而此时祖孙三代的亲缘关系在儿子、自己、母亲、外婆

① 张晓红.女性诗歌中的女性身份、作者身份及互文联系[J].当代作家评论，2008(3).

② 作为主体的女性形象，一方面包含着作者自身作为一名女性在现实生活中的女性意识与女性形象建构，另一方面包含着作者作为女性诗人在诗歌创作中的女性意识与女性形象展现；作为客体的女性形象，主要表现为对“诉说对象”（如母亲、外婆）的女性形象塑造，在一定程度上，还带入了自己对作为母亲、外婆时的女性意识畅想。

四个人物之间交叠出现两次。祖孙的亲情在这两组祖孙关系中变得模糊，彼此间或多或少地存在着家庭角色与情感的相互投射。所以，这首诗不仅仅是简单地怀念自己的外婆，其中也有自己母亲的影子。

在三首诗中，母亲是一个具有多重身份的形象。首先，母亲是一个守护者的形象。母亲是香橙树的照料者；母亲是让孩子拉住衣襟的那个人；母亲是子女为一根刺而哭喊求助的对象；母亲就是孩子成长路上的守护者。随后母亲离世，孩子需要自己成长起来。母亲在世时候的物件虽然孩子还触手可及，但是母亲本人对孩子而言，已遥不可及。诗人心中的思念和感怀便通过诗歌表达出来。其次，母亲是温柔温暖的化身。母亲是“鲜红的围巾”，如果失去便会失去温馨。母亲还是教育者，在“隐秘的小路”上徘徊、忏悔。这一意象使读者可以想象出一幅长辈在小路上对晚辈悉心教导，孩童在来回踱步中不断反思和忏悔的画面。最后，逝者还是一笔遗世财富和感情之源。过去聒噪不休的生活场景与祖母的民间故事都是回忆的财富，在“靠近人心的地方”。这些财富被纪念，被一代代传承下去。总而言之，母亲的形象是比较传统的。她是安心的守护者，是温暖的化身，也是情感的源泉。

五、不彻底的进步女性形象及其价值思考

《呵，母亲》《献给母亲的方尖碑》和《怀念——奠外婆》中，舒婷运用丰富的意象表现自己的情感。诗歌意象从简单向复杂变化，叙述视角从参与者向旁观者变化，语言风格经历了从“高昂浓烈的反问”到“娓娓道来的陈述与假设”再到“沉稳厚重的排比”的变化过程。这些写作上的变化与舒婷生活经历的变化与发展有关。从诗中，我们还可以发现，舒婷逐渐走向成熟的变化。她所描述的女性亲人的形象（以母亲为主）是传统的母亲与外婆的形象。她们充满对后辈的关爱与守护，牵挂着作者无数的感情与思绪，与舒婷的爱情诗中塑造的具有独立意识的先进女性形象具有较大反差。舒婷的爱情诗中，女性是独立自主、先进自由的女性。在家庭中女性还是奉献者、教育者与守护者的传统形象。在中国文化背景下，尤其是在家和亲人的语境下，女性作为整个家庭的情感来源（不论是抒发者还是寄托者），常常被表现为依附于其他亲人才能表达情感的形象。所以，舒婷诗歌中女性形象不是彻底的、革新的女性形象。在爱情生活中，女性是自由的、独立的、自主的；但是在亲情生活中，女性却是依附的、感怀的、付出的、守护的。舒婷描写亲情的诗歌中呈现出的女性形象具有多面性。一方面新时代、新社会更多地肯定了女性独立自主、自立自强的形象，并且鼓励其参与到社会生活之中；另一方面，传统文化又需要女性肩负起一直以来的家庭责任与家庭角色，更多的是对其牺牲与奉献的肯定。舒婷亲情感怀的女性诗歌与爱情诗歌树立了两种截然不同的女性形象。这自然与其更侧重女性的身份认同而非诗人的身份认同，也与其在传统与现代、新与旧的伦理道德冲突徘徊有关，[①]但舒婷作为被公众所认可的“进步女性”却塑造出如此的女性形象，对彻底的、革新的女性意识的树立无疑是一个挑战。对于女性形象传统与进步之分，实非一个简单的问题。舒婷《致橡树》等诗歌描绘出爱情中独立自主的女性形象，对于中国女性自我意识的启蒙起到了重要作用。但是从亲情的角度来看，女性的形象又是那么的传统，似乎在

① 杜昆.论舒婷的接受误区与创作转型[J].中国现代文学研究丛刊，2012(6).

家庭的语境下女性须依靠亲缘关系才能定义自己的存在。女性的主体性又显得有所“退守”。笔者无意批评舒婷所树立的不完整、不彻底的新女性形象，亦非企图传达“什么是进步女性”的“标准答案”，而是想要指出：即便是被公认的进步女性也会存在传统的一面。在通过文学途径塑造、界定、推崇独立女性意识与自立女性形象的同时，我们可以适当顿笔停留片刻，思考一下文字辞藻间的女性形象对于读者而言意味着什么，对于作者是否又存在被潜意识所屏蔽的认识空间。女性形象的发展与女性权益的保护息息相关。在促进与保护女性利益的同时需要不断反思社会生活赋予的传统女性形象对性别平等和女性权益保护所带来的影响。女性平权运动不仅要充分给予女性以肯定，更重要的是要推动社会公众对女性的多维理解与全面认可，时刻警惕以“进步”之名掩盖潜藏意识之下的“传统”之实。

Re-examining Female Images in Shu Ting's Poems with Familial Affection as a Clue

Yang Yuqi

(Southwest Minzu University, Chengdu, 610225)

Abstract: This study selected three different poems which were written by Shu Ting in three stages and showed her retrospect of female relatives and analyzed the literal changes and the female images. Research found that Shu Ting used luxuriant images to express her feeling and the images, linguistic style and narrative angle of her poems changed respectively, from simple and grand to complex and specific, from strong and powerful to deep and calm and from participant to spectator. Researcher infers that the differences between three stages due to the author's life experience. The female images in Shu Ting's poems is traditional and suggests the female are protector and educator who are kind, mild and warm. It is a sharp contradistinction compared with those female images, which indicate women should be self-reliant and sovereign and call for equality of gender, in her romantic love poetries. This illustrates the female images in Shu Ting's poems are not exhaustive new female images.

Key words: Shu Ting; Shu Ting's poems; female images; family affections

完美家人形象下的忧思与诉求

——梅娘1950年代作品中的女儿、丈夫形象考

庄培蓉*

内容摘要：梅娘晚年的回忆和“口述史”中的丈夫柳龙光及女儿柳青的形象，与其1950年代作品中的主角构成饶富意味的对照关系。源自梅娘口中及笔下的完美女儿及丈夫形象，既有写实，亦蕴含作者在1950年代对主流话语下母女关系“疏离”的忧思及夫妇关系“改造”的诉求，彰显了一位努力融入新时代的沦陷区女作家的复杂心态。这种心态，与其错综迷离的人生经历密切相关。

关键词：梅娘1950年代作品；女儿形象；丈夫形象；复杂心态

梅娘(1916—2013)，原名孙嘉瑞，伪满洲国及华北沦陷区著名女作家。梅娘享寿97岁高龄且留下丰富的创作。其作品跨度大，主要集中在早晚年(三四十年代及改革开放后)，而其在50年代也有一个渐为人知的创作高峰。① 饶富趣味的是，梅娘晚年的一些回忆文字，在其50年代的作品中找到了“佐证”。这些历史“原声”与晚年的“回声”构成互证、补充和对比等复杂关系。本文将从梅娘的女性身份出发，呈现两个对照组：作为寡母的梅娘，晚年对11岁女儿拍电影一事的自豪回忆与50年代作品中《祖国的花朵》中的女儿形象的互证补充关系；作为遗孀的梅娘，晚年对丈夫柳龙光的刻板回忆与其在50年代作品中对“前夫”“准丈夫”的形象塑造的对比互证关系，由此探究50年代梅娘在主流话语下对母女、夫妻关系的思考，管窥一个“出身复杂”的沦陷区女作家的婉曲心态以及何以有此心态的原因。

在梅娘50年代作品《我的女儿怎样拍电影》和《母女俩》中，女儿青青和小霞令人印象深刻：青青堪称完美，小霞可谓青青的成年版，是彼时梅娘对成年女儿的一种想象。她们的形象承载着梅娘对时代潮流冲刷下的“单纯”新一代与经历复杂的老一代之间关系的一种清醒的预言性思考。但在此期作品中，“丈夫”在散文中处于缺席状态，而在小说中，“前夫”和男性恋人的塑造与女主“改造自我”密不可分。通过与理想恋人的结合，女主得以真正“摆脱旧我”，获得重生。梅娘在此实践一种“摆脱”过去(复杂与暧昧)，使自己也变得“纯正”“单纯”的写作方式。因而，此期梅娘笔下的“丈夫”形象，为晚年梅娘笔下的柳龙光何以那般“完美”和“正确”，提供了一种原型。晚年梅娘笔下的柳龙光形象，亦是一种追求“纯正”的后遗症所致。

---

* 庄培蓉，女，汉族，厦门实验中学二级教师。主要研究方向为中国现当代文学中的沦陷区文学。

① 笔者的毕业论文《迎合、背离与反思：梅娘1950年代作品研究——以〈亦报〉、上海〈新民报〉晚刊和香港〈大公报〉上的作品为中心》对此进行了详细梳理。

一、对完美女儿的自豪与隐忧

梅娘育有六子，其中三子幼时患脑膜炎夭折，而幸存下来的女儿柳荫13岁病逝于救济院、小儿子孙翔23岁时因肝炎救治太迟过世。女儿柳青是梅娘仅存的孩子。作家史铁生不无羡慕地如此形容柳青："生就的一副好身体""天生的一个聪明脑袋瓜儿""相貌和身材都漂亮"。先天条件优越的柳青，是学校中的体育健将，"曾两次打破女子少年组一百米蛙泳的市记录"，学习上更是名列前茅，常被选去给首长和国际代表献花。[①] 这样优秀、全能的女儿，令梅娘引以为傲。而同样最令梅娘自豪、被采访者和研究者所反复提及的，是柳青参与电影《祖国的花朵》拍摄一事。晚年梅娘回忆道：

> 女儿入学了，戴上了红领巾，而且千挑百选，选上去演电影《祖国的花朵》去了。她们这一代，本是祖国的花朵嘛！我心安神驰，这正是我和丈夫梦寐以求的社会，这顺乎我诀别大富之家的初衷矢志，这圆了我和丈夫青年的梦。[②]

寥寥几句，除表达了自豪安闲之情外，顺带声明了自己和丈夫的"初衷矢志"。然而，柳青在电影中表现如何很少被提及，柳青饰演的角色亦在众人（包括当事人柳青）回忆中语焉不详。晚年梅娘也并未给出更多细节。为此，笔者特意观看了电影《祖国的花朵》，查阅了电影剧本，[③]并收集相关资料，试图厘清影片信息和柳青的具体表现：

《祖国的花朵》是由长春电影制片厂根据林蓝的同名剧本改编拍摄的。影片摄于1954年，于1955年上半年上映。该片是由严恭导演，林蓝编剧，片长76分钟的、有声黑白儿童片，也是新中国第一部表现学校生活的儿童片，播出后在当时产生了较大影响，并获得全国第二届少年儿童文艺创作一等奖。影片主题曲《让我们荡起双桨》由刘炽作曲，乔羽作词，刘惠芳、王玉芳演唱，旋律昂扬优美，传唱至今。

影片讲述北京小学五甲班队员在中队长梁惠明带领下，帮助杨永丽、江林改正缺点并加入少先队的故事。杨永丽家庭宽裕，本人聪明伶俐，学习优秀，但却有骄傲的毛病，不爱劳动，在团结同学和帮助他人上表现较差。江林家中有一个多病的母亲，本人活泼好动，调皮捣蛋。他学习成绩差，常在课堂上搞怪，课后又常与同学打架。与同学们联欢的志愿军杨志平叔叔注意到了两人。在志愿军的殷殷期望和冯老师的指导下，梁惠明组织同学看望腿受伤的杨永丽。大家纷纷踊跃帮她补习功课，杨永丽深受感动；对江林，班委们把"氧气实验"助手的重任交给了他。江林为此"恶补"自然，并在同学的带动下认真温习其他功课。在集体的关怀下，杨永丽和江林都改正了自己的缺点，彼此之间也变得友爱互助，共同进步，终于在升入六年级后，宣誓入队，成为光荣的中国少年先锋队队员。

影片故事线索清晰，服饰、舞蹈和音乐都挑选、编排得十分精心。小演员们童声清脆，形

---

① 史铁生.她是一片绿叶[M]//爱情问题.南京：凤凰出版社，2011：170.

② 梅娘.三个二十七的轮回[M]//张泉.梅娘：怀人与纪事.北京：中央广播电视大学出版社，2014：181.

③ 林蓝.祖国的花朵[M]//中国电影剧本选集2.北京：中国电影出版社，1959：143-210.

象秀丽，饰演梁惠明、江林和杨永丽的赵维勤、李锡祥和张筠英，不仅通过该片给观众留下了深刻印象，长大后也各自在不同领域取得了优异成绩。柳青在片中饰演文娱委员高桂兰，剧本中着墨不多，至第四章《一件衣裳》方始亮相，此后作为集体中的一员存在，形象较为模糊。影片中，高桂兰的戏份稍多于剧本，但由于儿童演员较多，妆容、着装在黑白影片中十分相似，孩子们群声扰攘，雀跃奔跑，如不仔细注意和区分，容易将高桂兰与其他同学相混。就观片感受而言，儿童演员中除了3位主角，其他人并不显眼。笔者注意到，饰演高桂兰的柳青，鼻梁、脸型与母亲相像，在一群丽质女孩中更显成熟。就表现而言，柳青十分投入，表情、动作到位，很自然地展现了班委稳重、负责的风采。

在剧本、影片之外，摄制组和小演员、家长们如何互动，拍摄过程中又有哪些值得铭记的事情？1955年梅娘发表于香港《大公报》上的《我的女儿怎样拍电影》一文，给我们提供了不少细节信息。

《我的女儿怎样拍电影》共12回，1955年5月1日、3至13日连载于《大公报》“新野”副刊。栏目边上，绘有一呈前行姿态、体型窈窕的短发妇人插图，似乎暗示作者“云凤”的形象。该文是50年代梅娘散文的另一系——以家庭琐事、儿女成长为主题的童话、随笔——中最长的一篇，近一万字。文章以“母亲”的视角，讲述自己的所见所闻，中间还穿插了青青的来信。信件介绍了东北电影制片厂的情况，巧妙补足了“母亲”视角所不及处。在正式参与影片拍摄前，青青过了“三关”：第一关是入选。由于青青“无论在功课、在文娱活动，在集体生活里，都是最好的孩子”①，她轻松当选，赢得了全校学生羡慕的光荣机遇。第二关是得到母亲的同意和支持。作为母亲的“我”，最初担心摄影工作会耽误女儿小升初的功课，而级任张老师则十分信任青青，并消除了“我”的担忧。“制片厂方面已经为孩子们请好了教员，请好了辅导员，孩子们将像在学校里一样地过学习和集体的生活”②。“我”因此同意青青当选，但仍担心女儿会辜负大家的期望。最后一关，即试演成功。青青赢得了母亲和导演的肯定，正式参加影片拍摄工作。事实上，最终让家长们放心将孩子交给制片厂的，是后者对小演员们无微不至的关怀：厂中不仅有优越的物质条件，更有一批热爱祖国花朵的长辈。家长们被专车接到厂中，参观孩子们的宿舍。“我”不无惊喜地向读者细细描摹着孩子们的卧室、梳洗室、浴室和少先宫。家长们甚至在饭厅“试吃”了孩子们的伙食。每人“四菜一汤：一盘红焖牛肉，一盘爆鸡丁，一盘烧扁豆，一盘拌黄瓜，还有番茄蛋汤……（‘我’）再没想到这里预备得比妈妈准备的还细致还周到”③。更让“我”感到安慰的是，剧作家张阑虚心采纳了孩子们给剧本提的意见，并以晚会的方式向孩子们道谢。导演在与“我”的交谈中，“毫不做作地流露了那样一种深沉的爱——那种既体贴入微，而又教导有方的爱”④。其他人如“老师、辅导员、阿姨看去是这样和蔼可亲”⑤，无一不令“我”在内的家长们十分满意。事实证明，厂方并没有辜负“我”对他们的信任，“我”受邀看到了青青拍摄过程中的表演，对女儿的进步十分欣慰。在成绩报告会中，女儿保持了一贯的优秀：“小青青平均得了九十七分。语文成绩中有

① 云凤.我的女儿怎样拍电影[N].香港《大公报》新野副刊，1955-5-3.

② 云凤.我的女儿怎样拍电影[N].香港《大公报》新野副刊，1955-5-3.

③ 云凤.我的女儿怎样拍电影[N].香港《大公报》新野副刊，1955-5-5.

④ 云凤.我的女儿怎样拍电影[N].香港《大公报》新野副刊，1955-5-7.

⑤ 云凤.我的女儿怎样拍电影[N].香港《大公报》新野副刊，1955-5-5.

作文，回答的语法练习，有笔记，写的都很整齐。”[①]笔者以为，最让作者/母亲（梅娘）触动的，是孩子们到东北拍摄外景。东北电影制片厂，实为长春电影制片厂，前身是“满洲映画株式会社”。“新京”的经历，是身处新中国的梅娘身份中难以抹去的暧昧因素，而女儿则是以新中国的“花朵”的光荣身份前往母亲的故乡。东北电影制片厂的条件比北京更为优越。小青青在信中惊喜地写道：“摄影棚有我们学校操场那么大……食堂里每天都做出一百多种菜供给大家吃……我们还抽空作了氧气试验！”[②]女儿两个月的东北之旅归来，不仅身心成长了，还带回了东北土特产，带回了“那么许多广阔的智识”[③]。为期半年的拍摄工作至此圆满完成。在散文最后，家长再次受邀赴宴，成为电影的第一批观众，影片得到了在场人的一致好评。在观看宴会的精彩歌舞表演时，“我”情不自禁地感慨道：“这样隆重的招待！这样隆重的庆祝！我们这出色的国家就是这样珍爱和平的劳动，特别是珍爱作为我们的继承者——第二代的和平的劳动的。”[④]

这篇连载散文展示了新中国的知识分子，如何无微不至地关怀着下一代，以女儿为代表的“第二代”在这一光荣工作中如何逐渐获得身心的成长。读者不难看出梅娘对新中国不遗余力的歌颂和赞美。文中的青青，堪称母亲心中的完美女儿，名副其实的“祖国的花朵”。2014年末，柳青看到此文后表示：“我都不知道我妈妈写了这样的文章。确实讲的是我们去拍《祖国的花朵》的故事。文章中的人名做了一些变动。我妈妈碰到这样少见的题材，当然会写，报纸登了得稿费，养家。这可能是主要的因素。”[⑤]由此看来，该文除了人名变动、对个别具体信息模糊化外，基本是写实的。

梅娘的作品，常直接以儿女的昵称为散文、小说中的儿童命名。“青青”/“小青”始终是一个成绩优异、聪明懂事、关爱弟妹的形象。据电影《祖国的花朵》的导演严恭回忆，19名小演员是从北京11所小学中挑选而出的，真正是千挑百选的结果。他提及赵维勤和柳青，说他们不同于其他小演员：“因其稳重、乐于帮助同学，处处带头，不需要我们‘做工作’。”[⑥]在给电影选择配曲时，柳青与几位小演员一起，最终选取了《让我们荡起双桨》。在严恭眼中，柳青懂事而又心灵手巧，“默默地作了许多事”[⑦]。无论在梅娘笔下，还是在他人的回忆中，儿时的柳青都给人懂事、稳重的形象。

除了1955年对女儿拍电影的记录，梅娘在1952年以“梅琳”笔名连载的《母女俩》中，也塑造了一个优秀进步的女儿严小霞。1952年4月，长篇小说《母女俩》开始在《亦报》上连载，这是一部配合宣传“三反”“五反”的小说，讲述了严伟霞、李小霞母女俩在脱离旧式大家庭后，深深受益于解放后的新中国，并在姚祥、陈健等进步人物的帮助、启发下，揭发资本家李云甫的劣迹，并试图说服李云甫在“五反”运动中主动坦白、交代的故事。在小说中，小霞

① 云风.我的女儿怎样拍电影[N].香港《大公报》新野副刊，1955-5-9.

② 云风.我的女儿怎样拍电影[N].香港《大公报》新野副刊，1955-5-11.

③ 云风.我的女儿怎样拍电影[N].香港《大公报》新野副刊，1955-5-12.

④ 云风.我的女儿怎样拍电影[N].香港《大公报》新野副刊，1955-5-13.

⑤ 2014年12月23日，张泉老师转寄柳青的邮件给笔者，引文为邮件原文。在此，对张泉老师不倦教诲，表示笔者最诚挚的谢意。

⑥ 严恭.祖国的花朵[M]//严恭.像诗一样真实：严恭自传.北京：中国电影出版社，2007：150.

⑦ 严恭.祖国的花朵[M]//严恭.像诗一样真实：严恭自传.北京：中国电影出版社，2007：156.

已是十八岁的高三学生，长相酷似貌美的母亲。二人都是“又圆又大的眼睛”“厚厚的红嘴唇”①。小霞是青年团员，“在学校里成绩非常好，作学生会的执委也已经连任三次了，能干，作工作负责任，是学校里数得着的好学生”②，如今又肩负中队辅导员的责任。小霞性情活泼直率，对党和主席充满了无限信任，在“五反”运动中，她当着父亲李云甫的面表达了自己的决心：“爸爸有问题，我第一个去检举，我不能掩护盗窃犯、做盗窃犯的女儿”③。李云甫之母试图拉拢伟霞母女，送来两块精美宫缎，小霞却十分厌恶“黄世仁母亲”式的奶奶，“只要一想到缎子是从奶奶那儿来的，我就觉得这些好看的颜色是一些花花绿绿的绳子，穿到身上，就会叫它们把我捆死”④。作为一个是非分明、勇于改进的团员，小霞从不掩饰自己的情感，常常因情感激烈而落泪。在帮助母亲进步的工作中，她不似姚祥稳重周到，而是“恨不得立刻就把她妈妈争取过来”⑤。在小说最后一节，伟霞改变了自己的多虑和优柔，决心和小霞一块前进。伟霞以一段话解释了决心的由来：

> 妈妈现在最爱的就是你，你是我全部的安慰和希望，如果我永远停留在现在的阶段中，不前进，不抛掉思想中这些旧意识，你会逐渐离开我，甚至我有一天成为你前进的障碍，像你爸爸的情形一样。小霞，要是叫你像搬开一块绊脚石一样地搬开了我，小霞，那该多么痛苦，小霞，没有你，我的生活还有什么意义呢！⑥

小霞有柳青的身影，梅娘将对成年女儿的想象付诸创作实践。上述引文，暴露了伟霞内心的焦虑，这似乎也是作者梅娘久藏于心的隐忧。敏感的政治嗅觉，使梅娘始终对丈夫暧昧的身份和自己复杂的出身耿耿于怀，而为新中国环境所塑造的单纯直率的新一代，对经历复杂的母亲了解甚少，年长后在时代洪流中，又究竟能在多大程度上理解自己的父母？而愈是“单纯正直”的新一代，与“复杂隐晦”的老一代的冲突就会愈大。历史快进到“文革”时期，在柳青与母亲梅娘划清界限的那一刻，我们不能不吃惊于梅娘 20 多年前的这段“预言”。与其说是一语成谶，不如说是梅娘对时代洪流冲刷血缘关系的清醒思考，对未来女儿“抛弃”自己的想象，正是对彼时及后来家庭关系在“新旧”冲突下的一种反思。“新人”与“旧人”的决裂，或许是梅娘对新中国与“旧文人”关系的一种饱含忧虑的想象，表达了她对解放后自身命运的忧思。柳青后来几次撰文，为自己的行为忏悔，“党可以不了解我妈妈，社会可以不了解我妈妈，我不可以说不了解我妈妈。我那时为什么不用自己的头脑去思考、去辨别？为什么不能稍稍抗拒一下潮流？”⑦然而，尽管痛心，晚年梅娘仍表示了理解：“这是年轻人狂热的年代，为革命，在他们一切都不在话下。”⑧

---

① 梅琳.母女俩[N].亦报，1952-4-6.

② 梅琳.母女俩[N].亦报，1952-4-5.

③ 梅琳.母女俩[N].亦报，1952-4-20.

④ 梅琳.母女俩[N].亦报，1952-5-17.

⑤ 梅琳.母女俩[N].亦报，1952-5-18.

⑥ 梅琳.母女俩[N].亦报，1952-6-6.下画线为笔者所加.

⑦ 柳青.未能忘记的[M]//陈晓帆，编选.又见梅娘.北京：人民文学出版社，2014：14.

⑧ 梅娘.记忆断片[M]//梅娘，著.侯健飞，编.梅娘近作及书简.北京：同心出版社，2005：27.

二、对完美丈夫的塑造与诉求

梅娘的丈夫柳龙光曾活跃于沦陷区文坛并担任要职。[①] 晚年梅娘回忆中较少涉及自己身份复杂微妙[②]的丈夫，但在这有限的文字中，柳龙光拥有十分体面的形象：出身高贵，诞于官宦之家；曾就读于北京有名的高校，后赴日本早稻田大学深造；[③]亲党爱国，曾协助中共地下党，结交了一批仁人志士；生活中耻于言利、待人亲和，而梅娘反复强调的，是柳龙光的“政治正确”。面对人们的质疑，梅娘往往表现出不满、委屈之意。[④] 当人们问及柳龙光时，梅娘常以“往事如烟，不说也罢”[⑤]婉拒回答。甚至在自己的女儿柳青面前，她也闭口不提柳龙光。[⑥] 在梅娘笔下，柳龙光是一个略显模式化的英雄，一个宏大然而刻板的形象。有关丈夫的音容笑貌等细节，梅娘只字未提。

细读梅娘50年代的作品，我们会发现，在记录家庭琐事的散文中，丈夫/父亲普遍缺席。文中保持着“单亲家庭”的叙事模式。在4部长篇小说中，其中3位女主都是年轻的寡妇形象，明显有梅娘的影子。“前夫”多为负面形象，常草草几笔带过，不愿多提；而女主们的恋爱对象，即她们“发展中的丈夫”，无一不是“出身”良好、新中国建设事业中的优秀领导。梅娘似乎有意通过女主与理想男性的结合，来补偿现实婚恋中的情感缺失，实践一种女性摆脱旧身份、获得新生的方式。下面以梅娘的小说《母女俩》《春天》和《为了明天》为例进行论证：

《母女俩》作为梅娘50年代“重登”文坛的作品，人物设置和情节都带有明显的过渡色彩。伟霞的丈夫李云甫，是旧社会中劣迹斑斑的资本家。在孤儿院中长大的伟霞被送到李云甫宅中做贵妇，起初将自己的爱情理想寄托在李云甫身上，但终因“第三者”黄明珠的闯入

---

① 柳龙光担任过燕京影片公司协理、《国民杂志》主编、武德报社编辑部长、华北作家协会干事会长等职。

② 尽管柳龙光的身份和经历有许多扑朔迷离处，但关于柳龙光的研究在不断深入。目前北京社科院的张泉老师在《抗战时期的华北文学》中有对柳龙光的专节论述、陈言老师的《柳龙光：置身殖民体制内的家国书写与东亚文化圈想象》《北京沦陷后期的文场政治与文人的身份建构——以柳龙光、周作人的“交往”为中心》等专文论述柳龙光，在陈言老师的《忽值山河改：战时下的文化触变与异质文化中间人的见证叙事(1931—1945)》一书中也有专章论述。吉林大学的蒋蕾老师在华东师范大学刘晓丽教授组织的东亚殖民主义与文学国际学术研讨会(2015年12月28号)上发表了《柳龙光报刊生涯考察》一文，会议论文集《创伤：东亚殖民主义与文学》于2017年2月由上海三联书店出版。

③ 根据日本学者冈田英树所作的调查，柳龙光并未就读于日本早稻田大学，而是赴日后就读于日本东京专修大学经济部。北京社科院的张泉老师在其《抗战时期的华北文学》一书中、日本学者岸阳子在其《论梅娘的短篇小说〈侨民〉》一文中、北京社科院的陈言老师在其《忽值山河改：战时下的文化触变与异质文化中间人的见证叙事(1931—1945)》一书中均引用了这一说法。

④ 文中写道：“柳因为海难辞世，躲过了这些说不清的历史纠葛，陷进去的是我，人家硬说柳并没有死于海难而是去台湾做了国民党的特工……”(梅娘.我与日本[M]//梅娘，著.侯健飞，编.梅娘近作及书简.北京：同心出版社，2005：16.)

⑤ 梅娘.致釜屋修信一通[M]//梅娘，著.侯健飞，编.梅娘近作及书简.北京：同心出版社，2005：256.

⑥ 梅娘.致张泉、林榕信一通[M]//梅娘，著.侯健飞，编.梅娘近作及书简，北京：同心出版社，2005：259.

而心灰意冷。作为受害者的伟霞，逐渐认清了“李云甫对女人就没有作为丈夫的心，他只是一个鬼，把女人青春的汗液吸干了之后，就会把你踢开”①。梅娘在此重拾早年作品中的经典论调，再度将男性比喻为吸食女人青春之鬼。伟霞决定脱离这段不合理的婚姻。新中国的工会领导陈健的出现，为伟霞的婚姻转向和爱情重生埋下了明显的伏笔。读者不难想见，伟霞最终会脱离资本家李云甫，而与党的优秀代表——陈健结合，并以这份爱情为基础，实现自身的蜕变和重生。

在《春天》和《为了明天》中，李绮雯、徐凌云与严伟霞有着相似的经历和选择。对于绮雯的前夫，作者寥寥几笔，仅提到他是“原籍北京学音乐的人”，在“蒋匪帮向东北解放区进攻”时死于炮火②。绮雯来自资产阶级家庭，“父亲是一个抱着‘工业救国’希望的民族资产阶级”③。绮雯曾一度沉湎于“艺术”氛围中，追求“唯美生活”，尽管难忍这种生活的空虚无聊，她仍是因贪恋奢侈享受，没有突破现实的勇气。直至北京解放，绮雯带着女儿和老母亲，投入新中国的工作岗位中，并通过在北满出差，逐渐把自己锻炼成一个近于“农民”的形象。在绮雯逐渐转变的过程中，她认识了同样来农村工作的县长刘强。刘强身材高大，相貌英俊，“有一双非常好看的眼睛”，为人体贴细心。他是工人出身，参加过革命，并在党的培养下，官级递升。作为县长，他有着良好的工作作风，深入农村生活，深得群众的信任和拥戴。刘强唯一的不足是文化水平不高。也正因此，使他常向文化修养高的绮雯请教。小说中，绮雯自见到刘强起，就陷入一种强烈的暗恋状态，作者不厌其烦地描述着女主少女一般的曲折、为恋爱而煎熬的心理。绮雯眼中，屡次出现刘强雨中骑白马这一“白马王子”的理想形象。就在绮雯的相思病发作频仍之时，刘强主动表白，两人的感情一擦即燃，在北海散步路上热烈拥吻，“快为巨大的幸福浸润得窒息了”④。尽管在此，两性爱情的燃烧较有节制，远不如梅娘的早期作品中的描写那般炽热，但考虑到不同的时代环境，上述描写已是大胆的尝试。小说结尾，绮雯对着睡熟的女儿，无限柔情地唱着：“你要有一个好爸爸了！亲爱的小女儿！”⑤《为了明天》中，王以祥是刘强的影子，不同的是，恋爱平台由农村转向了中学校园。在这里，徐凌云因“从前曾经给洋买办作过挂名夫人的一段被残踏玩弄的历史”⑥，又带着两个小女儿，压抑了重寻两性爱情的渴望，但仍遏制不住对王以祥的爱恋。在女主一段段曲折的内心活动后，王以祥主动表白。“一瞬间，徐凌云整个身体像被这火炬点燃了，熊熊地燃烧起来”⑦。小说结尾，王以祥以“准继父”的身份，与徐凌云一道回家，正式与徐凌云的一双女儿见面。

在笔者看来，小说中的爱情故事带有明显的女性自恋色彩，爱情模式饱含少女情结，但“丈夫”形象仍值得细察。前夫以负面形象出现。女主对前夫感情淡漠，甚至是憎恨。耐人寻味的是，“前夫”从李云甫这样的主要角色，渐渐退到小说远处，从寥寥几笔到一笔而过。

① 梅琳.母女俩[N].亦报，1952-5-12.

② 孙翔.春天[N].亦报，1952-8-28.(“孙翔”系梅娘笔名)

③ 孙翔.春天[N].亦报，1952-8-28.(晚年梅娘笔下的父亲，同样是爱国抗日的进步民族资产阶级形象)

④ 孙翔.春天[N].亦报，1952-11-6.

⑤ 孙翔.春天[N].亦报，1952-11-7.

⑥ 高翎.为了明天[N].上海《新民报》晚刊，1953-1-18.(“高翎”系梅娘笔名)

⑦ 高翎.为了明天[N].上海《新民报》晚刊，1953-2-13.

梅娘50年代最后一部小说《什么才是爱情》中，喜春尽管仍有梅娘的影子，但已不是寡妇，“前夫”形象彻底退出梅娘的小说世界。与此相反，新的恋爱对象，渐渐走向小说前方，成为男主：陈健在《母女俩》中，着墨不多，并主要活动于小说末尾。但以陈健为模型的男性形象，在《春天》中丰满起来，并被复制到《为了明天》和《什么才是爱情》中。梅娘精心塑造的完美男主，则无一不为以梅娘为模型的女主倾心。男主一律主动表白，爱情一触即发，并以双方幸福的结合收尾，暗示着女主的“自我改造”顺利完成，并得到了男主的认同。

从以上分析中，我们不难看出，晚年梅娘笔下的柳龙光形象，带有50年代完美男主的痕迹。如果说50年代梅娘散文中丈夫/父亲形象缺席更多是一种单亲家庭的真实写照，而同期小说中的完美男主（出身纯正）的出现则彻底替换、抹杀了前夫（柳龙光，身份复杂）的存在。饶富意味的是，在“反右”及“文革”时期，梅娘对与柳龙光有关的如照片等有形物质加以剪切甚至撕毁。[①] 如果说完美女儿形象蕴含着梅娘对主流话语的“隐忧”，那么完美男主则彰显了梅娘融入主流话语进行自我改造的诉求。晚年梅娘再度步入文坛。与50年代匿名创作不同，梅娘难以彻底将丈夫柳龙光推到文字边缘。在人们的一再“追问”下，她谨慎地展示了柳龙光的几个片面，使之如50年代所塑的男主一般“纯正无瑕”。呈现一个完美的丈夫，恰恰彰显了遗孀梅娘难以道尽的复杂心态。

三、一个沦陷区女作家的复杂性

“完美女儿”及“完美丈夫”的塑造，都委婉吐露了梅娘复杂的心曲。与此异曲同工的是梅娘的文字与口述里耐人寻味的矛盾。

1949年，中国知识分子在新中国成立前夕做出了不同的选择。是随国民党赴台，移居海外，还是留在、回到大陆，这涉及往后的政治身份与政治立场。大多知识分子选择了第三条路。1949年同样是梅娘命运转折的一年，丈夫柳龙光搭乘太平轮遇难，时在台北的梅娘，最终选择回到故土。晚年的梅娘，多次描摹这个艰难时刻的毅然抉择：

> 失去了共同跋涉的丈夫，我一个人的家，将在哪里？能是我儿时那外表雕梁画栋、内盖我虞尔诈的大富之家吗？这比较简单，我这个标致的小寡妇，只要愿意委身给向我提出许诺的任何一位富绅，都不难解决，过起我娘、我大姐那拴在男人裤带上的荣华岁月。
>
> 不能，这完全是我的自我否定！不能。或者，我可以留在台北，以女作家的身份进入官府，和我的同学一起，作为流亡的吉林籍国大代表逍遥下去吗？不能，这从来不是我追求的道路！不能。再或者，我可以接受大阪外国语学院的聘请，去他们学院里教中国文学，以独立女性的姿态出现，不仰赖男人。可是，那是日本人的日本，不是我的祖国。何况被日本人歧视的历史在我记忆犹新。女儿要回的家，更是我要回归的家，只能是我的故土、我的祖国。这缕思乡的柔情，绢丝一样，看似轻柔，却丝丝缕缕地缕缠着

① 陈言.忽值山河改：战时下的文化触变与异质文化中间人的见证叙事(1931—1945)[M].北京：中央编译出版社，2016：298.

我，缠得很紧、很紧、很紧。我27岁的女儿心，按着当时理想青年的走向，回归了共产党领导的祖国。[①]

在列出了几项“诱人”的选择后，失去了丈夫无助的寡母梅娘怀着缠绵的思乡柔情，毅然选择了“回到祖国”——字里行间，充斥着自己始终如一的“政治忠贞”。然而，梅娘在晚年文章中频繁地强调自己“早熟”的“政治觉悟”，这与丁玲晚年一再对50—70年代的政治立场和思想观念不加掩饰地赞颂和拥护，同样给人一种话语异化之感。[②] 同时，反复渲染自己当年“单纯”的爱国拥党情结，又与梅娘对用后来的政治观点评判从前的文学作品的做法之不满构成矛盾。当邢小群向梅娘询问“怎么看待在沦陷区的、有日伪色彩的报刊杂志上发表作品”[③]时梅娘说了一段颇露心曲的话：

……你这样提问题，是用后来的字面知识来套指那段历史时期。那时我们只是二十几岁普通的青年学生，对社会、政治懂得很少，想得十分简单。后来知道共产党主张抗日，很多人去找共产党，但是我们并不认为爱国青年只有这一条路。依我们那时的认识，还认为文学不是政治，文学就是说人间事。我们只是做我们能做的事，并且认为我们参与其中的四十年代的文学也是“五四”新文学的继续。生活是复杂的，历史也是复杂的，是由各种具体的存在组成的。那个时候怎么会有在沦陷区就怎么怎么样，到大后方就怎么怎么样，到解放区又怎么怎么样这种想法？这些政治意识都是以后强加给老百姓的。当时要知道后来是这样看问题，我们也不会有那种选择。人间的事哪能这么简单的评判！[④]

晚年梅娘一边强调“人间事”的复杂、不可简单评判，一边仍以“后来的字面”“政治意识”来修改30、40年代的旧作，塑造出丈夫、父亲等人和自己的“正确”形象，这与其50年代作品里的借“完美女儿”表达的身份忧虑和以“完美丈夫”表达政治诉求的矛盾复杂心态相呼应。这种心态，自然有特定历史大环境的影响，更与梅娘自身错综复杂、错综迷离的经历密切相关：

梅娘的父亲孙志远在经营实业时与日本人、俄国人打交道多年，生母可能是异国人。[⑤]梅娘的出生地是处于中、朝、俄交界的海参崴（符拉迪沃斯托克）。生母早逝的梅娘在长春的大家庭中长大。父亲为其延请了教读经写字的清拔贡秀才、教数学的老教员和教英文的沙俄老太。由此不难看出，梅娘的出身及早期教育经历都充斥着多元的异质因素。

1931年，梅娘入“女权”之风颇盛的吉林女子师范学校，不久即遭遇了“九·一八”事变。

---

① 梅娘.三个二十七的轮回[M]//梅娘，著.张泉，选编.梅娘：怀人与纪事.北京：中央广播电视大学出版社，2014：180.（下画线为笔者所加。）

② 贺桂梅.转折的时代 40—50年代作家研究[M].济南：山东教育出版社，2003：207.

③ 邢小群.人间事哪能这么简单[J]//文史博览.2004(12)：13.

④ 邢小群.人间事哪能这么简单[J]//文史博览.2004(12)：13.（引文下画线为笔者所加。）

⑤ 晚年梅娘回忆，自己曾在父亲床底下看到俄文字条，很可能是生母与父亲热恋时所留。此外，梅娘曾说家中的俄国少女画像与自己小女儿柳荫相像，都有偏黄的发色和偏蓝的眸色。（详参柳青，侯建飞，编.再见梅娘[M].北京：人民文学出版社，2014：278.）

经历了国土沦丧的历史巨变后，她生活于日本炮制的伪满洲国之中。1936年父亲病逝后，梅娘曾在《大同报》工作，出版了《小姐集》，登上了伪满洲国文坛。有经济独立能力的梅娘，毅然告别了大富之家，与柳龙光结婚并赴日本求学，40年代定居北京。夫妇二人活跃于华北沦陷区文坛。显然，梅娘青少年时期生活在故土/沦陷区及"宗主国"/侵略国这般充满矛盾的环境里、在故土失去主权的文化语境里强调女性的主权——这种矛盾也体现在其作品里：民族意识从高昂到弱化。

1945年抗战胜利后，梅娘与被国民党列入文化汉奸名单的丈夫仓皇离开北京，赴彼时国共两党交替进退的长春，却又参与过国民党新六军创办的《第一线》的编辑工作。[①] 1948年，梅娘亲历长春围困战。年底，前往台湾。此间，梅娘在"逃离"与"合作"的若即若离的矛盾态度中行踪多变。这暴露了她此时分裂的心态。

1949年，柳龙光遇难逝世，梅娘由台返沪，又定居、工作于北京。50年代，她一方面在种种政治运动中遭到批判、"改造自我"，一方面又在新中国多份报纸上积极发表作品、融入主流话语。60年代，她成为无固定收入人员，靠体力活、刺绣活和保姆工作等维持生计。"文革"期间反复交代自己及丈夫的"历史"，子女与自己"划清界限"。此间，梅娘从"小姐""贵妇"到"群众中的一员"再到"黑五类"，一面与不同类型的人成为朋友，一面备尝求生之艰，精神上也经历了从政治整肃到儿女背弃与逝世的多重打击。

不难发现，梅娘的"精神杂居"[②]状态与其从小到大都在多民族和多重文化的环境中成长、各种思想和观念冲击、杂陈于其脑中密切相关。可以说，异质、矛盾、变化、分裂，编织并贯穿了她复杂的人生并影响了她的言说。值得一提的是，身为一个机敏顽强的母亲，经历过如此风云变幻的梅娘，因此具备极强的调适能力：自身经历愈是繁复，愈要表达自己改造的愿望，诉说自己对主流话语的理解、支持、融入与赞美。

四、结语

在50年代强大的主流话语之下，有如老舍、巴金笔耕不辍、获得极高声誉者，也有沈从文这样"唯一"的转向历史杂文物研究的游离者，更多的是处在二者之间，一面"斗争"自己的旧作，一面与新的文艺政策磨合的作家，如萧乾、冯至、丁玲，曾作为创作"方向"的赵树理，都成了学界考察解放区作家"转型"情况的典型案例。[③]

相形之下，沦陷区作家在抗战胜利后，或因政治原因锒铛入狱（如杨絮），或隐姓埋名于小城而黯然病逝（如吴瑛），或因地下党身份露面、修改笔名以配合主流意识形态写作但仍因自己的沦陷区经历饱受怀疑（如袁犀，后改用笔名李克异），或选择离开中国大陆，移居港台、国外（如张爱玲）……他们大多淡出传媒视线，继续创作者极少，更难言"抛头露面"。沦陷区作家身份的复杂性一言难尽。他们在新主流话语中处境尴尬，遑论创作。然而，彼时的梅娘

① 农业电影社通讯小组.钻进农业部门的文化汉奸、右派分子孙嘉瑞[N].中国农报，1957(23)：32.

② 陈言.忽值山河改：战时下的文化触变与异质文化中间人的见证叙事(1931—1945)[M].北京：中央编译出版社，2016：301-303.

③ 贺桂梅.转折的时代：40—50年代作家研究[M].济南：山东教育出版社，2003：207.

却努力通过创作与主流话语对话，堪称研究沦陷区作家尤其是女作家的创作生态的宝贵个案。梅娘50年代的作品，无论是在其个人角度下的"当时"语境还原，还是与其前后期创作的对比，或是将其与同时代作家进行对比分析，都是值得学界反复挖掘的重要资源。

Anxiety and Appeal in the "Perfect Family" Image: A Study on the Image of Daughter and Husband in Mei Niang's Works of 1950s

Zhuang Peirong

(Xiamen Experimental High School, Xiamen, 361100)

Abstract: Mei Niang's Memories and personal oral history referred to her husband Liu Longguang and daughter Liu Qing, which correlated with the protagonists in her 1950s' works. The "perfect daughter" and "perfect husband" Mei Niang created has realistic parts. It also implies the author's concern about the "alienation" of mother-daughter relationship and the "transformation" of the relationship between husband and wife in the 1950s, which shows the complex mentality of a female writer who tries to integrate into the new era. Mei Niang's mentality is closely related to her intricate life experience.

Key words: Mei Niang's Works in the 1950s; image of daughter; image of husband; complicated inner world

"村花"随嫁入城之后的困境与突围

——以近几年热播的几部电视剧为例

高艳芝*

内容摘要:本文立足近几年热播的《小麦进城》《北风那个吹》等几部电视剧,揭示70年代后期"知青"返城前后"村花"们遭遇的爱情生活及"随嫁"入城之后经历的人生困境与婚姻爱情危机,从性别立场探讨农村女性在困境中走向新生的艰难历程及她们的成长带给我们的思考。

关键词:"村花";"随嫁";困境;突围

新媒介时代,电视剧创作丰富,受众面广,影响广泛,潜移默化中影响着人们对历史和现实的认识,对婚姻家庭以及两性关系的认识。本文拟以近几年热播的电视剧《小麦进城》《我的父亲母亲》《北风那个吹》《雪花那个飘》《我的二哥二嫂》等为例,[①]探讨特定时代、特定社会文化影响下女性在爱情婚姻家庭等方面遭遇的问题及其成长中带给我们的启示。

一、城乡融合背景下"村花"遭遇爱情

凯特·米利特在《性政治》中谈道:"家庭和大社会之间的合作十分重要,否则,两者都将瓦解。因此,男权制的三个机构——家庭、社会和国家——的命运是相互关联的。"[②]新中国成立之后,我们虽然已经从法律层面确定了男女平等,但在实际生活中,根深蒂固的宗法观念及男权意识依然存在,加之中国计划经济体制下固化的城乡差别,糅合在一起,很长时间里直接影响了中国人对待婚姻家庭的态度与认识。近几年热播的以《小麦进城》为代表的几部电视剧都涉及中国20世纪70年代中后期"村姑"与"落魄"又"重生"男子的爱情婚姻问题。这些村姑,不是普通的村姑。以传统乡土文明的审美观来审视,她们都属于长得好看的"村花"型女子,大多具有良好的个人条件和家庭背景。在知识青年"上山下乡"的政治大背

---

* 高艳芝,女,汉族,河北师范大学文学院副教授,主要研究方向为中国现当代文学,20世纪中国女性文学。

① 《小麦进城》导演姚远,编剧倪学礼,王茜华、罗刚主演。《我的二哥二嫂》导演刘家成,编剧郭中束,郝蕾、于震主演。《北风那个吹》导演安建,编剧高满堂,闫妮、夏雨主演。《雪花那个飘》导演安建,编剧高满堂,潘雨辰、张译主演。《我的父亲母亲》导演刘惠宁,编剧赵冬苓,陈小艺、辛柏青主演。

② 凯特·米利特.性政治[M].宋文伟,译.南京:江苏人民出版社,2000:42.

景下，城乡的青年男女有了接触融合的机会。在农村这块“广阔天地”里，那些来自城市的细皮嫩肉的男青年肩不能挑手不能提，在农村劳动中甚至不如一个农村女子能干。在他们“客场作战”的心灵和肉体经受磨难、百般沮丧的时候，那些“主场作战”又漂亮能干的村姑们的爱情滋润了男人的心田。婚姻给“水土不服”的男人们带来了快乐，善良能干的女人成为不能干的男人的主心骨和定心丸。他们心甘情愿躲在“村花”们母亲般的照拂中，享受苦中有乐的生活。

王小麦(《小麦进城》)是村里数得着的俊姑娘，父亲是村干部，在“知青”们来到村里“接受贫下中农再教育”时，喜欢上了来自大城市的知识青年林木并实心实意爱上了他。他们结了婚并育有一个可爱的女儿；张翠花(《我的父亲母亲》)的父亲是执政多年的村支书，家有6个哥哥，是家里最小的孩子，也是唯一的女孩，是从小被家人宠着护着疼爱着的宝贝疙瘩，也是三喜嫂子口中的模样长相数一数二的女子。在村里人看来，翠花这女子身体健壮，腚大腰圆，是过日子和生儿育女的好手。本来跟老唐家的儿子已经订婚，她却偏偏喜欢上了因为出身不好而回不了城的下乡知青陈志。翠花爱得主动，也表达得主动——她做了一双漂亮的绒花鞋垫送给陈志，几乎是硬塞到陈志手里的。陈志盛情难却刚接过来，翠花告诉他：这是我们这里的习俗，你接受了证明你同意了。她还主动而羞涩地亲了一下陈志的脸颊。翠花回家跟父母说，她要退婚，她喜欢陈志，陈志也喜欢她，还亲了她。她的爱，是真诚的、坦诚的、死心塌地的。哪怕在婚后，翠花也不吝表达自己对丈夫爱意——“陈志，爱死你了”。她用善良和柔情包裹了陈志，使陈志无法坚定地拒绝；刘翠翠(《雪花那个飘》)不仅长得好看，还有文化，是村办小学老师，爱上了下乡知青赵长天。知青们在乡下寂寞的时光里半开玩笑半认真地撮合一对对男女。赵长天也曾把刘翠翠称作他的“媳妇”。在下过大雪的崎岖山路上，步行去考场时的赵长天胃病发作痛苦难行，刘翠翠以柔弱的身躯支撑了赵长天，却使自己累倒以致耽误了考试；李英姿(《我的二哥二嫂》)是公社树立的典型，作为民兵营长和配种员，英姿飒爽，无论工作还是生活都是风风火火、行得端站得直。周武一家下放农村，与李英姿成为房东与房客的关系。他们一起上学，一起劳动。李英姿给予了外来户周武一家很多的关怀帮助，两个人自然而然发展成情侣关系；牛鲜花(《北风那个吹》)，鲜花一样的年龄，鲜花一样的神采，从县武装部主动要求回村任革委会主任，在和知青们工作接触过程中，默默喜欢上了知青帅红兵。她知道帅红兵在知青点与女知青刘青是恋人。但这份埋藏的爱还是随着他们一起参加《白毛女》舞蹈汇演进一步加深，帅红兵为了回城，自编自导了一场与偷盗集体财产的坏分子搏斗并脑部受伤的“苦肉计”，因为对自己下手狠了些导致失忆，牛鲜花这才有更多的机会贴近帅红兵的生活，在爱与崇拜交织的复杂情感作用下悉心尽力照顾他，并顶着压力与他结婚。相比之下，恋人刘青显得薄情寡义，很自私地抛下了帅红兵自己回了城。

这些女子在村民眼中都是百里挑一的“村花”。她们大多淳朴善良，文化水平不高。她们的爱情显然和那个特定时代的特殊政治有关。是知识青年上山下乡的政治时代浪潮使她们得以在“小西沟”“凤凰屯”“刘家堡子”“哨寨”这些不起眼的小村庄遇到这些城市男青年。也因为政治的原因这些根红苗正的村姑有机会走近这些落魄不得志的城市男知青，给了她们同情关爱男知青的机会。这些男知青也正是在落魄和被歧视中才格外容易接纳这些淳朴村姑的帮助与关爱。这样独特的政治环境使他们原本不太可能发生交集的生活发生了交集！这些文化程度不高的乡下姑娘，凭着一份质朴的爱，爱上了一个在她们想来很神秘、生活中很斯文现在又斯文扫地的文化人——下乡知青。那份爱发自内心,朴素而执着。她们想的不是有朝一日跟你进城,跟你去享福。因为社会发展的未来是知青们不可预测的,也是生活在闭塞环境中的"村花"们无法了解的。她们的朴素想法是:就这样与心爱的斯文男人厮守下去,生儿育女,直到终老!"你"不能干农活"我"来干,甚至在生产队里"我"都可以帮着"你"干。"你"爱读书,"我"不爱读书,可"我"喜欢读书的男人,让"你"有空就读书。"我"想成为"你"媳妇,"我"要爱"你"一辈子,照顾"你"一辈子(那些萦绕在她们身边的不爱读书的"村男"让她们觉得粗俗,读书的男人让她们敬重并仰视)。但这份朴素真纯的情感和家庭生活却在中国70年代后期政治形势发生巨变之后发生了令她们猝不及防的变化,再一次印证了政治对两性关系与婚姻家庭的巨大影响!

十年"文革"结束,高考制度恢复,很多人的命运发生了大的转机。普通家庭的"知青"随着知青政策的落实纷纷回城;原来被家长的政治历史问题压得抬不起头来的特殊"知青"也有了扬眉吐气的机会!她们心爱的男人要么回城就业要么回城读大学,这是大家都没有预料到的变化。她们的乡村生活美梦突然间被政治和社会的变化打破了、碾碎了。男人们要回到他们梦寐以求的城市或者大学了。男人们是惊喜的。但"村花"们无私付出的爱面临选择,婚姻爱情也面临巨大考验。面对家人邻居的羡慕、担忧、劝阻,她们毅然决然选择了坚持和追随、坚守爱情、保卫婚姻。

二、城乡对立背景下"村花"随嫁进城之后的困境

20世纪70年代后期,随着"知青"纷纷回城,与知青相关的婚姻爱情受到强烈冲击。《小麦进城》等几部电视剧的背景大多发生在这个急剧变动的背景下。而这些剧作的集中拍摄、热播皆与纪念高考制度恢复40周年有关,也与纪念中国划时代的十一届三中全会胜利召开40周年有关。这些"村花"们的婚姻爱情受到了极大冲击与考验。我们看到了她们最终大多选择了"随嫁"进城。"随嫁"本身就透着辛酸和起点的不平等。因为村花们不是凭自己的能力(比如高考)进入城市。她们是因为有一个要回归城市的男人才"进城"的。她们没有任何心理准备和素质储备,犹如一根野草一枝野花,离开了自己熟悉的环境和土壤,硬生生从原有的生活中剥离,突然进到陌生的城市环境和生活中。她们在乡土文明中生活得越恣意,来到城市越难适应,越容易在被歧视被挤压中逐渐变得枯黄。对于进城,家人有顾虑,村人有议论。但她们执着地为了所爱的人,选择了"进城"。她们还相信着爱情和自己的男人。在乡下,在农村,她们是公主,是凤凰。到了城市,适宜她们生存绽放的土壤环境变了,计划经济体制下巨大的城乡差异和城乡对立使这些村姑的优势急速转变成劣势:户口问题解决不了,工作问题解决不了,居住问题解决不了,还有萦绕在这些男人身边的城市女性也成为她们内心极大的威胁与恐惧。就像李英姿的爷爷这位睿智老人在周武的女同学林郁郁来访后所说的:"在农村,我孙女是一把过日子的能手,谁也比不了!可到了城里,跟那些城里女人比,你就不行了!""村花"们茫然困惑,她们原来所擅长的生活本领几乎用不上,而城市生活所需要的技能条件她们又不具备,这些人由"村花"变成了龙套和陪衬,这是一个巨大的落差。

这种落差一是源于她们自己对城市生活的不适应,一是源于城乡对立机制下城市人对

她们的歧视。张翠花是在订婚而没有结婚、未来公公突然瘫痪需要人照顾的特殊情况下进入城市生活的。曾经是小学教师的未来婆婆一方面感恩翠花的善良及辛苦付出,一方面又很清楚地意识到了翠花和儿子之间的差异,很耐心地引导翠花从刷牙、识字开始学起。翠花过惯了村姑自由自在、勤俭质朴的生活,她不能让屋后的土地白白闲置或者只是种点无用的花草。她从乡下弄来鸡鸭自己喂养,甚至盖上猪圈养猪;她不懂城市生活的规则,不知道如何与邻居相处,在小城已经和婆婆所在学校的邻居老师弄得很不愉快。陈志体谅她迁就她,自愿在大学毕业之后回到翠花熟悉的农村环境去做一名中学老师,但翠花觉得:好容易成为城里人了,怎么又回去?村里那些姐妹们还都羡慕我呢,我不回去。——她自以为成了农村那些姐妹们羡慕的城里人,但实质上她与城市文明格格不入。翠花对陈志有恩,为了支持陈志上大学,不仅主动到城里伺候公公,甚至不辞辛苦跑了几个城市帮公公找证人,还了他一个历史清白。她的善良真诚,一次次感动了未来的公婆和丈夫,但她对城市生活的不适应也是客观存在。丈夫陈志是个懂得感恩的人,他知道没有翠花及她全家人的帮助就没有他的今天,他有时也融化在翠花"爱死你了"的一片真情表白中。但他心里真正爱的是大学女同学叶秀萝。随着丈夫陈志官场职务的升迁,翠花娘家人一件一件麻烦事接踵而至,但陈志觉得很为难或者有违原则的时候,翠花娘家人不理解,口口声声说爱死陈志的翠花也不理解。她觉得关键时候你不向着老丈人家,"那要你这姑爷干啥?"翠花在婆婆去世、失去引领庇护之后,爱情也陷入危机,她一心一意爱着自己的丈夫,但爱的方式不对。她的爱使人难堪、难受,几近窒息!她自己没有能力化解这种爱情婚姻危机,偏听偏信了母亲的"馊主意",结果事与愿违,把丈夫的心推得越来越远,以至于丈夫辞去官职去大学当了一名老师。翠花进城之后虽然也"农转非"了,但她始终是一个附属品,而且一直生活在乡土文化的观念和苑囿中。翠花工作的市委招待所改制之后,她不愿委曲求全就辞职了。辞职后的翠花摆摊卖过菜,卖过水饺。因为不懂城市经营规则,她开始是无照经营,被城管追赶还"暴力"抗法,有了执照又和其他商户产生矛盾冲突。所以,我们会发现,翠花身上有很多根深蒂固的小农意识,比如,她不愿意陈志大学毕业后再回到农村,是因为面子上不好看,并不理解陈志放弃城市生活是为了迁就她;她把娘家人对落魄时的陈志的帮忙,当作陈志升官了就得偏袒照顾娘家哥哥和子侄们的理由;翠花大哥把同村人打成重伤,翠花要求陈志凭着公社书记的官职摆平,而在没有摆平的情况下,她就埋怨陈志不尽心。案件结果是赔了钱又判了刑,陈志的丈母娘甩脸子,翠花也抱着孩子回娘家。翠花口口声声说爱死陈志了,但她的小农意识和农村观念使陈志痛苦不堪,她始终无法真正走进城市生活和陈志的内心,这也注定了翠花在城市生活必然会陷入困境,其成长之路也格外艰难。

王小麦从农村进入城市,从一开始就不被婆婆接纳,先是在进城那天在家乡的火车站被婆婆略施小计误了火车。后来小麦赶到城里,婆婆依旧不接纳。婆婆满脸的嫌弃,满嘴的刻薄话语。住房拥挤,小麦只能带着女儿暂时蜗居阳台。婆婆不让她叫妈,怕邻居知道有这样一个儿媳妇丢人,只让她称呼"杨老师",小麦为了丈夫和女儿全都忍了下来。小麦替坐轮椅的公公端屎端尿,还被婆婆说三道四,直到她风风火火上楼跟欺负婆婆的邻居对抗时,婆婆才开始略微转变对她的歧视与排斥的态度。李英姿和牛鲜花在村里时就属于"干部"型,有能力懂规则,她们身上少有翠花那些乡土局限。她们真诚待人,与人为善,对待爱情、婚姻和家庭比翠花有主见有能力,摆脱了对男人的依附性,显现出某种对生活和婚姻的主导性,但她们进入城市之后依然困难重重步履维艰。牛鲜花泼辣能干,在乡下做村干部时呼风唤雨风光无限。进城之后她在丈夫所在的剧团跑龙套打杂，因为缺乏艺术训练连龙套也跑不好，失去这个工作以后，只能摆摊卖煎饼维持生计。

在这些女性中，作为小学老师的刘翠翠算是唯一的"文化人"，但依然不被男方的家长接纳，因为她是农村人！这种城乡对峙也是中国计划经济的产物。因为农村人被城里人歧视除了文化教养这些方面，最主要一个原因是没有城市户口。没有户口就没有粮户关系也没有工作，难以在城市立足。甚至孩子都要随母亲的农村户口。农村户口因此成为一辈子的包袱和累赘！当刘翠翠赶到城里来看望备战高考的赵长天的时候，赵长天的父母极力反对。后来，甚至翠翠知道怀了赵长天的孩子也不敢告诉他，只能自己咬紧牙关考大学。在上学期间她独自艰难地抚养孩子，承受着生活的压力。刘翠翠的倔强自尊是翠花类女子所不具备的。

在这些"随嫁"入城的村花中，李英姿是一个令人眼前一亮的形象，她既没有翠花身上那种令人讨厌的小农思想狭隘意识，也不像王小麦那样受尽屈辱依然忍辱负重，也不像刘翠翠那样自尊到凡事自己扛，生活得太辛苦以至于把自己累倒累垮。李英姿和牛鲜花一样善良，但比牛鲜花更有主见和能力，自始至终在艰难之中保持着自尊和昂扬的生命态度和爱情态度！她入城之后的困境一方面来自体制之下的城乡对立——李英姿徒有一身的武艺却施展不开拳脚，没有城市户口解决不了工作问题，只能协助丈夫开诊所。诊所被取缔后只能与丈夫一起上街收破烂；一方面来自善玩心计和权术的周家大哥周文的私欲——如果李英姿配合他的政治前程规划回村里搞试点主持包产到户(他知道李英姿有这个能力)，他就给李英姿的丈夫周武解决转正问题。可周武不想再跟李英姿分开，也不想李英姿再次成为可能失败的农村改革的替罪羊，坚决不买大哥的账。于是，周文就不露声色取消了周武的转正机会，甚至提醒单位收回了鲍师傅(周武生父)留给他的公有住房；在亲妹妹周双孩子落户口问题上，李英姿又一次拂逆了大哥周文的如意算盘。于是，周文不露声色地指挥职能部门查封了周武他们赖以谋生的诊所。李英姿夫妻因此只能上街收破烂维持生活。

这些"村花"们除了适应陌生的城市生活之外，还要面临自己男人情感上的犹疑甚至背叛。高考制度恢复之后的大学生，被人们视为天之骄子，作品中的男人们大多经历了情感上的困惑：一边是淳朴善良、爱得执着又对他们有恩的乡下女人，一边是有文化、有格调、有背景的城市女性爱的攻势。小麦的丈夫林木在妻子小麦和大学女同学黄郦之间有过情感的犹疑和游离；翠花的丈夫陈志遵照父母的意愿，感恩翠花的付出，感恩翠花家的帮助，一辈子不会说出离婚，但心中一直爱着大学同学叶秀萝，与翠花闹得不可开交时用分居的方式宣告了他们婚姻的名存实亡；李英姿进入城市之后，没有独立的经济能力，最后两个人上大街收破烂为生。虽然周武没有朝三暮四，但拉得一手好胡琴、喜欢助人又极具女人缘的周武身边总是萦绕着长得美又有气质、有背景的城市女性。在城市女人阮若水、林郁郁、曲慧敏等人面前李英姿显得不自信；牛鲜花是在帅子失忆的情况下开始悉心照料他，不离不弃并与之结婚。可是回城之后，帅子面对曾经的恋人刘青的诱惑，还是有了情感犹疑，在出轨之后因为觉得无法面对牛鲜花，选择与刘青生活在一起，任凭刘青把他俩生的智障儿子送给牛鲜花抚养，从父母妻子女儿们面前消失，把一家老小吃喝拉撒这个烂摊子留给了牛鲜花。在城乡二元对立环境下，男人们选择了逃离，这些女人们在茫然无措中陷入了生活和情感的困境。

三、困境之下的突围与自我成长

“村花”们随嫁之后大多经历了非常艰难的生活困境、情感困境和精神困境，可贵的是她们没有放弃也没有沉沦，而是选择了坚守和坚持，并在坚守和坚持中突围和成长。这种“蜕变”和成长注定是艰难和痛苦的。在这些作品中，编剧们不约而同呈现了一个明显的叙事模式：在空间上是农村—城市；在男女两性关系和爱情婚姻中是女低—男高。剧中的男主人公作为知青或者下放户来到乡下，即使落魄潦倒，在村姑们眼里也是才子。淳朴的村姑们对他们是仰视的。男主人公们越是落魄，越是激发起她们内心的母性情怀。她们承担了恋人、妻子、姐姐甚至母亲的角色。在70年代后期中国社会发生巨变后，特别是在文化被重视、家长的历史问题被澄清之后，知青们获得了“重生”，纷纷回城，上大学，被重用。在他们成为天之骄子之后，母亲与姐姐的角色不再重要，作为爱人或者伴侣的情感需求跃升为首要需求。然而，他们的“村花”妻子们在有气质、有教养、有文化的城市女性面前相形见绌。“村花”们无法适应城市生活，她们被歧视与奚落，她们的职业与爱情失落感倍增。生活中的艰难不可怕，可怕的是她们对婚姻爱情无法掌控的失望和绝望。在被歧视和男人的犹疑背叛中，不甘屈辱和不服输的性格，使她们咬牙开始走自己的路。一次次被伤害之后，她们开始质问：凭什么？“我”能给“你”的都给了，“你”给了“我”什么？当然，这些女人们境界也有明显的高下之分，成长也有快慢之别。翠花型，基本属于被乡村和家庭宠坏的那种，毫无城市生活经验，我行我素，在小城市养鸡、养鸭、种菜、开荒被阻止以后，随丈夫职务的升迁进入大城市后，还试图垒锅灶做饭、搂树叶、换木炭、换砖，和环境格格不入。她爱一个男人，便死死抓住不放，闹到“情敌”单位，闹到丈夫单位，却愚蠢地把男人越推越远。经过长时间的分居，翠花在绝望后决心不再生活在丈夫的光环下。从推车卖菜、卖饺子到经营饺子馆，她的勤劳能干使饺子馆生意红红火火。在这过程中她也遇到了对自己知冷知热的单身男人老唐（被她退婚的小唐），有了事业和经济的支撑，有了相知相伴的老唐，翠花的生活迎来了曙光。相比而言，李英姿、刘翠翠、王小麦、牛鲜花是可以主导自己命运的、有主见的女性类型。王小麦为了养活自己和女儿，先是摆摊，然后在千难万难中经营起自己的裁缝铺。李英姿进城之后辅助周武开诊所，诊所被取缔后他们又一起上街收破烂。和心爱的人在一起吃糠咽菜也心甜。李英姿的可爱还在于自己在困境中却一直帮助和照顾别人。她照顾着名义上的丈夫——瘫痪了的刘大壮，为了周双的孩子能上户口忍痛舍弃了自己未出世的亲生孩子，对周家大哥周文假公济私的名帮暗利用，以及“官迷”兰亭虐待继女的行为看在眼里恨在心头。她在困境中依然保持着善良和美好！

作为“村花”与“城市男”这个女低—男高叙事模式的辅助，每部剧中“村花”身边都有一个痴情的“村男”，每一个男主角身边还有一个或者几个“城市女”，这就构成了其中错综复杂的爱情婚姻纠葛。《我的父亲母亲》中，翠花和陈志身边有“村男”老唐（曾经的小唐）和“城市女”叶秀萝；《我的二哥二嫂》中李英姿和周武身边还有“村男”刘大壮和“城市女”林郁郁、阮若水、王荔。《北风那个吹》中牛鲜花和帅子身边还有“村男”石虎子和“城市女”刘青。《雪花那个飘》中刘翠翠和赵长天身边还有痴情“村男”“曹二哥”和“城市女”初萌。《小麦进城》中王小麦身边还有关注并帮助她的东升，而林木的身边也有一个“城市女”黄鹂。作为“村花”，她们身边一直有仰慕者、追随者，但她们不约而同选择了一条通往理想的艰难的路。她们大胆地爱了，为此虽然付出了很多心血，承受了很多痛苦，但应该无悔，最终她们通过自己的努力走上了不用仰仗男人、仰视男人的自强之路！在这个过程中我们欣喜看到了“村花”们的蜕变与成长，看到了中国女性自我成长的能力和强悍的生命力！自己在剧团龙套跑不成，丈夫又背叛婚姻回到了旧情人身边，没有收入来源的牛鲜花为了养活双胞胎女儿，开始推车卖煎饼，做小生意。即使在艰难困苦中，她依然保持着真诚和善良，帮助性格不合的公婆重新获得了幸福，接纳并抚养丈夫与旧情人生下的弱智儿子，没有向困难低头，没有在困难面前自暴自弃，而是在贵人的帮助下一步步艰难走过来，经营起了公司。她将生意做得很好，但还是被情感冲昏了头脑，非要和刘青的公司硬碰硬，结果损兵折将。意气用事、感情用事是不理智的行为，但在感情用事中我们看到的是牛鲜花对爱情的执着与人性的善良。小麦遇到了种种磨难，在困境中独自抚养女儿。为了解决基本的温饱问题，她吃了很多苦。情感上小麦不仅要面对丈夫的感情犹疑，还要在丈夫毕业分配不顺利而自暴自弃时给丈夫面对挫折的勇气。小麦经营着一家裁缝铺，在工作辛苦之余，还要应对婆婆的举报，丈夫的不理解。但是，经济的独立使她挺直了腰杆，坐得端行得正。小麦以她的善良和吃苦耐劳终于赢得了婆婆一家人的尊重与喜欢。张翠花终于适应了城市生活，办好了常规营业手续，开始经营饺子馆。虽然心里还想着恋着丈夫，但丈夫的态度和儿子的劝慰使她明白，不能再痴情于那个你永远等不到的男人了。不等不靠，只能靠自己！在这过程中她才开始明白爱的真谛，爱一个人不是全身心付出就是爱。“你”的爱过于狭隘会使“你”爱的人越离越远。当然，翠花到最终也不理解的是：我一心一意爱着的这个男人，怎么就暖不热他的心呢！在迷惑之中学会了放手，这对于翠花来说已经是很大的进步与成长了。作为“村姑”，李英姿在生活中、爱情中、婚姻家庭中，善良地、真诚地一次次付出，终于让周武认识到她爱他的心是多么高尚美好。周武能够做到对一切功名利禄和女性诱惑毫不动心，这也是对李英姿最单纯、美好、执着的爱的回应！电视剧以大龄未婚小姑子寻找真爱为引子，引出了令她，也令所有观众神往的二哥二嫂式的爱情——爱的真纯与奉献。最后在一切安排妥当之后，李英姿夫妇双双回到更需要他们、他们也更喜欢的农村。这种回归不是被迫回归，是一种对人生道路的主动选择。在这过程中，李英姿身上体现的是主导自己人生的主体性。

在电视剧中，我们欣喜地看到了这些“村花”们的成长，看到了女性在困境中的成长！几部电视剧中反映的那个时代的婚姻爱情生活随着中国社会政治经济的发展已经成为“故事”，但新的时代依然会有爱情的选择以及各种物质的、情色欲望的诱惑。女性们如何选择婚姻和伴侣，在婚姻中应该担当什么样的角色，在婚姻中如何掌控爱情之舟和命运之舵，仍然是我们应该关注和思考的问题！在此，笔者更欣赏舒婷在《致橡树》中表达的，女人不能是攀援的藤，也不只是泉源、阳光、雨露，而是要努力进取完善自我，要做和橡树并肩站立的木棉！通过这几部电视剧，我们也欣喜地看到了在生活与爱情婚姻中女性其实是有自我成长的能力的。她们被迫放弃了熟悉的生存环境、驾轻就熟的生存技能，但起码还有种种选择的权利。面对爱情和婚姻的危机，面对自己死心塌地爱着的男人以及身边的那些城市女性诱惑，她们不哀求，不委曲求全，依然挺起脊梁面对生活，获得了经济上与精神上的自立自强！这才是“村花”浴火重生为“凤凰女”最好的出路。

The Plight and Breakthrough of "Village flowers" in Rural-urban Marriage: Taking the Popular TV Series in Recent Years As an Example

Gao Yanzhi

(Hebei Normal university, Shijiazhuang, 050024)

Abstract: Based on the hit TV series in recent years, like "Xiao Mai Coming to City" "The North Wind that Blows" and some other series, reveal the life of the "educated youth" in the late 70 s before and after they got married in city with their difficulties in life, love and marriage crisis. From the perspective of gender, this paper discusses the difficult process of rural women entering new life in difficult situation and the thoughts brought to us by their growth.

Key words: "Village flower"; "Along with the marriage"; predicament; break out of an encirclement

福建女性文化研究

Studies of Women's Culture in Fujian

Women/Gender Studies

侧室张慈孺与血衣招魂祭祖仪式考述*

刘　涛**

内容摘要：本文围绕闽南南靖奎洋庄氏大宗祠曾经流传的血衣招魂祭祖仪式，搜集方志、族谱、碑铭、口述史料，在分析文献的基础上进行文本分析，从中发现此祭祖仪式源自庄氏大宗祠建造者庄敬忠侧室张氏。张氏私谥慈孺，既是宗族中兴之祖，又被视为房头斗争的罪魁祸首。此祭祖仪式对九龙江西溪区域社会历史文化变迁产生深远影响。其文化符号——血衣，虽遭后裔焚毁，但仍以历史记忆流传至今。祭祖仪式研究不应忽视边缘女性祖先的作用。本文可为望族侧室研究提供新的路径。

关键词：侧室；祭祖仪式；历史记忆；宗族发展；形象变迁

张氏，其名未详，以私谥“慈孺”相称，漳州府南靖县高畲人，其兄张扬清，奎洋庄氏五世祖庄敬忠的侧室，生三子一女：庄本兴、庄本隆、庄本道、庄尾娘。明正统十三年(1448)，张氏为夫收尸之际，秘密珍藏血衣，长期申冤，终获昭雪，去世前将血衣传给子孙，由此形成血衣招魂祭祖仪式，通过二次葬得与其夫合葬，其神主牌获祀庄氏大宗祠。目前，学术界对南靖奎洋庄氏宗族流传的血衣招魂祭祖仪式已略有述及，但对张慈孺本人未有系统研究。丁向阳《清代漳州宗族祠祭研究——以南靖奎洋庄氏为个案》一文发现庄敬忠在奎洋庄氏大宗祠具有突出的历史地位，避而不谈庄敬忠历史地位形成的历史成因。① 笔者《亦“蜑”亦“畲”：闽南奎洋庄氏族群新探》一文首次针对奎洋庄氏大宗祠曾长期流传血衣招魂祭祖仪式进行研究，从张慈孺的族群身份角度揭示张慈孺与畲民关系密切，却未发现血衣招魂祭祖仪式实则源自张慈孺。②

基于张慈孺与血衣招魂祭祖仪式关系研究，对名门望族边缘女性祖先的文本书写与历史记忆研究具有重要价值，本文将在还原张慈孺应有历史地位的基础上，揭示张慈孺与血衣招魂祭祖仪式之间的关系，探索血衣历史记忆的成因。

* 基金项目：福建省财政厅专项资金项目“闽台同源性民间文化资源的调查与研究”。

** 刘涛，男，汉族，福建龙岩学院闽台客家研究院客座研究员、广东肇庆学院肇庆经济社会与历史文化研究院历史文化研究员，主要研究方向：历史人类学、闽学。

① 丁向阳.清代漳州宗族祠祭研究——以南靖奎洋庄氏为个案[D].漳州：闽南师范大学，2017：31.

② 刘涛.亦“蜑”亦“畲”：闽南奎洋庄氏族群新探[J].三峡论坛，2020(3)：30-35.

一、史料考辨

张慈孺其人相关史料散见族谱、碑铭、口述史料。

(一)族谱

目前所见最早的族谱版本是修于清同治六年(1867)《南靖奎洋上洋庄氏族谱》,据该谱记载:

> 五世祖考遐德庄公,妣元配庄妈邱氏孺人,庶妣慈孺庄妈张氏孺人。公讳敬忠,乳名福,追号遐德。生于明洪武二十四年辛未七月十二日寅时,卒于宣德三年戊辰(申)三月廿六日□时,享寿五(三)十八岁。即日葬于本里野猪坑虎形,坐丑向未。嫡妈邱氏,惟生二女,葬在蔡垅坪顶。庶妈张氏,生三子一女,葬在长汀坝丁癸向,至隆庆四年庚午五月□日墓被洪水冲崩,即迁野猪坑与公并葬,金在左边,追号慈孺。祖祠大宗祠在下龟洋,形曰上水龟,坐丑向未兼癸丁、丁丑、丁未分金,冬至日祭祀。生三子:长本兴公、次本隆公、三本道公,三女:长玉娘,配龚家;次仙娘,配下碇尤达邦;三尾娘,配隐溪张崇规。大宗祠神龛建于万历(嘉靖)十四年乙未,至万历三十一年重修。①

另据民国十一年(1922)上洋庄氏族谱记载:

> 五世敬忠公,讳福,号遐德,生于明洪武廿四年辛未七月十二日寅时,(公五十岁生本隆祖)卒于明正统十三年戊辰三月廿六日辰时,寿五十八。葬本里大庵后野猪坑,名曰猛虎守肉,坐丑向未分金。配□妣邱氏,葬在蔡垅坪大元山,戊辰兼乾巽分金,生二女。又□妣张氏,易名慈孺,高畲张扬清公之妹,原葬在长汀坝,至隆庆四年庚午被洪水冲崩,即迁于祖穴之左。生三子:长本兴、次本隆、三本道,一女。逐年祭墓定于清明前一日。祖考、妣仝。大元山祖妣墓上左侧一穴,谓之斗公墓,未知细详,逐年祭墓随邱氏祖妣。(祖考妣全)②

该谱又云:

> 遐德公行状
>
> 敬忠公,讳福,号遐德。为人素行仁孝,承先人之绪业,守祖宗之遗训,增广土田。故我子孙,鲜有乔迁异邑别属之虑。殆与春秋时,敬仲五世其昌之兆后先吻合。……张

① 庄锡忠.南靖奎洋上洋庄氏族谱[Z].同治六年(1867)重修,复印版,福建省漳州市南靖县奎洋镇上洋村庄先生藏.(按,该谱无页码,以下简称"同治谱")

② 佚名.南靖奎洋上洋庄氏族谱[Z].民国十一年(1922)重修,复印版,福建省漳州市南靖县奎洋镇上洋村庄先生藏.(按,该谱无页码,以下简称"民国谱")

氏生三子：长本隆、次本兴、三本道，一女曰尾娘，配永溪张崇规为妻。不幸遭家不造，被良盛公之子让图占家财，串谋强盗黄万福。公与侄贵霖同时被害。兄敬义夤夜往永溪辜巡检投告，起兵追杀，黄万福至下坝陈潭掩(淹)死。故前之神主有言："公死于非命，冤惨莫伸"之句。此时，妻寡子幼，惨不胜言，深赖舅氏张扬清公为之埋葬。后大宗祠冬祭，另设香案于厅下，致祭张外祖，其以此也。[①]

(二)碑铭

张慈孺夫家南靖下洋因建水库已被淹没，原来村民主体迁徙至店美村。祠庙、碑铭随之搬迁。《大明考云岩逸士庄公、考妣慈阃贞德郑氏墓道》背后的《庄公郑氏墓志铭》显示："庄公本兴，耆老敬忠公之长子也。自幼失怙，张氏母劬劳养育。"[②]

此铭文是张慈孺长子庄本兴之妻郑氏墓志铭，立于"弘治十三年孟夏四月吉日"，即弘治十三年(1500)。墓志铭一般随葬墓中，该墓志铭为后人补刻。

(三)口述史料

笔者调查南靖县奎洋镇店美村庄氏大宗祠所获口述资料：

五世祖庄敬忠与其二叔庄良盛轮流在单双日到鱼梁抓鱼。庄敬忠常常满载而归。良盛见状，提出将抓鱼的时间进行对调。没想到，庄敬忠继续抓到鱼，庄良盛还是未抓到鱼。庄良盛遂气急败坏将敬忠杀害在溪畔。庄敬忠的妻子张氏，实际上是继配，在为庄敬忠收尸时，看到庄敬忠身上沾满血迹，得知其死于非命，遂偷偷将他身上的"血衣"脱下来，更换一件干净的衣服，暗自将"血衣"珍藏起来。庄良盛认为庄敬忠有三子，长大后将报仇雪恨，就雇土匪黄万福前来龟洋欲杀害遐德三子，以斩草除根。庄敬忠长子庄本兴，当时才 11 岁，从狗洞逃出；次子庄本隆，9 岁，躲在米筛不敢动，等人走后，才逃出来；三子庄本道，7 岁，年龄最小，和母亲张氏在一起，则躲在张氏的裙子里，后来逃往县城。庄本兴、庄本隆、庄本道三兄弟后来投靠母舅张扬清在高畲生活。张氏认为庄敬忠死于非命，为此告官申冤，无奈良盛买通官府，一直败诉，最终省城老爷从当时溪畔的一把刻刀上发现刻有"庄良盛"三字，由此真相大白，方才定案。庄敬忠雪冤后，其三子得以认祖归宗。由于庄良盛有八子，庄敬忠只有三子，斗不过他们，所以只能忍着。张氏将珍藏的"血衣"拿出来，传给儿子保管，每年冬至大宗祠祭祖的时候，就会拿出来祭祀。直到民国三十七年，店美的庄达行当南靖县长，下令焚毁。[③]

与旧谱记载相比，口述史料的细节更加丰富，可作为补充。

---

① 佚名.南靖奎洋上洋庄氏族谱[Z].民国十一年(1922)重修，复印版，福建省漳州市南靖县奎洋镇上洋村庄先生藏.(按，该谱无页码，以下简称"民国谱")

② 据笔者 2019 年 11 月 7 日调查福建省漳州市南靖县奎洋镇店美村抄录碑铭。

③ 据笔者 2019 年 11 月 7 日调查福建省漳州市南靖县奎洋镇店美村奎洋庄氏大宗祠笔记。

二、身世考实

(一)侧室

张慈孺身份有两个不同说法。

其一,庶妣、庶妈。同治六年(1867)《南靖奎洋上洋庄氏族谱》记载:"庶妣慈孺庄妈张氏孺人",又作"庶妈张氏"。按张氏之前有"妣元配庄妈邱氏孺人",又作"嫡妈邱氏"。"邱氏"原作"丘氏",清雍正为避孔丘讳改作"邱"。"邱氏"既为明人,应作"丘氏"。从古时"嫡庶之分"来看,既然丘氏为元配,又是"嫡妈",即嫡母,所谓"庶妣"、"庶妈"指张慈孺为侧室。

其二,妻、继配。民国十一年(1922)《南靖奎洋上洋庄氏族谱》记载:"又妣张氏"。张慈孺之前"配妣邱氏"。族谱未说明张慈孺到底是继配还是庶妣,或是侧室扶正填房为继配。族谱云,张慈孺其夫庄敬忠遇害后,"妻寡子幼,惨不胜言,深赖舅氏张扬清公为之埋葬。后大宗祠冬祭,另设香案于厅下,致祭张外祖"。按张慈孺是"张扬清之妹","生三子:长本兴、次本隆、三本道,一女",而丘氏"生二女"。庄敬忠三子均是张氏所生。张扬清对张慈孺三子而言,自然是"舅",此"妻"指张慈孺。在流传至今的庄敬忠与张慈孺后裔的口述史料中,张氏也被称为庄敬忠的继配。

张慈孺到底是侧室还是继配呢?

同治谱早于民国谱,应以较早记载的同治谱记载为是。据此判断,张慈孺实为庄敬忠的侧室。到了民国十一年(1922)张氏被改成模棱两可的"又妣",又写作"妻"。流传至今的口述史料也称之为"妻",承认其是"继配"。

(二)早年事迹

张慈孺生卒年不详,但从其长媳郑氏墓志铭可见:庄本兴"公生于正统二年丁巳六月二十五日亥时",即张氏在正统二年(1437)生长子庄本兴。同治谱记载庄敬忠卒于"宣德三年戊辰(申)"。然而,民国谱又说其卒于"正统十三年戊辰"。到底孰是孰非呢?查宣德三年为戊申,并无戊辰,正统十三年则是戊辰。庄敬忠生于洪武二十四年(1391),若卒于宣德三年(1428),年仅三十八岁;而卒于正统十三年(1448)则享年五十八岁。庄敬忠应卒于正统十三年戊辰,享年五十八岁,这样方符合其长媳郑氏墓志铭所云"耆老"身份。同治谱修订为"戊申"以及享年"三十八岁"均有误。虽然同治谱早于民国谱,仍应以民国谱所载为是。从十月怀胎来看,张慈孺最迟应在正统元年(1436)嫁入庄家。

同治谱记载:庄敬忠"嫡妈邱氏,惟生二女,葬在蔡垅坪顶。庶妈张氏,生三子一女",按庄敬忠"生三子长本兴公、次本隆公、三本道公,三女:长玉娘,配龚家;次仙娘,配下碇尤达邦;三尾娘,配隐溪张崇规",可知张慈孺所生三子是庄本兴、庄本隆、庄本道,庄敬忠三子均是张慈孺所生。该谱虽据庄敬忠生育的子女进行书写,未记载丘氏、张氏分别所生女儿的情况。然而,民国谱却在《遐德公行状》中有明确记载:"张氏生三子:长本隆、次本兴、三本道,一女曰尾娘,配永溪张崇规为妻",由此可知张慈孺所生一女为庄尾娘,是同治谱记载的庄敬忠的第三女。庄尾娘有两位同父异母的姐姐,均是丘氏所生,分别是庄敬忠的长女庄玉娘、次女庄仙娘。庄尾娘在庄敬忠三女中排行最末，故名“尾”字。其夫张崇规是“永溪”人，即同治谱所云“隐溪”人，虽非来自张氏娘家高畲，却与之同姓。张慈孺为壮大实力，有意将其女嫁给张家人。庄敬忠长女庄玉娘、次女庄仙娘实为丘氏所生。正因为丘氏连生两女，未能为庄敬忠生子。受到明代闽南乡村重男轻女观念影响的庄敬忠才纳张慈孺为妾以传宗接代。

庄敬忠遇害后，“即日葬于本里野猪坑虎形”。其元配丘氏“葬在蔡垅坪顶”，侧室张慈孺“葬在长汀坝”。到了“至隆庆四年庚午五月□日墓被洪水冲崩，即迁野猪坑与公并葬，金在左边”。庄敬忠与丘氏、张慈孺分葬三处，由于张慈孺墓在隆庆四年(1570)遭到洪水冲毁，张氏后裔遂将其尸骨迁往野猪坑与其夫合葬。所谓“金”指“捡金”习俗，即“二次葬”。张氏私谥“慈孺”。庄敬忠私谥“遐德”。丘氏无谥号。张氏私谥来自其后裔。丘氏无子，也就未获私谥。

表面上看，顺理成章。但是，民国谱记载：“大元山祖妣墓上左侧一穴，谓之斗公墓，未知细详，逐年祭墓随邱氏祖妣。”按“配妣邱氏，蔡垅坪大元山”。“大元山祖妣”指丘氏。在其墓上左侧有“斗公墓”。从“公”字来看，“斗公”应指男性。既然丘氏仅生二女，“斗公”应非其亲生子。那么，“斗公”是何人呢？民国时已“未知细详”。

张慈孺幼子“本道”。闽南方言与“本斗”相近，因此，“斗公”的原型很可能就是“本道”。“本道”原是丘氏之子，在丘氏去世后，被迫改其母丘氏为张慈孺。丘氏有一子，对张慈孺之子来说有嫡庶之分。“本斗”让出嫡长身份，退居庶三子，有利于张慈孺之子继承家产。但庄本道祠堂在南靖山城，为何在丘氏左侧又有坟墓呢？只有一种可能——“斗公”未按字辈取名，即“庄本斗”。“斗”应为乳名。以乳名相称，反映其早夭。闽南方言“本斗”，与“畚斗”一词谐音。畚斗是装垃圾的器具。“斗公”很可能是闽南乡村所取的“贱名”。至于庄敬忠遇害后，其三子遭到追杀。文献中未提及“斗公”，很可能“斗公”其时已去世。虽然无法得知丘氏生卒时间，但从庄敬忠遇害叙事未提及丘氏，结合丘氏与庄敬忠分葬两处的信息，我们可以判断，丘氏可能早于庄敬忠去世。“斗公”可能也随丘氏而去。

为何张慈孺三子要祭祀丘氏及“斗公”呢？张慈孺是侧室，所生三子为庶出。其后裔为了提高社会身份，增加祭祀丘氏的活动，也不无可能。祭祀“斗公”则出于丘氏的元配地位。丘氏占有一定家产份额，其子“斗公”是丘氏所得家产继承人。祭扫丘氏与“斗公”母子的行为，表明三子有资格继承丘氏及其子“斗公”名下财产，也有利于维护财产完整性。张慈孺后裔不承认“斗公”是丘氏之子，其原因可能在于：如若直书丘氏与“斗公”的母子关系，张慈孺的侧室身份以及张慈孺后裔的庶出身份恐将泄露。此举大不利于张慈孺后裔对庄氏大宗祠的管理。

“斗公”身份问题，关系到张慈孺的家庭地位及其子嗣的财产继承权。“斗公”之死很可能与张慈孺有关。不能排除张慈孺为了财产与嫡庶之分同“斗公”母子产生冲突、庄敬忠二叔庄良盛趁机谋杀庄敬忠并抢夺其财产的可能性。张慈孺对“斗公”身份讳莫如深，采取选择性失忆，这才造成张慈孺后裔对“斗公”其人“未知其详”的情况。

(三)血衣叙事实际的主要人物

血衣是庄敬忠被害时所穿衣服。这一关键符号使学者们大多从庄敬忠与二叔庄良盛之间的叔侄关系，或庄敬忠与庄良盛之子庄敬让之间的从兄弟关系等男性谱系着眼进行研究。庄敬忠后裔根据族谱记载与口述史料，感念庄敬忠妻小不易，张慈孺为夫申冤，源于张慈孺是张敬忠的侧室。“血衣祖”庄敬忠的遗体为张扬清所葬，庄敬忠三子也为张扬清抚养成人，张扬清这一义举则源于张扬清是张慈孺之兄。庄敬忠遇害的叙事文本是以男性为主角，这容易使人忽视了血衣的由来。按血衣由张慈孺所取，私藏起来，传给子孙。血衣自然与张慈孺有关。血衣是否来自庄敬忠，其真实与否由张慈孺决定。张慈孺于是掌握了血衣的话语权。血衣招魂最初由张慈孺完成。血衣招魂成为祭祖仪式也来自张氏。我们不能因为血衣取自庄敬忠，就局限于男性祖先的认识层面，而忽视血衣背后张慈孺应有的历史地位。

奎洋庄氏大宗祠神主牌位图显示：大宗祠供奉有“五世祖考遐德公、五世祖妣邱氏孺人、五世祖妣张氏孺人”。张慈孺虽位居丘氏之后，但从张慈孺侧室身份来看，这样的安排已突破闽南传统乡村社会嫡庶之分、侧室不得获祀大宗祠的惯例。张慈孺之兄张扬清虽未见载庄氏大宗祠神主牌位图，却是庄氏旧谱明确记载的、在庄氏大宗祠获得享有供桌的“外祖”。张扬清有此殊荣，表面上与张扬清念及亲情有关，实则与张慈孺设立的血衣招魂祭祖仪式的流传有很大关系。

张慈孺在庄氏大宗祠的历史地位，除了与血衣叙事所云张慈孺的英勇抗争有关外，主要还与张慈孺将血衣传给其子，使血衣招魂祭祖仪式得以形成有关。

三、血衣招魂祭祖仪式的流变

（一）血衣招魂祭祖仪式由来

血衣招魂祭祖仪式未载庄氏旧谱。虽然血衣在奎洋庄氏恩始祖朱公恩祠，但是从庄敬忠创建庄氏大宗祠、张慈孺将血衣传给其子的行为来看，张慈孺进行血衣招魂最初是在庄氏大宗祠举行，血衣招魂祭祖仪式也应在庄氏大宗祠举行。

庄氏大宗祠祭祖开始的时间存在不同记载。

其一，同治谱记载：“大宗祠神龛建于万历（嘉靖）十四年乙未”，查万历十四年（1586）为丙戌，嘉靖十四年（1535）则是乙未，嘉靖十四年则是对万历十四年的修订。

其二，庄氏大宗祠神主牌位图记载：“大宗祠冬至始设于万历之十年壬午者，五世祖之十世孙也”。庄氏大宗祠冬至祭祖始于万历十年壬午（1582）。此“五世祖”指奎洋庄氏五世祖庄敬忠。“十世孙”则指奎洋庄氏十世孙，即庄敬忠的六世孙。

血衣招魂祭祖仪式产生于何时呢？

张慈孺迁葬事发隆庆四年（1570）五月，同治谱认为是遭遇洪水。然而，查万历元年《漳州府志》所载南靖洪灾：

> 隆庆四年夏六月，飓风大雨，洪水涨发，为害尤甚。[①]

南靖洪灾应发生在“夏六月”，并非“五月”。既然张慈孺具有重要历史地位，旧谱不至于

① 罗青霄.万历元年漳州府志卷二五：南靖县下 · 杂志 · 灾祥[Z]//明代方志选：第3册.台北：台湾学生书局，1965：550.

写错时间，应另有原因。

查阅万历元年《漳州府志》记载隆庆四年(1570)南靖县大事：

> 隆庆四年，南靖县人丁九千八百二十丁，内除优免一千七百七十六丁，实差人丁八千四十四丁，民米一万一千六百二十八石七斗七升五合四勺四抄七撮，每丁石派银七分，该银一千三百七十七两九分四厘二毫八丝一忽二微九织内。①

南靖县在隆庆四年(1570)曾清查境内人口。

根据《龟洋庄家世代居处贯籍异同记》记载：

> 自三郎祖、必文公之初，治属大元、明洪武即位，立籍为南胜县永丰里，宰后改移南靖县应当五甲里役，自必文公而下十代，户籍无异。至万历元年癸酉，知县曾球审本族丁多族大，遂拨长房良茂祖派望宾顶替陈士昭四甲里役，其第二房良盛公(派)、塘后房、垅头房仍旧承当本户五甲里役。盖自是户籍已分矣。至于元、亨、利、贞四催，则合三世而分之名也。本兴公、本道公共当元催(户役)，本隆公长子、次子二房共当亨催户役，本隆公四子、六子共当利催户役，敬义公派下与本隆公五子、七子合为贞催，共当户役。②

万历元年癸酉(1573)，奎洋庄氏户籍经南靖知县曾球审定。

查同治谱记载：

> 三世祖考祖富庄公……生五子：长良茂公、次良盛公(中村)、三良通公(叔祖)、四良显公(塘后)、五良惠公(垅头)。③

"长房良茂祖"指奎洋庄氏三世祖庄祖富长子庄良茂，"第二房良盛公"指庄祖富次子庄良盛，"塘后房"指庄祖富四子庄良显，"垅头房"指庄祖富五子庄良惠。庄良茂顶替四甲陈士昭户籍，改名"望宾"，即"庄望宾"户。庄良盛、庄良显、庄良惠则留在原来的五甲户籍，源于奎洋庄氏二世祖庄必文的"庄必文"户。

所谓"元、亨、利、贞四催"。查阅同治谱记载：

> 六世祖考本隆公，……生七子：长玄泰公、次玄弼公、三玄旺公、四玄玉公、五玄俊公、六玄甫公、七玄珪公。④

---

① 罗青霄.万历元年漳州府志卷二五：南靖县上·赋役志·土贡[Z]//明代方志选：第3册.台北：台湾学生书局，1965：534.

② 庄锡忠.南靖奎洋上洋庄氏族谱[Z].同治六年(1867)重修，复印版，福建省漳州市南靖县奎洋镇上洋村庄先生藏.

③ 庄锡忠.南靖奎洋上洋庄氏族谱[Z].同治六年(1867)重修，复印版，福建省漳州市南靖县奎洋镇上洋村庄先生藏.

④ 庄锡忠.南靖奎洋上洋庄氏族谱[Z].同治六年(1867)重修，复印版，福建省漳州市南靖县奎洋镇上洋村庄先生藏.

该谱又云：

四世祖考良茂庄公，……生三子：长敬义公、次敬忠公、三敬昌公。①

元催，由庄敬忠长子庄本兴、第三子庄本道共同承担户役；亨催，由庄敬忠次子庄本隆的长子庄玄泰、次子庄玄弼共同承担户役；利催，由庄本隆第四子庄玄玉、第六子庄玄甫共同承担户役；贞催，由庄良茂长子庄敬义与庄本隆第五子庄玄俊、第七子庄玄珪共同承担。

元、亨、利、贞四催隶属庄望宾户。除了元、亨、利三催均是庄敬忠子孙外，贞催三股有两股也是庄敬忠子孙。余下一股为庄敬忠兄长庄敬义。在旧谱记载的庄敬忠遇害叙事中，庄敬义曾为之星夜报官永丰巡检司，可见其与庄敬忠关系密切。

表面上看，庄敬忠及其父庄良茂是联结元、亨、利、贞四催的纽带，但是，元、亨、利三催以及贞催的主导权皆在于庄敬忠。庄敬忠才是四催的核心人物。元催由张慈孺长子与幼子后裔承担户役。亨、利两催以及贞催主要部分由张慈孺的次子后裔承担户役。张慈孺也是凝聚元、亨、利、贞四催的关键人物。庄氏大宗祠神主图记载："附位八人"中有"五世伯祖敬义、妣郑氏""五世叔祖敬昌、妣朱氏"。由此可见，庄敬义、庄敬昌在庄氏大宗祠以及奎洋庄氏的历史地位不如庄敬忠，属于从属地位。庄敬忠与张慈孺夫妇实际上是庄氏大宗祠的关键人物。

因此，在隆庆四年(1570)，张慈孺后裔为应对南靖县户籍编审，对徭役赋税进行整合。由于张慈孺是侧室，不利于财产继承，其后裔便声称张慈孺墓遭到当年洪水冲毁，需将其拾骨迁与庄敬忠合葬。张氏后裔希望通过合葬行为，凝聚元、亨、利、贞四催庄敬忠与张慈孺后裔。迁葬张慈孺，为万历元年(1573)奎洋庄氏的户籍编审奠定了基础。血衣招魂祭祖仪式应发生此后的万历十年壬午(1582)。

(二)血衣叙事解读演变

关于庄敬忠遇害一事，庄良盛后裔称：

庄敬忠后裔"血衣"祭祖确有其事，实际上是历史上的无知造成的误会。庄良盛与庄敬忠商量轮流抓鱼。庄良盛雇佣岭头黄万福做长工，负责具体操作。由于庄敬忠脑袋比较灵活，做了手脚，因此不论单双日，庄敬忠都可以抓到鱼。黄万福由于抓不到鱼，遭到庄良盛的批评。一连数次后，黄万福因为受不了主人庄良盛的责备，一气之下，趁夜色就偷拿着主人的刻刀到敬忠家中将其杀死。当时，庄良盛并不知情。后来，官府就按照刻刀上"庄良盛"三字断定是良盛所为。庄良盛非常生气，下令子孙永远不能与岭头黄氏通婚。②

庄良盛后裔对庄敬忠遇害始末进行了不同解读。首先，他们承认庄敬忠后裔存在血衣招魂祭祖仪式。其次，他们声称，黄万福并非庄敬忠后裔所云"强盗"，实为庄良盛雇佣的长

① 庄锡忠.南靖奎洋上洋庄氏族谱[Z].同治六年(1867)重修，复印版，福建省漳州市南靖县奎洋镇上洋村庄先生藏.

② 据笔者2019年11月6日调查福建省漳州市南靖县奎洋镇中村庄先生笔记。

工,只因被主人多次责骂,一气之下将庄敬忠杀死。由于黄万福是长工,所持刀具是其主人庄良盛所有,因此后来官府断案以刀具论处,以为是庄良盛所为,抑或其指使。实际上,黄万福去杀死庄敬忠,庄良盛并不知情。至于旧谱云是庄良盛之子"让"(庄敬让)所为,可能是从庄敬让年轻气盛的举止中做出的想当然的判断。庄良盛的后裔认为,庄敬忠遇害是其在抓鱼中投机取巧,咎由自取的结果,只不过命不该绝。为此,庄良盛后裔与黄万福宗族不通婚。

杀害庄敬忠的凶手为何人,存在庄良盛、庄敬让、黄万福三种说法。无论是庄良盛、庄敬让父子勾结黄万福,还是庄良盛、庄敬让本不知情,从问题的严重程度来看,最初的说法应是庄良盛所为,即叔侄相残说;继而为了强调"同一个字"写的"庄"姓渊源,旧谱又说是庄敬让所为,由此使当事人之间的关系进一步疏远,变成庄敬忠与庄敬让之间的从兄弟相残;最终,杀人凶手又演变成了外姓雇工,与庄姓内部无关,纯属一场误会。庄良盛未能管好长工,属于失职;庄敬忠投机取巧,属于对长辈不敬;双方均有原因。庄良盛后裔认为奎洋庄氏内部斗争是先人见识有限,不懂得珍惜亲情。这实际上是一种从男性角度出发,将房头斗争归咎于家里的女人的修辞话术。在庄姓一家亲的观念下,"外人"张慈孺骑虎难下。血衣也受到重新审视。

(三)血衣招魂祭祖仪式的结束与历史记忆的流传

"解铃还须系铃人"。化解房头矛盾的是凝聚庄敬忠后裔一致对外的血衣招魂祭祖仪式。血衣因此成为众矢之的,连带也影响了最初保管血衣的张氏的地位。

奎洋庄氏血衣由何时何人焚毁有两种说法。

其一,清代庄亨阳说。据南靖上洋村历史上的大姓余姓相传:

> 庄亨阳故里南靖县奎洋镇上洋村原本的大姓余姓后裔说,庄氏祖先相残,有"血衣"一件流传,后来被庄亨阳下令烧掉了。[①]

上洋村目前以庄姓为主。余姓是目前村中仅存的小姓,但历史上却是上洋村的老姓、大姓。庄亨阳是上洋村人。

其二,民国庄达行下令焚毁说。据管理朱公恩祠的庄敬忠后裔说:

> "血衣"并非庄亨阳焚毁,而是庄达行,时任民国南靖县长,说是"冤冤相报何时了",下令在朱公祠太子亭焚毁。"血衣"名字不好听,我们叫它"金衣",遐德公是"金身"。不时会拿出来晾晒,每到大宗祠祭祖的时候,就挂在竹竿上进行招魂。因为遐德公对我们家族有功德,是一个纪念英雄的活动。[②]

血衣到底在何时被焚毁呢?南靖店美流传着长房庄亨阳破了二房风水的传说。此"长房"指庄良茂所在的长房,"二房"则指庄良盛所在的二房。庄亨阳是否参与庄敬忠与庄良盛后裔的房头斗争已无从考据。但庄亨阳为庄望宾户利催成员庄玄甫后裔,而庄玄甫后裔曾

① 据笔者 2019 年 11 月 6 日调查福建省漳州市南靖县奎洋镇上洋村余先生笔记。

② 据笔者 2019 年 11 月 7 日调查福建省漳州市南靖县奎洋镇店美村朱公恩祠笔记。

作为庄敬忠后裔成员同庄良盛后裔进行斗争却是有据可考的。庄亨阳是清代名宦。出于名人效应，庄亨阳宗族声称焚毁血衣一事乃庄亨阳所为，由此出现了庄亨阳宗族所在的庄玄甫房头流传的庄亨阳曾参与庄良盛后裔斗争的传说。既然庄玄甫后裔曾与庄良盛后裔斗争，庄亨阳自然不会将起到凝聚庄敬忠后裔作用的血衣招魂仪式的文化符号——“血衣”焚毁。

焚毁血衣的行为，一般认为应发生在举行血衣招魂祭祖仪式的庄氏大宗祠，实际却发生于朱公恩祠。由于朱公恩祠内设太子亭——奎洋庄氏相传此亭因庄亨阳太子老师的身份而获建，时人误以为焚毁血衣乃庄亨阳所为。

焚毁血衣者应是庄达行。其与庄亨阳同样是庄玄甫后裔。由于庄亨阳是庄玄甫后裔的杰出代表，因此他被误认为是焚毁血衣的下令者。

表面上，庄达行出于宗族团结，在民国末年下令焚毁其宗族明清时期的遗物——血衣。但是，从庄玄甫后裔在清末与庄本兴后裔斗争中落败的事实可以看出，庄玄甫后裔其时已不再拘泥庄敬忠后裔内部的团结。到了民国末年，庄达行开始重新审视对庄敬忠后裔起到凝聚作用的血衣招魂仪式，认为血衣招魂仪式将奎洋庄氏一分为二，导致同族内部长期斗争不断。由此，以庄达行为代表的庄玄甫后裔，将奎洋庄氏的内斗归咎于血衣，提议将血衣焚毁。

血衣遭到焚毁后，血衣招魂祭祖仪式也就无法举办。然而，南靖上洋庄氏后裔却说：

> 庄良盛后裔主要居住在中村，位于上洋与下洋的中间，上洋都是庄敬忠的后裔，每次前往下洋庄氏大宗祠祭祖都要途经中村，大家都会捡起石头往中村人的屋顶扔去。上洋人比中村人多，中村人只能躲在屋子里不敢出来。我在孩童时也曾参与其中。①

庄敬忠次子庄本隆后裔主要居住在上洋村。这一说法，得到了庄良盛后裔的证实。上洋村的孩童丢石头到邻村同姓屋顶的行为，并非一般的嬉戏，而是庄敬忠后裔与庄良盛后裔之间房头斗争的延续。庄敬忠与庄良盛的矛盾虽因捕鱼而起，但是庄敬忠后裔牢记祖先遇害的历史记忆除了与庄敬忠遇害的叙事有关外，还与集体记忆中的血衣招魂祭祖仪式密不可分。血衣虽然早已焚毁，但与之相关的叙事却在庄敬忠后裔间流传；血衣招魂仪式早已无法进行，但是血衣招魂祭祖的历史记忆却延续至今。讲述者均称，由于焚毁血衣的时候，他们年龄太小，本人并未亲见“血衣”，但他们却坚信“血衣”确实存在，声称血衣是祖辈一代代传下来的，只是不知道具体由谁保管。

庄达行此举有加强统治的需要，又与庄达行所在的庄玄甫房头与庄本兴房头之间的恩怨有关，庄达行通过焚毁血衣，使庄本兴后裔无法再通过血衣凝聚庄敬忠后裔壮大实力，实则也是一场庄玄甫后裔与庄本兴后裔之间的房头斗争。

血衣招魂祭祖仪式的形成与流传得益于张慈孺。同治谱披露张慈孺的侧室身份，实则为了强调奎洋庄氏“同姓一家亲”血缘纽带，将历史上的恩怨，转移到侧室张慈孺身上。正因为张慈孺保管着血衣，声称血衣来自庄敬忠，并将血衣流传后世，才形成了凝聚庄敬忠后裔历史记忆的血衣招魂祭祖仪式。在强调奎洋庄氏整体利益之际，“血衣”就成了不利于宗族团结的符号，因此遭到焚毁。张慈孺是侧室，见识有限。血衣招魂属于乡村妇女所为，登不上台面，未能见载旧谱，仅能流传民间。庄敬让后裔在叙事中既直书张慈孺侧室身份，又出

① 据笔者 2019 年 11 月 5 日调查福建省漳州市南靖县奎洋镇上洋村庄先生笔记。

于自身需要，称其为继配，这体现男权主义轻视女性与歧视边缘女性的特点。侧室身份的张慈孺作为奎洋庄氏房头斗争的替罪羊，日益遭到边缘化。张慈孺从一位强忍悲痛挺身而出珍藏其夫血衣的贤妻形象、含辛茹苦抚育幼子的慈母形象、不畏强权积极维护合法权益的巾帼英雄形象，演变成一个固执己见、见识有限的乡村妇女形象、庄敬忠后裔与庄良盛后裔长期斗争的始作俑者，以及奎洋庄氏宗族内部斗争的罪魁祸首。到头来，庄敬忠遇害原来是场误会，张慈孺保留血衣，流传后世，实际上并无必要，却导致其子孙误认为庄敬忠遇害与其二叔庄良盛一家有关，引发庄敬忠与庄良盛后裔长期斗争。

四、结语

综上所述，得出以下三点结论：

第一，张慈孺无论是被尊为中兴宗族的巾帼英雄，抑或被视为房头斗争的始作俑者，其历史地位均不容忽视。她虽非奎洋庄氏女性始祖，却非常关键。血衣从一开始就具有排他性。它引发的庄敬忠后裔与庄良盛后裔之间的房头斗争，实际上是庄敬忠所在的庄望宾户核心房头与庄良盛所在的庄必文户核心房头之间的斗争，是历史发展的必然结果。将房头斗争归咎于张慈孺仍是男权主义作祟。血衣招魂祭祖仪式促进庄敬忠后裔团结，为争取九龙江西溪杉木专营权奠定基础①，有利于九龙江西溪沿岸庄姓单姓村或大姓村的形成。

第二，血衣招魂是庄氏大宗祠重要的祭祖仪式，血衣是其文化符号，无所谓“真伪”。就血衣在历史上产生的凝聚作用来看，它就是“真”的，否则也无法产生凝聚作用。

第三，边缘女性研究应在文献分析的基础上，进行文本分析，从当事人的性别入手重写历史。

A Study of Concubine Zhang Ciru and the Ceremony of Calling the Soul by Bloodstained Garment

Liu Tao

(Longyan University, Longyan, 364012)

Summary: This article revolves around the ancestor worship ceremony of calling the soul by bloodstained garment in the Kuiyang Zhuang Family Ancestral Hall, Nanjing, southern Fujian, and collects local chronicles, genealogy, inscriptions and oral historical materials, and conducts text analysis on the basis of document analysis to discover that the source of this ancestor worship ceremony stems from Zhang, the concubine of Zhuang Jingzhong. Zhang's private posthumous title was Ciru, who was not only the ancestor of the clan's revival, but also regarded as the chief culprit in the home fight. This ancestor

① 刘涛.清代漳州府南靖县晋升楼烟草历史地位考述[J].农业考古，2020(3)：132-134.

worship ceremony had a profound impact on the social, historical and cultural changes in the River Xi area of Jiulongjiang. Its cultural symbol, bloodstained garment, was burned by descendants, but it is still passed down in historical memory. Research on the ancestor worship ceremony should not ignore the role of marginal female ancestors. This article can provide a new path for the study of concubines of prominent families.

Keywords: Concubine; ancestor worship ceremony; historical memory; clan development; image change

明清时期福建地区中下层女性的宗教捐献行为研究*

李周泰 游 澜**

内容摘要：明清时期，世俗化宗教与民间日常生活的融合，极大地提高了福建中下层女性在宗教领域中的活跃度。通过对相关宗教碑铭的搜集、整理与分析，我们发现，明清时期福建中下层女性能够透过宗教捐献行为，参与到由本地男性精英主导的宗教活动中，进而间接地对本社区的公共事务施加一定的影响，并对自身所处社会网络中的身份与地位做出某些尝试性的调整。

关键字：明清；福建；女性；宗教捐献；宗教世俗化

在信仰的世界中，宗教捐献既是一种日常行为，又是一种仪式实践。它联结起物质财富与宗教信仰，是世俗空间与神圣世界的桥梁。受教义、理念、运行模式与文化背景的影响，不同宗教的捐献行为存在着相当大的差异。基督教认为人生来就有罪，需要依靠救世主的救赎，以此获得通往彼岸天国的资格。中世纪的"什一税"表明当时的信徒有将个人财富按固定的比例奉献给上帝的传统。这一理念与习惯或多或少地影响了后世基督徒的宗教捐献动机与方式。与之相异，中国传统社会中的宗教捐献行为似乎更具世俗性。在强调因果报应的佛道教福德观的影响下，信徒有将财富布施给宗教活动场所和宗教教职人员，为自己和家人消除业障、积累福德的观念："寺庙中往往提供各式各样未明确定价收费的神圣性服务，在随喜功德的价值观下，付出金钱的多寡端视信徒们内心如何估算奉献与回报之间的关系。"①添香油钱、认捐寺庙修建费、赠予土地等行为，不仅仅是为来世积累福德，更是对现世幸福的期待。

明代僧人释行如在某桥亭重修碑记中写道："予鸠众姓之布施者有三：上则不住相布施，谓掷江湘而不顾，割身体以乐施，誉之不喜，毁之不退，此固上根出俗者之所为也。次则着我布施，谓金钱之报不爽，笠帽之果昭然，或祈福于将来，或释愆于既往，此固中人执着者之所为也。下则着人布施，谓一饼犹拣细，一饭犹观沙，初非有意于津梁，特营心于世故，此固人情往复者之所为也。夫人住相者不必记也，十之一耳；着我者意亦不在记也，居十之半；着人

* 基金项目：福建省财政厅专项资金项目"闽台同源性民间文化资源的调查与研究"。

** 李周泰，男，汉族，福建省民族与宗教研究所助理研究员，主要研究方向为福建宗教文化。游澜，女，汉族，福建师范大学博士后，主要研究方向为女性主义文学。

① 刘怡宁，瞿海源.尘世的付出，来世的福报——台湾社会中的宗教捐献现象[M]//瞿海源.宗教、术数与社会变迁(卷一).台北：桂冠出版社，2006：133-174.

者特以记,为名者也,比比然矣。”[①]释如行详细地将布施者依据思想境界的高低划分为三类。最上者——“不住相布施”,意为付出不求回报;中间者——“着我布施”,意为寻求非现世的、精神性的或超自然的回报;最下者——“着人布施”,即渴求现实的回报。他认为,处于“着人布施”下层境界的信徒在三类布施者中数量最多。事实上,绝大多数的信仰群体,包括女性群体的布施,都是“着我布施”与“着人布施”、精神性与功利性追求的混合。每一笔的捐献都渴求相应的回报。

作为信仰群体的重要组成部分,在女性信仰群体中,除了少数精英阶层的女性外,鲜有人能对制度性宗教的义理有系统的学习与精深的理解。大多数女性信徒可能曲解了教义,甚至在其中混入了其他宗教思想。但这并不影响她们频繁地、虔诚地向神灵奉献个人财富。每一次的宗教捐献都包含了她们“对从家庭责任到社会渴望的各种各样的关怀”[②]。这些关怀与期待也是由她们所处的社会历史环境推动的。她们的“一切捐赠都在一个精致的社会互动的网络内运行,这个网络在很大程度上决定什么可以接受,什么不可以接受”[③]。每一次的捐赠都不仅仅是简单地与神灵进行一次交换,其中也包含着她们对这一社会网络中女性固有的地位与身份的一次尝试性调整。特别是在宗教世俗化急剧发展的明清时期,宗教对民间日常生活的影响日益显著,中下层女性的宗教行为也必然影响到她在本地社会公共事务中所扮演的角色。

一、明清宗教的世俗化与中下层女性的宗教行为

人生于世,日常生活的言行都不可避免地烙上时代的印记,即便是信仰者与神灵的交流也带有其时代特征。明清时期,作为“制度化宗教”的佛道教虽然在义理发展上趋于平淡,但在与民间信仰合流后,却呈现出新的历史特征。处于融合诸宗、调和儒道阶段中的佛教逐渐形成了“个体性和众生性、日常性和临终性、经典性和通俗化”[④]相结合的特征。同时,神仙信仰动摇、内丹术通俗化的道教也不再超脱。“益人伦,厚风俗”思想开始大行其道。“传统宗教对自己的教义做适应社会需要的解释,在实践方式上进行调整,使之更适应于越来越世俗化的社会生活”[⑤]。

与士大夫阶层“援禅解儒道,以佛言禅意诠儒圣心法”[⑥]的玄谈风气,以及对“虚静之极”的修行状态的追求不同,世俗社会中的普通百姓既无感于精深的义理,也不在意所崇拜的是什么神灵,只要神灵能够保护和庇佑他们,回应他们日常的祈愿即可。宗教的神圣性追求渐趋冷淡,超脱尘俗的彼岸追求开始让位于现实功利的世俗需求。在这一过程中,各地宫庙不

---

① 上海博物馆图书资料室.上海碑刻资料选辑[M].上海:上海人民出版社,1980:61.

② 卜正民.为权力祈祷——佛教与晚明中国士绅社会的形成[M].张华,译.南京:江苏人民出版社,2005:197.

③ 卜正民.为权力祈祷——佛教与晚明中国士绅社会的形成[M].张华,译.南京:江苏人民出版社,2005:227.

④ 赖永海.中国佛教通史(第十二卷)[M].南京:江苏人民出版社,2010:455.

⑤ 本刊编辑部.当今世界宗教发展趋势研讨会综述[J].中国宗教,1997(2):23.

⑥ 赖永海.中国佛教通史(第十二卷)[M].南京:江苏人民出版社,2010:506.

断新建、重修与翻新，逐渐成为本地社会处理公共事务的中心之一。

众多的信仰场所将宗教仪式带入本地民众婚丧嫁娶等习俗活动中。这些融合了宗教因素的民间习俗，因为有违儒家的伦理价值观念，一直是历任官员和士大夫阶层试图以法律的强制力或道德的劝导力去抑止的。宋代朱熹在知漳州期间，曾于一篇移风易俗的劝文中写道，“一劝论遭丧之家及时安葬，不得停葬在家及攒寄寺院。其有日前停寄棺柩灰函，并限一月安葬。切不须斋僧供佛广设威仪，……一劝男女不得以修道为名，私创庵寺，今有如此之人，各仰及时婚嫁。一约束寺院民间不得以礼佛传经为名聚集男女尽夜混杂”[①]。明代成化年间，漳州龙溪县的李氏家族为避免祭拜祖先的神圣之地——祠堂，沦为族人供奉佛道及各类土著神灵的场所，专门在祠堂门记中写道：“慎勿妄开以为淫祠佛老之坊”[②]。

对于部分明清士人而言，宗教向世俗生活的渗透是对儒家伦理价值体系的威胁。对于必须在社会上维持儒家正统身份的士人，以及受到族规、乡约等儒家价值体系影响与制约的中下层男性而言，在与僧道交往，以及参与世俗宗教活动时都不得不有所顾忌。他们在与宗教发生联系时，需要小心翼翼地寻找诸如为母祈福之类合乎儒家道德标准的理由。与之不同的是，传统社会“男主外，女主内”的劳动分工使得女性无须像男性一样，成为儒家伦理价值体系的制订者与维护者。“主内”的职责使她们更多地关注家庭内部的日常事务，这也为其大方地崇道拜佛，向神灵祈求家庭的平安与兴盛提供了合理性。

受生活环境、文化学识、家庭背景等因素限制，在参与宗教活动时，不同阶层的女性有着不同的参与方式。上层女性的宗教行为往往被限制在家庭范围内。优越的经济条件使她们能够邀请僧道到家中讲经，甚至在家中开辟庙观，专门供养僧尼。相比之下，中下层女性则更多涉足家庭之外的宗教活动。明代张萱的《西园闻见录》就曾对中下层女性的宗教活动进行分类：“今田野人家妇女，相聚三二十人，结社讲经，不分晓夜者；有跋涉数千里外，望南海、走东岳祈福者；有朔、望入祠庙烧香者。”[③]聚众结社讲经，远赴名山朝圣、朔望入庙烧香都是明代中下层女性常见的宗教行为。

在某些明清士大夫的眼中，女性成群结队地参与宗教活动、结交僧道、进出宫庙，是对传统礼教“大门不出，二门不迈”的女性人身规范的违逆。他们对这类伤风败俗、有违纲纪伦常的举动尤为忧虑，于是极力夸大问题的严重性，宣扬可能存在的悲剧后果。明人田艺蘅的《留青日札》记载：“今烧香名念佛婆者，人家老妇……皆为师姑、尼姑所引，因而成群倾国，老幼美恶，无不入会。淫僧泼道，拜为干娘，而淫妇泼妻，又拜僧道为师、为父，自称曰弟子，昼夜奸宿淫乐。其丈夫子孙亦有奉佛入伙，不以为耻”[④]。在田艺蘅的笔下，中下层女性的宗教行为极大地冲击了礼教规约下的性别隔离制度，庄严的庙观成了淫僧泼道淫乱闺闱的法外之地。这种对女性超出家庭范围的宗教行为进行丑化、夸大其道德风险的叙事模式在明清的公案小说中也不鲜见。《海公案》中的“僧徒奸妇”、《古今律条公案》中的“蔡府尹断和尚奸妇”等都属此例。这类公案往往着意描述士大夫的明智、僧道的诡诈与女性的迷信、愚蠢与无辜，并通过士大夫对女性的拯救来凸显远离佛道、谨守礼教的儒家道德宗旨。

---

① 光绪漳州府志：卷三十八[M].上海：上海书店出版社，2000：917-918.

② 郑振满，定荷生.福建宗教碑铭汇编(漳州府分册)[M].福州：福建人民出版社，2018：36-37.

③ 张萱.西园闻见录：卷三“阃范”[M].哈佛燕京学社铅印本，杭州：杭州古旧书店复印，1983：24.

④ 田艺蘅.留青日札：卷二七“念佛婆”[M].上海：上海古籍出版社，1985：884-885.

明清中下层女性有违礼教的宗教行为也曾引起官方的注意与警惕。《大明律》载:"若有官及军民之家,纵令妻女于寺观神庙烧香者,笞四十,罪坐夫男。无夫男者罪坐本妇。其寺观神庙住持及守门之人,不为禁止者,与同罪。"①此类规定在清代律令中也同样存在。康熙十二年(1673年)"若军民人等纵令妇女于寺观神庙游犯者,杖七十,枷号一月发落"②。某些高僧大德为了维护佛教形象,基于女体污秽的世俗观念,也曾对出入寺院的女性进行劝诫:"女子,夫朝贵人,念佛家中也得,何得出见僧人!"③

明代李乐的《见闻杂记》有言:"天下大势,崇佛之地多,而妇人女子尤多。"④明清时期,世俗化宗教与民间日常生活的融合,极大地提高了中下层女性在宗教领域中的活跃度。虽然企图限制女性参与宗教活动的道德劝谕、法规律令层出不穷,但此类规约无论在道义上还是实际运作上都收效甚微,并未真正影响到中下层女性逐步成为本地社会主要信仰群体的进程。

明代钱澄之的《建宁风俗纪》就曾描述过福建建宁地区屡禁不止的女性礼佛风潮:"妇年三十以上,朔望群聚念佛,老少丛杂,诵声嘈嘈,则有道媪为之领袖,或导之入寺烧香,虽有司严禁,不能革也。"⑤此类现象在"信巫鬼,重淫祀"的福建地区极为普遍。在深厚的民间信仰传统与明清社会勃兴的世俗欲望的共同推动下,福建中下层女性对世俗化的宗教活动表现出相当的狂热与虔诚,而她们通过捐献财富与神灵进行沟通的信仰行为也日益频繁与常态化。下面我们将以福建地区的宗教碑铭为例,对明清时期福建中下层女性的宗教捐献行为进行分析,以此管窥她们透过宗教行为对本地社会公共事务施加的影响,以及在这一过程中她们对自我性别身份与地位做出的尝试性调整。

二、明清时期福建宗教碑铭中的女性捐献行为

中下层女性是明清宗教活动的重要组成群体,她们活跃于宗教场所中,积极参加各类宗教仪式,甚至成立了专门的女性宗教组织。然而执掌书写权力的士人阶层,出于对女性超出家庭范围的宗教行为的习惯性批判,总是有选择地描述与记录女性参与宗教活动的情况。大部分文献集中于精英阶层的女眷或城市女性身上,中下层女性的宗教行为除了出现在某些对宗教活动持批判态度的文章内,基本不被记录。

这些中下层女性,在没有为官或经商的丈夫/儿子支持的情况下,受制于时代交通水平,很难踏出以居住地为中心的本地社会。她们的宗教活动大多被限制在乡镇乃至村落周边。在此范围内,若无大型宫庙,她们的宗教活动场所只能是那些不载于传统文献的乡村小庙。这些小庙摆放的神灵往往是地域性的,其传播力与影响力有限。小庙中既无文人墨客的题壁诗文,也无传世的寺志。但宫庙中的石碑、墙体、栋梁上,往往存有些许文字,记载了宫庙

① 怀效锋.大明律:卷十一"礼律"[M].沈阳:辽沈书社,1990:87.

② 清会典事例:刑部:卷七六六[M].北京:中华书局,1991:433.

③ 刘侗,于奕正.帝京景物略:卷一"城北内外"[M].北京:故宫出版社,2013:29.

④ 李乐.见闻杂记[M].上海:上海古籍出版社,1986:467.

⑤ 钱澄之.田间文集:卷二六"建宁风俗纪"[M].合肥:黄山书社,1998:503-504.

的兴衰历史、拥有土地财产的情况，抑或是慷慨捐献者的姓名。这些包含了女性捐献者芳名的文字，通常注明了捐献的由来与捐献财物的数量等一系列信息，是我们解读明清中下层女性宗教捐献行为及其文化意涵的密钥。

通过对相关宗教碑文的梳理，我们可以发现，明清时期福建中下层女性的捐献行为中，始终占据主流的是向宫庙直接捐献金钱。道光三年(1823)，漳州凤霞宫重修期间，“信女陈门黄静娘、黄门陈静娘捐银叁员”①。根据《清代道光至宣统间粮价表》②推测，道光三年福建地区的粮价大致在每石一两至一两半之间。信女陈门黄静娘、黄门陈静娘所捐银两基本可以购买二石左右的粮食，大约是一人五六个月左右的口粮，这对于中下层家庭来说，是一笔不小的开支。乾隆三十二年(1767)，诏安县霞隐寺重建碑记提到，“涂门游氏助银二员正。张门葛氏助银一两正。张门江氏助银一两正。林门江氏助银一两正。张门钟氏助银一员正”③。五位女性共慷慨捐献了五两多。在中国传统宗教里，信徒捐献金钱通常讲究随喜结缘，没有具体金额的要求。但在实际的捐献行为中，女性信徒往往会将日常生活中的金钱交易观念带入其中，在潜意识中将捐献金钱的多寡与获得福德的薄厚联系起来。为了表达对神灵的虔诚，她们在进行宗教捐献时，常常会在内心反复斟酌，根据自己的经济状况和其他信徒的捐献情况，捐出大方而合理的数额。

除捐献金钱外，明清时期的福建中下层女性还会以捐献土地的方式来表达自己对神灵的虔敬。透过土地捐献，她们能够供养僧道，为宫庙的日常生活与宗教仪式提供物质支持。在地少人多的福建地区，土地一直是一种稀缺资源。对于中下阶层而言，自耕者可以通过劳作获取一家人赖以生存的食物来源，田底权或田面权的拥有者可以通过收取租税获得经济收益。土地，作为一种长期与稳定的收益来源，是土地拥有者家庭最重要经济资源之一。通常情况下，一个普通家庭不到经济极为困难之时，是不会轻易地将珍贵的土地转卖。同理，土地对于一个宫庙的持续发展也是极为关键的。因此，大多数的僧道都十分赞许信徒捐献土地的行为。道光年间的高僧仪润曾在《百丈丛林清规证义记》中谈道，“施斋田，上施也。护持三宝、宏法利生俱赖是，乃真正福田。盖设斋饭僧，止于一时。若施斋田，延于數世，功德尤大。施地、施荡、施屋，类此可推”④。仪润认为，施舍土地才是最上等的施舍方式，土地的产出或租税可以长期供养僧人。这种捐献行为的效益与功德接连数代，是信徒贯彻佛家福田思想的最好体现。

道光十二年(1832)，漳浦县《碧霞寺缘田碑记》曾提及，“立石人何门赵氏瑱娘，自置苗田壹坵伍担，在大墩下，喜舍定公佛祖，收税纳粮，敬奉香油”⑤。何门赵氏瑱娘将自家土地的田底权捐献给当地的碧霞寺，将土地每年的租税充作寺院的香油之资。这种将珍贵的土地转让给宫庙的行为，通常是女性信徒为答谢神灵实现了自己的某个祈愿而进行的捐献。此外，也有女性信徒出于身后事的考虑，将土地捐献给寺院。漳州岱峰寺《缘田祭田碑记》载：

① 郑振满，定荷生.福建宗教碑铭汇编(漳州府分册)[M].福州：福建人民出版社，2018：384-385.

② 中国社会科学院经济研究所.清代道光至宣统间粮价表[M].桂林：广西师范大学出版社出版，2009.

③ 郑振满，定荷生.福建宗教碑铭汇编(漳州府分册)[M].福州：福建人民出版社，2018：984-985.

④ 僧仪润.百丈丛林清规证义记：住持章卷第五[M].影印版.上海：涵芬楼，1923.

⑤ 郑振满，定荷生.福建宗教碑铭汇编(漳州府分册)[M].福州：福建人民出版社，2018：819.

"岱峰寺住僧道持,有徒名晋山,其母陈氏,性好清洁,终身持斋。单生晋山一子,进入佛门为僧,而陈氏寡守,母子□□□□。晋山早丧,陈氏□□晋山□□□□□□念及靡不心□。于是,敬请庠生江呈碧、林□□□□□□□□潭口苗田弍坵,受种壹斗弍升,供后□陈氏祭□□。本寺徒孙子弟、后来别派承接岱峰寺者,每逢陈氏忌辰及年节之日,各宜谨备菜供,敬祀陈氏□□□,亦不许典卖祭田及诸信士喜舍缘田,如有□□,定行□究。此系公系,勒石以示久远之意云。"[①]碑记中的陈氏守寡多年,潜心向佛,唯一的儿子也出家为僧,并先于陈氏去世。面对死后无子嗣祭祀的情况,陈氏没有遵循当时社会的惯例,从家族中过继某个晚辈来料理自己的身后事,而是选择将土地捐献给儿子的出家地——岱峰寺,以此换取寺院在年节及其忌辰之日对自己的敬祀。这种以捐献换取寺院长期祭祀的方式在福建乡村地区颇为流行。明清时期,虽然宗祠已逐渐成为福建民间宗族社会祭祀先人的主要场所,但是它并不能包罗全部的家族成员,尤其是族中鳏寡孤独一类的弱势群体。相对而言,世俗化的宗教却比宗族组织具有更多的性别包容性——地方性的宫庙需要女性信徒的财物支持,而它们也能够为女性信徒提供祠堂以外的祭祀。在前例中,处于弱势地位的无子寡妇,或因丈夫与儿子的先逝,无法在宗祠中保留名姓、获得被祭祀的权利,但却可以通过捐献土地的行为获得寺院的长期敬奉与死后灵魂的皈依,避免成为无所依附的孤魂野鬼。由此我们可以看到,透过宗教捐献行为,某些中下层女性能够在一定程度上弥补自己在宗族社会中身份缺失,从而间接地调整和影响了自己在本地社会网络中的地位。

除了直接奉上金钱和土地,女性也会根据宫庙的实际需求进行宗教捐献。雍正三年(1725),"厚福张大娘喜造右尊佛一位"[②],捐献给诏安县的龙光庵。雍正十年(1732)"谢门张氏厅石一条"[③],以支持诏安县半径村福星庵的翻建。嘉庆二十四年(1819),漳州南山寺进行佛像重修时,获得了某位女性信徒的捐献:"大三宝佛一身、罗汉十身,汀漳龙道邵门李氏敬妆。"[④]同治十一年(1872)"黄田曾钟氏太捐大栋梁一支、大柱五支、大杆四支、大椅枋十五片"[⑤],用于平和县黄田村附近的万寿堂的重修。无论是捐造宫庙神像,资助神像翻新,还是向宫庙捐献建筑材料,宫庙的需求总能在女性信徒那里获得及时而全面的回应。

明清时期,福建中下层女性的宗教捐献记录频繁见诸各宫庙的碑铭,尤其是在地方性宫庙新建、重建与翻新的碑记中。这些女性进行宗教捐献的时间恰好与中国历史上兴建宫庙最为活跃的时期重合。艾伯哈德考察了福建、浙江、安徽、湖南和广东的地方志中有关佛寺建设的资料,据此推测出中国南方乡村地区的寺院兴建高潮大约出现在明弘治到清康熙年间[⑥]。卜正民认为,这是一股由士绅捐赠引发的巨大建寺浪潮,[⑦]而从上述福建地区的宗教碑记来看,女性信徒对于这股浪潮的推波助澜之力不容忽视,她们的捐献行为不仅是其虔诚

---

① 郑振满,定荷生.福建宗教碑铭汇编(漳州府分册)[M].福州:福建人民出版社,2018:330.

② 郑振满,定荷生.福建宗教碑铭汇编(漳州府分册)[M].福州:福建人民出版社,2018:953.

③ 郑振满,定荷生.福建宗教碑铭汇编(漳州府分册)[M].福州:福建人民出版社,2018:957.

④ 郑振满,定荷生.福建宗教碑铭汇编(漳州府分册)[M].福州:福建人民出版社,2018:359.

⑤ 郑振满,定荷生.福建宗教碑铭汇编(漳州府分册)[M].福州:福建人民出版社,2018:1574-1575.

⑥ WOLFRAM EBERHARD. Temple-Building Activities in Medieval and Modern China[J] Monumenta Serica, 1964(23): 264-318.

⑦ 卜正民.为权力祈祷——佛教与晚明中国士绅社会的形成[M].张华,译.南京:江苏人民出版社,2005:193—194.

品行的表现，也在一定程度上反映了彼时中下层女性参与地方社会宗教公共事务的积极性与主动性。

三、明清时期福建中下层女性宗教捐献的意义

宗教捐献行为不仅仅是中下层女性向神灵传达其虔敬之心的途径，更是对其自身财富状况的考验。无论捐献的是何种物质财富，也不论捐献的数量多寡，都会涉及女性对财产的处分权力。在传统社会，财产的权属在家族成员与非家族成员、家庭成员与非家庭成员、丈夫与妻子、父母与子女之间通常会有较为明确的界定。要进行宗教捐献，女性需要有为家人、族人认可的财产所有权与处分权。上层女性不必直接参与劳作，其生活来源更多地依赖男性。她们祭拜神灵、捐献财物的行为更容易受到家中男性的干涉，毕竟她们“不可能不经男性亲属的允许而成为一个施主，因为妇女处置财产的权利受到男性的限制。在一个妇女能控制的唯一财富只是他们婚姻中的陪嫁带来的嫁妆财产时，她要作出大的捐赠而不侵犯男性的财产权是不可能的”。① 上层女性尽管衣食无忧，但在宗教捐献方面的自主性却受到诸多限制。

在明清时期的福建地区，迫于生计压力，中下层社会的劳动分工很难完全遵从传统礼教“男主外女主内”或“男耕女织”的设定。中下层女性通常也是家庭中的重要劳动力。她们常常需要走出家门，参与到日常的农耕或经商活动中，为家庭增加收入。如明代泉州地区就有“妇人芒屩负担，与男子杂作”②的传统。在涉及家中财富支配问题时，亲身参与劳作的中下层女性往往比大家闺秀们拥有更多的话语权。清嘉庆十六年(1811)，屏南县巴地村“蓝门张氏同男登锦承父手阄分已分有古园一口，……其圆自卖之后，且氏、男向后不得言及尽赎情由，任发永远管业。……立卖契：蓝门张氏(画押)……亲立同男登锦(画押)”③。蓝门张氏主导了这次园地断卖，将亡夫分家之时得到的古园卖于本房侄子。其子蓝登锦年幼尚不知事，并没有真正参与其中，只是作为见证人出现在契约文书中。另，清光绪十九年(1893)，宁德陈门黄氏立契将山场卖断给外姓人。契约云：“陈门黄氏原夫祖元咏公有山场二号。……今因乏用，即将此山二份山场之额托中送找尽于钟林求派下边永久为业。三面言议估值得出找尽断契价银二两二钱五分正，每两折制铜钱二千文算，其钱即日氏同中、见亲手收讫。……立找尽断山契：陈门黄氏(画押)……”④黄氏变卖的山林是其丈夫的遗产。因为生活拮据，她不得不将其出售予族外之人。在变卖过程中，黄氏作为画押人，主导了此次山林交易。蓝门张氏和陈门黄氏能够独立地卖出家中产业，似乎与她们的寡妇身份有关。但即便免除了亡夫与幼子在财产问题上的权力分割，在家族组织盛行的明清福建地区，她们也必须排除

① 卜正民.为权力祈祷——佛教与晚明中国士绅社会的形成[M].张华，译.南京：江苏人民出版社，2005：200.

② 何乔远.闽书[M].福州：福建人民出版社，1994：942.

③ 福建省少数民族古籍丛书编委会.福建省少数民族古籍丛书·畲族卷——文书契约(上)[M].福州：海风出版社，2012：308.

④ 福建省少数民族古籍丛书编委会.福建省少数民族古籍丛书·畲族卷——文书契约(下)[M].福州：海风出版社，2002：147-148.

丈夫族中其他男性的干预，才能自主地完成交易。上述由女性独立签署的契约文书表明，在特定条件下，明清福建中下层女性是能够自由地进行财产交易的，在支配财物方面她们也能获得一定的自主权。

明清社会，男性虽然掌握了宫庙、祠堂等公共空间，也控制了这些空间内的文献书写，却无法阻止中下层女性通过宗教捐献行为参与到本地的宫庙事务中。对于部分中下层女性而言，相对自主的财产支配权为其宗教捐献行为提供了一定的便利。她们可以用相对独立的身份参与到由男性主导的宗教事务中——虽然通常情况下，女性的名字会被冠以夫家姓氏，以"某门某氏"的形式出现在碑文中。《重兴三平寺中殿牌记》记载，乾隆四十二年(1777)，漳州平和县重修三平寺中殿，为此"乾清门行走、一等海澄功、提督福建全省水师等处地方军务、统辖台澎水陆官兵事务黄讳仕简捐俸……信士黄松官、信奶黄门吴氏、舍人□等各捐银陆大员。……信士杨国柱各捐银伍大员。……信女林门欧氏、乐善堂会内等各捐银肆大员……"①《重兴三平寺中殿牌记》中记录的捐献者，有当时的朝廷高官，有作为官员候选人的举子，有当地的男性平民，也有二十多个被冠以"信女"称号的中下层女性。她们的姓名没有被雕刻在男性捐献名录之后，而是根据捐献金额的大小，与男性姓名混杂地雕刻在一起。在此例中，平和县的中下层女性确实透过宗教捐献行为无意中获得了某种形式上的性别平等。

道光元年(1821)，泉州同安县龙华堂重修，"信女谢□孃捐银三十元。谢金孃捐银六大元、谢孟孃、谢绸孃、谢丝孃、谢强孃，以上俱捐银四元。谢刘孃、谢玉孃、谢素孃、谢看孃、谢垂孃、谢还孃，以上俱捐银二元"②。道光十二年(1832)，漳州灵应宫重修，"……施祖北、施飘风，郭门施益娘、施攀娘，郭门施顺娘、黄门施栅[illegible]娘、郑门施团娘，以上各捐银肆员。施祖应捐银叁员。……施新禧、陈门施修娘、施嘉参、施祖贺……以上各捐银弍员"③。在上述碑文中，女性捐献者的姓名不再以具有夫权依附性的"某门某氏"形式出现。她们的姓名被完整地镌刻在石碑上。这或许代表了她们不是以某位男性的妻子或遗孀的身份，而是以一名信徒的身份独立参与了宗教捐献。碑文中完整的女性姓名，以及两性姓名在捐献名录中混杂的排列方式，都间接地表明了宗教活动可能是明清时期福建中下层女性能够以较平等的姿态与男性共同参与的本地公共事务之一，而她们也能够通过宗教捐献行为对自身的性别身份与地位进行形式上的调整。

明清时期福建中下层女性的宗教活动不仅限于上述例子中的民间宗教场所，通过宗教捐献行为，部分中下层女性也成功进入了更具地方影响力、性别等级秩序更为森严的官方祭祀场所。漳州平和县城隍庙于清嘉庆五年(1800)年开始募资重建，据庙中碑刻记载，"庚申冬，三韩张君毓龄属篆斯邑，与邑尉史君积章谋所以新之，遂捐俸为之倡；而与邑之绅士衿耆择令董率，则有校尉朱舜雅、监生石兆麟、监生曾藩、监生蓝应瑞等踊跃乐将，不数月间已募有成数。……朱门叶氏、石门曾氏，以上各捐银陆员。……朱门张氏、林门张氏，以上各捐银肆员"④。我们可以看到，在众多掌握着地方公共事务话语权的男性捐赠人中赫然出现了四位女性的身影。她们捐献的对象是历代官方都极为重视的城隍庙。

① 郑振满，定荷生.福建宗教碑铭汇编(漳州府分册)[M].福州：福建人民出版社，2018：1532-1534.

② 郑振满，定荷生.福建宗教碑铭汇编(泉州府分册)[M].福州：福建人民出版社，2003：1152.

③ 郑振满，定荷生.福建宗教碑铭汇编(漳州府分册)[M].福州：福建人民出版社，2003：422-423.

④ 郑振满，定荷生.福建宗教碑铭汇编(漳州府分册)[M].福州：福建人民出版社，2003：1541-1542.

“将城隍神立祠祭祀，可以追溯到汉魏时代。唐代以后各郡府州县均立祠奉祀城隍，祈保地方平安。”[①]明清时期，城隍祭祀是国家祭祀体系中不可或缺的部分。根据相关律令规定，城隍庙必须由官方出资雇佣工匠进行修建与维护。然而，随着地方政府财政收入的萎缩，城隍庙的重建与修葺不得不更多地依赖士绅阶层的支持。嘉庆年间，在平和县官员的牵头下，当地的士绅乡贤踊跃捐资，在很短的时间内就募集了大量资金。乐施者的身份是诸如官吏、进士、举人、监生、贡生、生员等地方社会精英。这些男性社会精英在组织和参与此次捐献活动的同时，也向本地社会重申和强调了自己的圈层属性，进一步提升了个人声望。通常情况下，这类圈层是不会向女性开放的。无论出于何种原因，朱门叶氏、石门曾氏等四位女性能够加入此次地方精英的“盛会”，参与到修建城隍庙这一重大地方公共事务中，并使自己的芳名出现在男性精英主导的捐赠名录上，至少表明了在当地的宗教捐献活动中，性别等级秩序的严苛性被相对弱化了。借此，中下层女性也能够间接地对本社区的公共事务施加一定的影响。

“每个寺庙都代表着社会组织，甚至经常是整个社区集体的努力。寺院和宗教在人们的心目中一定是非常重要的象征，才能够让人们分担兴建时如此巨大的财政和人力资源方面等压力”[②]。通常情况下，土地收入和香火钱只能支撑宫庙的日常运转。一旦遇到重建庙宇、修葺旧殿、举办大型宗教仪式等耗资巨大的活动，宫庙就不得不主动向信徒们募捐。在一次次的捐献活动中，宫庙事实上已经成为本地信徒们的集体财产，成为当地一处兼具宗教性与公共事务性的场所。明清时期，福建民众普遍聚族而居。某个村落或相邻的若干村子往往属于某个同姓大家族。在这些地区，“整个社区集体的努力”其实就等同于某姓家族内部“集体的努力”。从最初的兴建到日常的维护，村落中的宫庙所需的人员和资金，往往是由家族成员提供。这些宫庙自然也就成了家族的共同财产。

然而，并不是所有的信徒都能参与到家族内部“集体的努力”中。“在明清福建各地的合同式家族中，一般都只允许投资者参加有关祭祖活动和管理祭祖设施”[③]。财力与劳动力的匮乏，使得某些族人无法参与当地公共事业的建设，这会让他们逐渐减少乃至丧失对公共设施的支配权力。缺席者会被排除在公共事务的决策圈外，并进一步被生活社区边缘化。因此，中下层女性们积极参与本地的宗教捐献与其他宗教活动，能够在一定程度上确保自身在社区公共生活中不被边缘化。同时，宗教捐献不仅起到沟通神灵的作用，它还可能潜移默化地提升女性捐献者们在管理和处置宗教公共设施方面的影响力。宫庙的神圣性和公共性有利于将这种影响力延伸到宗教场所之外，进而提升中下层女性在其他本地公共事务中的存在感与话语权，为女性在当地社区争取更大的活动空间，甚至可能“为她们在家乡邻里间树立影响及权威提供了机会”。[④]

---

① 严明.佛道世俗化与江南民间信仰之关系——以明清时期江南观音、城隍习俗为中心[J].学术界.2010(7):28-34.

② 杨庆堃.中国社会中的宗教[M].成都:四川人民出版社,2016:13-14.

③ 郑振满.明清福建家族组织与社会变迁[M].北京:中国人民大学出版社,2009:183.

④ BRIAN R. Dott, Identity Reflections: Pilgrimages to Mount Tai in Late Imperial China[M]. London: Harvard University Asia Center, 2004:148-149.

四、结论

明清时期，在数量庞大的信仰群体的捐献热潮推动下，祭祀各类神灵的宫庙在福建地区迅速兴建。急剧世俗化的佛道教与本地民间信仰融合，并借助众多的宫庙场所，将有关生老病死、婚丧嫁娶的宗教观念和仪式带入了普通人的日常生活。作为本地宗教信仰群体的重要组成部分，福建中下层女性以极大的热情投身到宗教信仰活动中。生活的烦恼和不幸将她们推入宫庙。“内外有别”的性别秩序制约了她们在社会中所能扮演的角色。无力改变现状的她们只能向万能的神灵祈求现实的帮助和来世的幸福。作为一种“公平的交易”，怀有虔诚之心的中下层女性通常会以捐献金钱、土地和其他财物的方式向回应自己祈愿的神灵表示感激。这些奉献之物，一般用于维持宫庙的日常宗教活动，或场所的兴建与修缮。在明清时期的福建地区，供奉神灵的宫庙不只是信仰活动的空间，也是商讨社会公共事务和解决社会矛盾的重要场所。通过宗教捐献行为，中下层女性使自己的芳名得以与男性一起被镌刻进这些宫庙的功德碑中。借此，她们或许能够在森严的性别等级秩序中寻找到某些制度缝隙，进入由男性精英主导的仪式性场合，获得参与本地公共事务的机会，进而调整自己在地方社会网络中的身份与地位。

Research on Religious Donations of Middle-and Lower-class Women in Fujian During Ming and Qing Dynasties

Li Zhoutai You Lan

(Fujian Provincial Research Institute of Ethnic and Religious, Fuzhou, 350001)

Abstract: During the Ming and Qing Dynasties, the integration of secularized religion and the common people's daily life greatly enhanced the middle-and lower-class women's positivity of religious behaviors in Fujian province. Through collecting, sorting and analyzing the relevant religious inscriptions, we found that during the Ming and Qing dynasties, by donating to the local temples, middle-and lower-class women in Fujian could join in religious activities dominated by local male elites, and thus exert indirect influences on the community public affairs, and try to adjust their identity and status in the local social network.

Key words: the Ming and Qing dynasties; Fujian; women; religious donations; secularization of religions

福建民间女神信仰的“驱疫”叙事*

徐玮辰**

内容摘要：在瘟疫频发的古代福建，瘟神/药神崇拜是民间信仰的重要内容，这和中国南方地区“信巫不信医”的民间风俗息息相关。然而，除了以瘟神五帝、瘟神王爷、男巫、僧人、道士为代表的男性驱疫神之外，女性神明如妈祖、临水夫人及其陪祀神、吴圣天妃、太姥娘娘、马氏真仙、惠利夫人等也都表现出驱瘟逐疫的神迹。事实上，大量有关福建女神驱疫职能的民俗叙事散落于地方史志和民间传说中，这些民俗叙事或将本土巫觋文化融合北方中医文化，或利用道教仙术，或结合道德教化等方式展开瘟疫疗救，对福建民间社会起到精神抚慰、惩恶扬善的现实作用。

关键词：信巫不信医；福建女神；驱瘟逐疫；民俗叙事

自古以来，中国南方地区就因闭塞复杂的地理条件闻名于世，这里的先民们在恶劣的自然环境中，时刻面临着毒蛇猛兽的侵袭，洪涝、海难、瘟疫等灾难记载不绝于史。尤其是当瘟疫一旦产生，其传播速度迅猛，防疫无措，对民间社会而言，可谓“灭顶之灾”。林汀水搜集整理了明清时期地方志记载的福建瘟疫事实，涉及至少124个年份，52个县市之疫情，足见其时的福建，瘟疫分布之广、危害之重。① 目前学界对于瘟神、药神的研究主要集中于男性神灵。例如在瘟神研究方面，王振忠分析了福州“五帝”信仰的演变过程、行傩仪式的本土化和区域地理背景。② 徐晓望回顾了汉至清代闽台民众如何由瘟鬼害人观向瘟神崇拜转化的过程。③ 台湾学者刘枝万论述了瘟神王爷信仰发展的六个阶段、瘟神庙在台湾的传播情况及建庙的宗教心理和台南瘟醮祭典仪式研究。④ 姜守诚梳理了“祀瘟神”“送瘟船”两大祭送瘟神习俗对明清时期闽台地区“王醮”科仪及“送王船”习俗的深远影响。⑤ 有关药神的研究，林国平分析了福建民间男巫、僧尼道士因精通巫术治病而被百姓奉为医药神。⑥ 高熔以保

---

* 基金项目：福建省财政厅专项资金项目“闽台同源性民间文化资源的调查与研究”。

** 徐玮辰，女，汉族，厦门大学人文学院硕士研究生，主要研究方向为中国现当代文学。

① 林汀水.明清福建的疫疠[J].中国社会经济史研究，2005(01)：46-59.

② 王振忠.历史自然灾害与民间信仰——以近600年来福州瘟神“五帝”信仰为例[J].复旦学报(社会科学版)，1996(02)：77-82.

③ 徐晓望.略论闽台瘟神信仰起源的若干问题[J].世界宗教研究，1997(02)：120-128.

④ 刘枝万.台湾之瘟神信仰、台湾之瘟神庙、台南县西港乡瘟醮祭典[M]//刘枝万.台湾民间信仰论集.台北：联经出版事业公司，1983：225-400.

⑤ 姜守诚.“祀瘟神”与“送瘟船”——中国古代瘟疫醮之缘起[J].汉学研究集刊，2010(11).

⑥ 林国平.闽台民间信仰的由来及发展[J].台湾研究，2002(02)：88-96.

生大帝、临水夫人等神灵为代表，论述闽台医药神的亲缘性。①

上述研究表明，男性神灵在闽台民间社会中似乎更具有驱瘟逐疫的神职优势。一方面，瘟神五帝和瘟神王爷更符合瘟鬼到瘟神的转化过程，或直接为天帝收服，成为其陪祀之神；另一方面，古代承担疾病救治的医生多为男性，因他们医术高超、妙手回春，被民间尊奉为药神，如保生大帝等。然而事实上，福建民间社会还塑造了一系列慈爱无私、母亲般的女性神灵，拥有转危为安的神力，成为广大民众依靠、求援的对象。这些女性神明也都表现出了驱瘟逐疫的神职功能，并不比男性神明逊色多少。因此，本文力图在对福建地方史志考证辨析的基础上，兼及相关的民间传说故事，结合部分女神驱疫信俗的田野调查，对福建女神的驱瘟逐疫神职功能及其形成的历史原因，做进一步探讨。

一、福建瘟疫回顾与民间“信巫不信医”传统

古时南方瘟病频发，主要和多山、多植被、潮热闭塞的地理环境有关。唐人刘恂所撰《岭表录异》记载了时下岭南地区瘴气之毒的形成过程，可作为南方自然环境对诱发瘟病的影响依据，文载：“岭表或见物自空而下，始如弹丸，渐如车轮，遂四散。人中之即病，谓之瘴母。岭表山川，盘郁结聚，不易疏泄，故多岚雾作瘴。人感之多病，腹胀成蛊。俗传有萃百虫为蛊，以毒人。盖湿热之地，毒虫生之，非第岭表之家性惨害也。”②

有关福建地区“瘴疠”的记载，多见于地方志。明嘉靖《宁德县志》展示了宁德地区雨季多瘴的现象，言：“六月多风雨，水满荒城不可行，暑青虫蛇生瘴疠。”③清嘉庆《福鼎县志》言：“秋初飓风时发，暑雨淫霖，乍晴复雨，溪流泛涨，山岚海瘴，尤盛于夏秋之交，秋热更烈，雨复暴寒，湿热熏蒸，人多疟痢，霜降稍觉清凉。”④清道光《福建通志·风俗志》“福州府”中引用多首文人瘴疠诗，以论福建气候。⑤ 据徐晓望分析，“瘴”是弥漫于南方潮湿山地的有毒空气，也即山区冷雾，人遭受冷雾会生发疾病。“疠”即皮肤病，在福建潮湿闷热的气候里，流行着各种皮肤病。⑥ 总之，福建先民深受瘴疠之苦。

然而，“在北方人看来，一个人生病是体内循环失调，必需吃药调理，恢复平衡。而在南方人看来，生病是由于鬼神降罪于人”⑦。古代闽人认为，疾病要想得到缓解和治疗，必须先求得神灵谅解，其中沟通神灵与人类的中间环节正是巫师，而兼及通灵与医术的巫师即为巫医。王逸在《广雅疏证》中对“医”字注疏，证明了古代“巫医不分”的风俗习惯，言：“医即巫也，巫与医皆所以除疾，故医字或从巫作毉。”⑧与北方的中医理疗不同，福建民间普遍存在

① 高熔.闽台的医药之神信仰[J].福建中医学院学报，2004(03)：40-44.

② 刘询.岭表录异上[M].广州：广东人民出版社，1983：8.

③ 闵文振纂修，陈褒点校.宁德县志：卷二[M].明嘉靖十七年版.政协宁德市蕉城区委员会，2013：99.

④ 谭抡纂修.福鼎县志：卷一[M].福建省福鼎县地方志编纂委员会总纂，1989：2.

⑤ 陈寿祺等撰.福建通志：卷五五[M].清同治十年重刊本.台北：华文书局股份有限公司，1968：1125、1189.

⑥ 徐晓望.福建通史：第2卷[M].福州：福建人民出版社，2006：293.

⑦ 徐晓望.福建民间信仰源流[M].福州：福建教育出版社，1993：244.

⑧ 王念孙著，钟宇讯点校.广雅疏证：卷四下[M].中华书局影印.北京：中华书局出版社，1983：126.

“信巫不信医”的风尚。宋人蔡襄述及闽地求神问病，靡然成风的传统，言：“闽俗左医右巫，疾家依巫索祟，而过医之门十才二三。”[①]明崇祯冯梦龙所撰《寿宁待志》亦记载寿宁情状，言：“俗信巫不信医，每病必召巫师迎神，邻人竟以锣鼓相助，谓之打尪，犹云驱祟。皆餍酒肉于病家。不打尪则邻人寂寞，辄谤为薄。当打尪时，或举家竟视，病人骨冷而犹未知者。”[②]又如明嘉靖《惠安县志》言：“俗颇巫鬼信机祥小数，穷乡无医药，有病则刲羊豕，祈禳于神。”[③]

此风尚不仅限于内陆地区。明中叶以降，大量福建人迁移台湾定居，信巫之风亦随之迁播。林国平分析移民初到台湾时，穷山恶水、疫病频发的情况与福建本地尚鬼陋习在台湾传播的关系。[④] 台湾学者林富士通过研究明代至近现代台湾灵媒群体“童乩”的禳除、祭祷、赐药等医疗职能，分析了台湾民间信巫不信医的社会风俗。[⑤] 清代丁绍仪所撰《东瀛识略》提到信众对台湾疗病之巫“客师”（或称“客仔师”）信任之笃定，言：“南人尚鬼，台湾尤甚，病不信医，而信巫。有非僧非道专事祈祷者曰客师，携一撮米往占曰米卦；书符行法而祷於神，鼓角喧天，竟夜而罢。病即不愈，信之弥笃。”[⑥]又如民国《金门志》亦载：“惑鬼神，信禨祥，病虽用医，然扶鸾抬神问药，延巫觋禳符烧纸，至死不悟。”[⑦]

根据上述材料可见，即便巫师疗病效果不佳，也不妨碍闽地民众对相关神明的敬畏和崇拜，他们更加确信疾病能否得以疗救根源于自身品行的高低、罪孽的深浅，而非神灵的能力不及。闽地“信巫不信医”的风俗尽管在心理层面上对患者起到安抚的作用，但并未在医疗中产生实际疗效，甚至死者无数，因此遭到诸多在闽生活过的仕宦阶层的严厉批判。明代进士谢肇淛对此直言不讳，痛斥请神驱邪所需的密闭环境不利于空气流通，导致疫情加重，“闽俗最可恨者，瘟疫之疾一起，即请邪神，香火奉事于庭，惴惴然朝夕拜礼许赛不已，一切医药付之罔闻。不知此病原郁热所致，投以通圣散，开辟门户，使阳气发泄，自不传染。而谨闭中门，香烟灯烛，薰蒿蓬勃，病者十人九死”[⑧]。冯梦龙于明崇祯七年(1634)任寿宁知县时，相当重视当地旧习的改革，尤其是巫师问病、愚民敛财之风，他极力推行中医，一定程度上提高了民众的医疗认知，然而民间观念根深蒂固，收效甚微，“自余示禁且捐俸施药，人稍知就医，然乡村此风不能尽革也”[⑨]。

---

① 蔡襄.蔡襄集[M].上海：上海古籍出版社，1996：519.

② 冯梦龙撰，黄立云校辑.寿宁待志校辑：卷上[M].厦门：厦门大学出版社，2012：149.

③ 张岳纂.惠安县志：卷四[M].明嘉靖刻本：77.

④ 林国平.闽台民间信仰的由来及发展[J].台湾研究，2002(02)：88-96.

⑤ 林富士.医者或病人？——童乩在台湾社会中的角色与形象[J].“中央研究院”历史语言研究所集刊，2005.

⑥ 丁绍仪撰.东瀛识略：卷三[M].台北：台湾银行经济研究室编，1957：35.

⑦ 左树夔修.金门县志：卷一三[M].民国抄本：324.

⑧ 谢肇淛撰.五杂组：卷六[M]//续修四库全书：第1130册.上海：上海古籍出版社，2002：464.

⑨ 冯梦龙撰，黄立云校辑.寿宁待志校辑[M].厦门：厦门大学出版社，2012：149.

二、女神信仰与“驱疫”叙事

福建古属闽越族群，其“信巫尚鬼”的习俗由来已久。闽越人好巫术，通过民巫为民间祈禳求福、祛邪免灾、预测丰歉、医疗病患等。在这过程中，神灵实际上主要起到了心理慰藉和精神救助的作用。唐宋以来，随着中国经济重心的南移，南方地区得到了极大的开发，随之迁移而来的中原文化与当地的闽越土著文化屡屡发生交融。于是，闽人也开始有机会展示他们承续于闽越先民与中原移民二者综合的神灵信仰体系，这其中涌现了大量的女神信仰。福建地区的女神信仰不仅在历史上发挥过重要作用，同时也在一定程度上反映了传统女性的社会角色和作用，而民间信仰本身也是社会心理的具体反映。实际上，福建民间驱疫神除了男性瘟神外，还有海上妈祖林默娘、临水夫人陈靖姑及其陪祀神、吴圣天妃吴媛、太姥娘娘、马氏真仙、惠利夫人等女性神明。

（一）海上妈祖林默娘

妈祖，是福建民间信仰的第一大女神，是历代沿海居民、海上商人、渔民、旅客共同信奉的保护神。自宋以来，妈祖因应民间需要、逢时代之利，至明清发展成为国家神格奇高的女性海神，声名更是远超其他海上男性神。以下论述大致以时间为脉络，梳理妈祖众多职能中的驱疫神迹。

目前有关妈祖文献资料最早的一篇，是南宋进士廖鹏飞撰写的《圣墩祖庙重建顺济庙记》，记载了北宋元祐丙寅年（1086），妈祖因枯槎显灵，乡民立圣墩妈祖庙祀之，此后，“岁水旱则祷之，疠疫祟则祷之，海寇盘亘则祷之，其应如响”[①]。

在南宋绍定二年（1229），进士丁伯桂守钱塘时撰《题顺济圣妃庙记》记载：“时疫，神降，且云‘去湖丈许，脉有甘泉，我为郡民续命于天，饮斯泉者立痊。’掘泥坎，甘泉涌出，请者络绎，朝饮夕愈，甃为井，号‘圣泉’。郡以闻，加封‘崇福’。”[②]

而明代《天妃显圣录》在丁伯桂《庙记》的基础上，丰富了妈祖“圣泉救疫”的神迹故事，塑造了一个无所不能的女神形象：“宋孝宗乾道二年春，郡大疫，神降于白湖旁居民李家，曰：‘瘟气流行，我为郡请命于帝，去湖丈许有甘泉，饮此，疾可瘳。’境内罗拜神赐，但此地斥卤，疑无清流。以神命凿之，及深犹不见泉。咸云：‘此系神赐。’勉加数锄，忽清泉沸出，人竞取饮之，甘冷若醴，汲者络绎于路，至相争攘，朝饮夕瘥，人皆腾跃拜谢曰：‘清泉活人，何啻甘露，真有回生之功。’乃甃为井，号曰‘圣泉’。”[③]

不仅如此，《天妃显圣录》“灵符回生”条还记载了妈祖为外来官县尹疗病的圣迹：“岁祲疫气盛行，莆县尹阖家病笃。吏告以湄屿神姑法力广大，能起死回生，救灾恤难。尹斋戒亲

---

① 廖鹏飞.圣墩祖庙重建顺济庙记[M]//蒋维锬，郑丽航辑纂.妈祖文献史料汇编：第一辑.北京：中国档案出版社，2007：1.

② 丁伯桂.顺济圣妃庙记[M]//许更生.妈祖研覃考辩.西安：西安出版社，2014：128.

③ 林尧俞供稿，清释照乘修订刊布，释普日、释通峻重修.天妃显圣录[M]//蒋维锬，周金琰编.妈祖文献史料汇编：第二辑上.北京：中国档案出版社，2007：93.

诣请救。妃曰：‘此系天数，何敢妄干！’尹哀恳曰：‘千里宦游，全家客寓，生死悬于神姑，幸悯而救之。’妃念其素称仁慈，代为忏悔。取菖蒲九节，并书符咒，另贴病者门首，煎蒲饮之，病者立瘥。”①

《天妃显圣录》还有“伏高里鬼”条，记载：“高里乡突有阴怪，含沙侵染百病。村人共诣神姑求治。妃知为山僻小木精作祟，取符咒贴病者床头，众如命而行，闻屋瓦响处，一物如鸟，拼飞而去。妃迹其所之，扫穴除之。比至，遽幻作以小鸟匿树杪，只见渺渺林端，炎起一团黑气。妃曰：‘不可留此为桑梓忧。’追擒之。唯一鷓鴣唧唧。将符水一洒，鸟踏空而坠，并无形体，仅存以摄枯发。举火焚之，突现本相，兀兀以小鬼子。叩拜曰：‘愿皈台下服役。’收之。先是符咒未至之前一宵，于民间忽语人曰：‘我将别，当享我。’主人具仪礼宴之。次晨，符咒至，即从屋上出去。盖亦预知法力难逃也。”②

此外，明末清初散文家魏禧所撰《扬州天妃宫碑记》，记载：“程君歙人而侨家广陵，娶妇十年始生子，辄以痘殇；其后二子痘复危。程君梦神女临其家，侍卫都盛如王后，异香满空，庭宇生光明，心意为天妃也。夫妇叩首泣乞活二儿。神命牵视之，叹曰：‘不可活矣！我将为汝定回关丁，后当无恙，且多男子。’程君哭而醒。盖天妃主江海兼摄痘事及人祈子嗣，甚灵应。已，二儿并殇。年三十三，更举子，凡七八人，皆长大如神言。”③

关于妈祖“灵符回生”的神迹，今人所编《妈祖传奇故事》对县尹患病由来做了全面的铺张和改造。在此版本中，县尹不再“素称仁慈”，其阖家病笃是由于在位期间判案不公、吞私舞弊，遭受天意惩罚，而其大病痊愈也正是因为有了悔改之意，决意秉公办案、为民作主。该版本与明代版本相比，更着重呈现疫病的成因以及导人向善的伦理教化意图。故事概述如下：“城里的张公子抢占民女为妾，不得，便将其踢死。然而，县尹只判给民女五十两，还让张公子逍遥法外。林默忠告县尹：你举家病重，和你徇私枉法有关。县尹后悔不已。林默念其还有悔改之意，代他忏悔，并取菖蒲九节，赠给县尹，叫他回城之后，以菖蒲煎水，当茶饮服，并嘱咐他堆积的民案不得贻误！县尹回城后如是照做，一家人很快就都痊愈了。”④

（二）临水夫人陈靖姑

临水夫人陈靖姑，又称陈夫人、顺懿夫人等，是福建民间信仰中的第二大女神，民间主要将她视作保胎助产护幼的保护神。事实上，临水夫人亦是一位抗疫女神。

明弘治间的《八闽通志》是最早记录陈靖姑生平事迹的福建地方史志。在该志中，临水夫人的神职范围广泛，因而在宋淳祐间受到褒封。文中较为详细地描述了临水夫人斩杀疫疠来源的白蛇，还一方安定。文载：“古田县：顺懿庙，在县口临水。神姓陈，父名昌、母葛氏。生于唐大历二年(767)。嫁刘杞，年二十四而卒。临水有自蛇洞，中产巨蛇，时吐气为疫疠，一日，有朱人执剑，索白蛇斩之，乡人诘其姓名，曰：‘我江南下渡陈昌女也。’急不见，亟往下

① 林尧俞供稿，清释照乘修订刊布，释普日、释通峻重修.天妃显圣录[M]//蒋维锬，周全琰编.妈祖文献史料汇编：第二辑上.北京：中国档案出版社，2007：90.

② 林尧俞供稿，清释照乘修订刊布，释普日、释通峻重修.天妃显圣录[M]//蒋维锬，周全琰编.妈祖文献史料汇编：第二辑上.北京：中国档案出版社，2007：90.

③ 魏禧撰.扬州天妃宫碑记[M]//蒋维锬编校.妈祖文献资料.福州：福建人民出版社，1990：154.

④ 柳滨.妈祖传奇故事[M].福州：海潮摄影艺术出版社，2000：47-48.

渡询之，乃知其为神，遂立庙于洞上。凡祷雨旸，驱疫疠，求嗣续，莫不响应。宋淳祐间，封崇福昭惠慈济夫人，赐额'顺懿'。"①

明嘉靖年间高相纂修的《罗川志》亦概述性地记载了临水夫人祈雨驱疫的神迹，在临水夫人的庇护之下，乡人从未遭受过干旱和疫疠。文载："（崇福宫）其神姓陈，讳靖姑，生于唐大历元年正月十五日，福州下渡人。适本县霍口里西洋黄演，由巫为神，乡人祀之，祷雨旸驱旱疠，与凡祈年求嗣，无不立应。宋端平、淳祐间，状其绩于朝，赐额顺懿夫人，封崇福昭应慈济之神……"②

而在清乾隆年间修订的《古田县志》中的记载中，瘟疫的发生与解除与《八闽通志》基本一致，言："临水有白蛇洞，吐气为疠疫，一日有朱衣人执剑索蛇斩之，乡人诘其姓，名曰：'我江南下渡陈昌女也'。忽不见，亟往下渡询之，乃知其为神，遂立庙祀焉……"③

清代里人何求所纂的神魔小说《闽都别记》，除了描绘陈靖姑斩蛇的异能外，还展示了一段她习法的经历：陈靖姑为了避婚，前往闾山学法，拜许真人为师，由此习得斩妖除魔、退病驱疫的神力，"却说靖姑在闾山学法，真人爱之，尽将诸法传授，召雷驱电、唤雨呼风、缩地腾云、移山倒海、斩妖捉鬼、退病除瘟诸法皆学精熟"④。

此外，临水夫人有多位陪祀女神，专职治痘救疹职能。麻疹和痘疮是古代威胁婴幼儿健康的烈性传染病，若护理不当，或将造成儿童早夭或落下其他后遗症，故民间通过祭祀临水夫人及其陪祀神以求孩童平安。民国《长乐县志》有言："种芝宫，在太平桥上，乾隆十六年创，道光七年、咸丰间先后重修，中祀临水夫人，旁祀痘、疹二神，东边隙地新建社公祠。"⑤虎婆江夫人是临水夫人的姐妹之一，在《闽都别记》中，虎婆因派遣小虎为身患重疾的孩童收痘毒，而逐渐发展成为临水夫人神明体系中的治痘保疹女神，并逐渐定型。小说中，江夫人："将自己鬓发扯下数十条，纳入口中嚼碎断，喷去，化作千万之小虎腾空而去。……同日皆见有猫儿大之老虎子，舌向孩童身上舐舔，立刻痘毒尽消，皆成顺症。有人知者说：'此乃虎婆遣小虎收痘毒救童。'"⑥二为种痘刘夫人，乃临水夫人的三十六宫婆之一。在《闽都别记》中，讲述了刘夫人领痘、种痘、守痘的故事，"妹刘氏为人间种痘夫人，年年十二月十三日上天领痘，三十夜除夕至兜率山洒种，其种萌芽生发之时不被践踏，则是年出痘必顺症，倘有践踏翻起，则是年必险症。因此，刘夫人下了痘种，常在山上防范"⑦。由此可见，民间对于痘疹肆虐的恐惧，以及诉诸神灵庇佑的愿望。

（三）吴圣天妃吴媛

吴圣天妃吴媛，俗称吴妈、吴四娘，原是莆田民间的地方保护神，后影响范围扩大至闽台多地，甚至远播东南亚地带。

宋人李俊甫在《莆阳比事》中记载东瓯神女吴媛于五代时期南下福建兴化鼓角山，为山

① 黄仲昭纂.八闽通志下册：卷五八[M].福州：福建人民出版社，1996：373.

② 高相纂修.罗源旧志外二种·罗川志：卷三[M].福州：海峡书局，2018：69.

③ 辛竟可总修.古田县志：卷五[M].福建省古田县志编纂委员会办公室整理，1987：21.

④ 里人何求纂.闽都别记[M].福州：福建人民出版社，1987：141.

⑤ 李驹等纂，孟昭涵修.长乐县志：卷一八[M].民国六年铅印本，1189.

⑥ 里人何求纂.闽都别记[M].福州：福建人民出版社，1987：431.

⑦ 里人何求纂.闽都别记[M].福州：福建人民出版社，1987：429.

民驱除山魈的事迹。东瓯国在今浙江省南部，于汉惠帝三年(公元前192)所建，汉廷封摇为东海王，建都浙南东瓯。自此，原闽越族一分为二，一为闽越国，一为东瓯国。也就是说，神女吴氏本为浙江人。所谓山魈，是一种猴类，据说能带来瘟疫。载：“东瓯神女吴氏，能水上布席禹步，治病驱邪。五代间来游兴化鼓角山。地多山魈，吴力驱除。一方赖以安。死，人为立祠。”①

明人周华所撰《游洋志》中有“昭惠庙”条，在这则资料中，有关吴氏驱疫神迹的记载与《莆阳比事》基本一致，载：“昭惠庙在县西兴泰里及西音。神姓吴，巫家之女，来兴化。宋熙甯、元丰间，兴角间村口罅山魈为祟，吴氏力为禳除，一境赖以平安。没后灵显，里人相率而立庙焉。”②

《仙踪神韵·仙游传奇故事丛书》一书对吴氏的身世经历、医疗神职又做了进一步扩充。不仅吴圣天妃被纳入唐中宗时期江苏浮海白鹤村吴家庄名医世家，且其信仰的神明体系也从单人神扩大到多神灵体系。此外，在该版本中，吴媛因自幼聪慧，善习医术，故成为为百姓消灾解厄的神医。文中描述了吴媛对抗仙游瘟疫的情节，概述如下：“吴媛逃婚至仙游兴角山上后，定居于此。由于此地山深林密，空气潮湿，极易滋生瘟疫。某年，仙游兴泰里发生瘟疫，吴媛下山问诊。她一边对病人施以祖传神针妙术，一边采草制药。然而，随着瘟疫蔓延，病患数量不断增多，吴媛不堪重负。在古峰寺道姑的帮助下，吴媛制成驱疫神药，药到病除，控制了瘟疫的扩散。此后，兴泰里的村民都亲切地称她‘吴仙姑’。”③

而在南宋黄岩孙所撰的《仙溪志》中，则记载了民间特殊的“三圣妃”信仰。该志中有“三妃庙”条，不仅记载了宫庙内合祀吴圣天妃(昭惠庙)、妈祖(顺济庙)、临水夫人(慈感庙)三神灵，也描述了三庙合祀前，原昭惠庙中所奉祀女神吴氏的相关事迹，文载：“三妃庙。在县东北二百步。一是顺济庙……一昭惠庙，本兴化县有女巫，自尤溪来，善禁咒术，殁为立祠。淳佑七年赐庙额，绍兴二年封顺应夫人。一慈感庙……三神灵迹各异，惟此邑合而祠之，有巫自言神降，欲合三庙为一，邑人信之，多捐金乐施，殿宇之盛，为诸庙冠，俗名三宫。”④

事实上，在笔者对吴圣天妃信俗进行田野调查过程中，发现莆田多地存在“三妃合祀”的现象，如吴圣天妃兴角祖庙(图1)、枫亭三妈宫(俗称“龙应宫”)、涵江哆头路口宫(图2)、涵江哆头昭惠庙(图3)等宫庙。在上述庙宇中，除枫亭三妈宫主祀妈祖，陪祀临水夫人、吴圣天妃外，其余宫庙均主祀吴圣天妃，陪祀另外两位女神。据宫庙负责人介绍，莆田民间一般认为，吴圣天妃为大妈(主祀神)，妈祖为二妈，临水夫人为三妈，这是依据三神的生卒年所定，只不过后来由于妈祖累受官方褒封，地位不断攀升，超过了吴圣天妃和临水夫人，因而有的吴圣天妃分灵宫将妈祖置于主祀之位。

(四)其他女神

除了上述三大女神之外，福建地区还有其他部分女神也表现出驱除瘟疫的神力。她们有的是人类的始祖母，有的是保境安民的护国夫人，也有缥缥缈缈的道教女仙。虽其主要职

---

① 李俊甫撰.莆阳比事：卷七[M]//南京：江苏古籍出版社《宛委别藏》影印本：第50册，282.

② 周华撰.游洋志(抄本)[M].民国张国枢补缀缺文改名印行，35-36.

③ 林德基，陈丰周编著.仙踪神韵·仙游传奇故事丛书[M].福州：海峡书局，2017：114-144.

④ 黄岩孙撰.三妃庙[M]//蒋维锬编校.妈祖文献资料.福州：福建人民出版社，1990：18-19.

图 1　莆田吴圣天妃兴角祖宫

图 2　莆田涵江哆头路口宫

能不在于医疗救助上，也较少以医神的形象受到学界关注，但驱瘟逐疫功能在史料上仍然有迹可循。

图 3　莆田涵江哆头昭惠庙

1.太姥娘娘

民间对太姥娘娘的原初身份有不同的记载。东汉末年王烈所撰的《蟠桃记》，认为太姥娘娘原是尧帝时期以种蓝为业的老母；[①]更多学者（如朱维干、谢重光等学者）倾向于认为太姥娘娘是闽越母系氏族的始祖母，其信仰体现了闽族土著先民的女性崇拜；此外，在一些道藏文献、地方志中，则直接把太姥的原初身份视作道教神灵。

在福鼎太姥山地区流传着“蓝姑（兰姑）制茶”的民间传说，讲述了太姥娘娘在麻疹肆虐时期栽茶制药的故事，由此可见太姥娘娘矜贫救厄的精神气质和疗病驱疫的神职功能；同时亦可感知福鼎民间对于白茶清热解毒、养精健体功能之推崇，从而更能体会民间把太姥娘娘看作发现白茶的先人的意义所在。这则福鼎民间广为流传的故事，见于《太姥山民间传说》中，概述如下：鸿雪洞上那株绿雪芽茶，是太姥山脉绿雪芽的始祖，传说是尧时太姥山下才堡村的穷家女子兰姑培养的。兰姑一日在鸿雪洞中，发现了与众不同的茶树。于是，她锄掉荒草，给茶树培土，并用鸿雪洞口的丹井水浇灌。春去秋来，茶树长出绿雪似的晶莹碧诱的叶芽。兰姑采叶芽制茶，并名之为“绿雪芽茶”。有一年，才堡村中穷人孩子患麻疹，兰姑施舍了绿雪芽茶，救了不少人命。此后，人们为了感恩兰姑，尊她为“太姥娘娘”。[②]

类似的故事也收录于《太姥文化——文明进程与乡土记忆》一书中，但此版本中，蓝姑是受“仙翁梦示”，才于太姥山间寻得白茶，晒干熬制成药后，救治了身患重疾的百姓。相较于前一版本，更突出了蓝姑寻茶之不易：“蓝姑受仙翁梦示，不辞辛劳在峰峦间寻得大白茶，将

① 《蟠桃记》目前已失传，收录于宋淳熙《三山志》。

② 谢瑞元整理.太姥山民间传说[M].福州：福建人民出版社，1982：77-78.

其采摘晒干、熬成汤药，患儿服用，果然药到病除。人们对蓝姑感恩戴德，尊之为‘太姥娘娘’，此山由此被称为‘太姥山’。”①

福建籍作家王宏甲的《中国有个三都澳》，将太姥娘娘的神格提升至与神农氏比肩，蕴含着白茶在福鼎民间的重要意义；同时，将太姥娘娘誉为“人类的茶之母”，使其神圣的母性身份与白茶在太姥地区的特殊地位结合，凸显了闽越族群对太姥娘娘无以复加的认同感。然而，福鼎民间以太姥娘娘为发现白茶先人这个口耳相传、无人不晓的传说，目前尚未见史册记载，因此其真实性、可靠性仍有待方家考究。

2.马氏真仙

马氏真仙，又称马天仙、马仙、马仙姑等，原名马元君，俗称马五娘、马七娘。其信俗肇始于浙江南部，随后于闽东南沿海区域盛行。

关于马仙信仰的最早文献记载，目前大部分学者认为是唐人李阳冰所撰的《护国夫人庙碑记》。在碑文中，除记述马仙“驱除野兽”“祈雨救旱”“保佑农事丰收”“助乡人立边功”“阴府救国”等异能之外，还提及马仙“驱疫禳灾”的神职，文载：“护国夫人马氏，括苍下邑鸬鹚人也，地之距郡与邑，几三百里。……忽里人见之井所，自言‘名在仙籍，邻邦合为我祠，我其福汝。’由是里人共立祠以祭之，故时无疫疠，所种必稔，则地稍辟。”②

在《绘图三教源流搜神大全》“马大仙”条目记载中，同样提及马仙救水旱、疗瘟疫，有求必应，深受民间爱戴的事迹，载：“大仙姓马氏，……乡人重之，为立祠，永其祀。凡祷多应，水旱疾疫如转环然。”③

在清初林汪远《重修马天仙庙序》中，马仙无所不包、有求必应，其职能除了涉及避免水灾、旱灾、蝗灾等外，亦包含驱除麻痘病灾的职能，载：“而夏间偶有麻痘之突，孩童夭亡者以十数。余心恻焉，请天仙救济，约率众修庙以谢。已而果应。”④

3.惠利夫人

惠利夫人，俗称莘七娘，信仰范围主要集中在闽西和闽北。据《闽书》所载，惠利夫人乃五代时人，从夫出征，殁于明溪乡⑤，故其神职功能主要是御寇助战。

明万历《归化县志》中附有《显应夫人庙碑文》，记载惠利夫人庇佑明溪百姓免受潦旱疾疠之苦，文载：“明溪据汀、延接境之要道，人烟辏集，官使往来，必戾止焉。旧设巡司，驿传具存。驿左畔，五代时有莘氏圣七娘墓在。一日，旅客假馆于驿，夜闻吟咏声，客惊异，使反之，琅然再诵，辞甚悲惜。达旦，客语诸邻，书其辞壁间而去。自是，乡人加敬，构室墓前，朝夕奉祀。凡潦旱疾疠，禳祈响应。”⑥

在今人纪洞天所写的《明溪岁时习俗》中，惠利夫人的神职功能逐渐由抵御倭寇向行医治病的功能转化，载：“惠利夫人是五代时一位烈女，她知文达理，又有医术，婚后随夫从江西出征到福建，征途上其夫病逝，她就在明溪雪峰镇为百姓诊病，后逝于明溪，群众为了纪念她

---

① 叶梅生，张先清主编.太姥文化——文明进程与乡土记忆上[M].北京：商务印书馆，2016：701.

② 周杰修，严用光，叶学贞.景宁县志：卷四[M].清同治十二年刻本，417.

③ 绘图三教源流搜神大全[M].上海：上海古籍出版社，1990：434.

④ 伍承吉等修，王士分纂.云和县志：卷一七[M].同治三年刊本，229-230.

⑤ 何乔远撰.闽书：卷二二[M].明崇祯刻本，1662.

⑥ 归化县志：建置志[M].福州：海峡书局，2019：45-46.

的好品德，建庙塑像祭祀。"[①]

而在王必金的《显应庙与惠利夫人》中，则记载了在清朝年间特大瘟疫爆发期间，惠利夫人引导百姓以马屎干炖水驱瘟的故事：满清年间，一年六月迎惠利夫人时节，县城发生一场前所未有的特大瘟疫。……城内人自古以来，遇灾害匪患或疾病，总是祈求夫人嬷（惠利夫人）保佑。……有一天，以扶乩向夫人嫡求药方，沙盘上显出十个字样："夫人马屎干炖水治瘟病。"全城人素来相信夫人燃灵，立即争相取马屎干依法炖服，果然，一吃病止，瘟病便被遏制了。[②]

三、结语

纵观福建地方史志、民间传说关于女神驱瘟逐疫的民俗叙事，虽故事题材相似，大致可概括为瘟疫肆虐、求神庇佑、女神驱疫、解灾救厄等几个情节，但女神的驱疫方式各有不同，大致可以归纳为下列几种。

其一，驱除动物精怪或瘟鬼。临水夫人斩杀白蛇、吴圣天妃驱除山魈（猴类）的民俗记忆和福建古代的图腾崇拜、精灵崇拜有关，其中包括蛇崇拜和猴精崇拜。古人认为，如果人在自然界中冒犯精灵，精灵将会施罪于人，而瘟疫正是惩罚的一种。《说文解字》对"闽"的解释是"闽，东南越，蛇种也"。可见，闽越作为一个原始族群，与蛇有不可分割的血亲关系。徐晓望认为，闽人对蛇有两种态度，一是柔性图腾崇拜，二是刚性斩杀，而陈靖姑神话则属于后者。[③] 至于山魈作祟的传说，在福建则有很多。《重修广韵》载："山魈，出汀州，独足鬼。"[④]徐晓望在《福建民间信仰》中引《太平广记》所载的唐代汀州官员因得罪山魈而多患疾疫的事例亦可为证。[⑤] 那么，既然瘟病是自然界精灵对人的惩戒，因此人类要想根除瘟疫，必须求助神明。此外，在妈祖的驱疫叙事中有驱除瘟鬼的传说，即"伏高里鬼"，在这则故事中，妈祖"知为山僻小木精作祟"，然而实际上是瘟鬼化作鸟兽行瘟布疫，在妈祖的劝诫之下，瘟鬼甘愿为妈祖收服，至此瘟疫解除。

其二，借助北方中医文化进行疗救。根据前述史料记载，福建疾疫多发于气候炎热、潮湿的夏秋季节，因此闽人在端午前后会将中药材纳入日常用途以达到驱邪的目的。清乾隆《莆田县志》云："端午取菖蒲及艾插门户，饮菖蒲雄黄以辟邪禳毒。"[⑥]妈祖为外来官县尹问诊时提供了"九节菖蒲"入汤药的药方，对县尹举家康复起到了辅助作用。对于九节菖蒲的医疗价值，南朝梁医学家陶弘景于《名医别录》中有言："菖蒲生上洛池及蜀郡严道，一寸九节者良。"[⑦]而吴圣天妃传说中，天妃生前身份由女巫嬗变为名医之女，将中医中的施针妙术与

---

① 纪洞天.明溪岁时习俗[M]//明溪文史资料：第1辑，1983：75.

② 王必金.显应庙与惠利夫人[M]//明溪文史资料：第13辑，1997：108-109.

③ 徐晓望.福建民间信仰源流[M].福州：福建教育出版社，1993：28-47.

④ 陈彭年撰.重修广韵：卷二[M].四部丛刊景宋本，69.

⑤ 徐晓望.福建民间信仰源流[M].福州：福建教育出版社，1993：77-78.

⑥ 宋若霖等纂，宫北麟，廖必琦修.莆田县志：卷二[M].清光绪五年补刊本.民国十五年重印本.台北：成文出版社，1968：107.

⑦ 陶弘景集.名医别录（辑校本）[M].北京：人民卫生出版社，1986：24.

草药制作相结合,遏制了瘟疫的蔓延。此外,"白茶始祖"太姥娘娘寻茶制药也与中医文化有关。卓剑舟《太姥山全志》中载:"绿雪芽,今呼为白毫,香色俱绝,而尤以鸿雪洞产者为最。性寒凉,功同犀角,为麻疹圣药。"①妈祖、吴圣天妃、太姥娘娘对中药材的选择,事实上体现了南方巫觋文化与北方中医文化的融合。

其三,利用道教法术。在福建,许多地方崇祀的民间女神都与道教关系深厚,如被收入明代正统道教经典《道藏·洞神部》的《太上老君说天妃救苦灵验经》,将妈祖纳入道教神祇系统,称妈祖乃"妙行玉女降生人间"②;又如明万历年间《道藏》收录临水夫人事迹,将其纳入道教众神系列;再如李阳冰的《护国夫人庙碑记》记载马仙"名在仙籍"③,直接表明了马氏道教女仙的身份。在女神的驱疫叙事中,妈祖所谓"灵符回生""伏高里鬼"的传说正是使用了道教符咒作为驱逐瘟疫的避灾之法。《太上老君说天妃救苦灵验经》后附有"天妃救苦灵符",并称:"右天妃灵符,如有急告,焚香念前咒七遍,书此符,用井花水磨乳香调服,自然安好,无不应验。"④王福梅认为,该"救苦灵符"与道教的符箓如出一辙。很显然,该经卷的问世,就是为了将妈祖神格条理化,同时也给妈祖信仰提供一部纯粹道教色彩的经典。⑤ 而在《闽都别记》中,则描写了临水夫人前往闾山,向许真人拜师学法,精进除妖驱疫的神力的故事。闾山派是形成于闽越巫觋文化基础上的原始宗教,其中有一支教派是以临水夫人为首的夫人教。

其四,结合惩恶劝善的道德教化。在瘟疫叙事中,由于南方巫觋文化常常将瘟疫归结为鬼神的降罪,因而民间也利用此对百姓进行劝善的宣扬。有关妈祖为县尹驱疫传说的两个版本中,虽然县尹患病缘由不同,但最终能争取妈祖庇佑皆由于其行善的结果,即"素称仁慈"和"有悔改之意"。如此,于民间而言,对瘟疫的恐惧成就了驱疫书写中的伦理警示。

此外,除了驱疫方式不同,驱疫女神的管辖范围也存在差异,这和女神们的区域保护神地位有关。妈祖是海上女神,主要抵御沿海居民、渔民、移民的瘟疫;临水夫人是妇幼保护神,主要对象是妇女的孕产和儿童痘疹;吴妈和太姥娘娘是山神,保护山中居民免受痢疾。

Narratives of "Exorcism" in Goddess Beliefs in Fujian

Xu Weichen

(Xiamen University, Xiamen, 361000)

Abstract: The worship of plague god / medicine god in ancient Fujian Province, where pestilence happened frequently, was an important part of the folk belief related to the folk

① 卓剑舟编著.太姥山全志:卷八[M].福州:福建人民出版社,2008:101.

② 无名氏撰.太上老君说天妃救苦灵验经[M]//蒋维锬编校.妈祖文献资料.福州:福建人民出版社,1990:58.

③ 杰修,严用光,叶学贞.景宁县志:卷四[M].清同治十二年刻本,417.

④ 无名氏撰.太上老君说天妃救苦灵验经[M]//蒋维锬编校.妈祖文献资料.福州:福建人民出版社,1990:61.

⑤ 王福梅.妈祖信仰与道教关系调查研究[J].宗教学研究,2010(04):194-196.

custom of "believing in witchcraft but not in medicine" in southern China. However, in addition to the male gods who expelled plagues, represented by *Wudi, Wangye*, wizards, monks and Taoists, the goddess belief such as Mazu, *Mrs. Linshui* and her subordinate deities, Queen Wu of heaven, Tailao Empress, Deity Ma and Mrs. Huili also demonstrated miraculous phenomena of driving away pestilence. In fact, in Fujian's local chronicles and folklore, there are many folk narratives about the goddesses' function of exorcism. Some of them combined the local wizard culture with the northern Chinese medicine culture, some used Taoist magic and some combined moral education to cure the plague, which plays a practical role in spiritual comfort, punishment and benevolence of Fujian civil society.

Key words: believing in witchcraft but not in medicine; the goddess of Fujian; driving away pestilence; folk narrative

性别与法学

Gender and Law

Women/Gender Studies

美国争取女性平等受教育的历程与现状

徐登科*

内容摘要：本文在美国60年代的民权运动的大背景下，看美国《性别平等教育法案》产生历史渊源。从法案的执行条例颁布和历次修改完善，看《性别平等教育法案》实施的历史进程。着重介绍了亚裔美国众议员竹下松女士在《性别平等教育法案》诞生及实施的重要作用。详细地分析了《性别平等教育法案》对美国高校体育运动的影响，以及法案对校园反性骚扰政策的推动。从美国教育统计年鉴的数据来看美国性别平等实施的实际效果。如果从表面的数据来看，美国的教育已经基本上没有性别上的差异了。当然，更深层次的差别还是有的。《性别平等教育法案》的实施也引来不少反对声音。彻底的性别平等教育还有一些路要走，而且只有整个社会没有性别歧视了，才会有真正的性别平等教育。

关键词：性别平等教育；民权法案；美国教育；学校体育；校园性骚扰

人类社会的发展，从原始的母系氏族社会发展到父系氏族社会，再到今天现代文明社会，走过了一个漫长的过程。即使在今天的世界，我们还能看到父系氏族社会留下的痕迹。比如说，大部分孩子都是随父姓，虽然有些孩子现在随母姓了，但是比例还是很低的。年轻人结婚，也是女方嫁到男方家里，男子娶女子进门为妻。在世界上的大多数国家，妇女结婚之后就随夫姓了。这一点好像中国及周边受中国文化影响比较深的国家是例外。东亚、东南亚一些国家，男女结婚后，女方基本上不改随夫姓。这里，没有什么优劣之分，只是传统不同而已。在中国旧社会的文献中，女性很少能有姓有名地记录下来。大多数妇女在文献中都只称其姓，如张氏、李氏。这显然是不平等的社会地位造成的。

美国作为最强大的西方国家，是现代西方发达国家的领头羊。但是美国又是一个新兴的国家，历史不是很长，没有厚重的历史文化传统，所以在很多方面都代表着“新”“现代”“潮流”。那么，美国现在男女平等吗？或者说美国是不是世界上男女最平等的国家呢？我觉得这是一个复杂的问题，没有简单明了的答案。一个社会男女平等的程度首先看男女受教育的平等程度，因为教育是为下一代成长以后进入社会作准备的。有了平等的教育机会，不等于有平等的社会，但是，没有平等的教育机会，就肯定没有平等的社会。所以，本文着重回顾美国在男女平等受教育上所走过的历程，及当下美国男女平等受教育的现状和趋势。

* 徐登科，男，汉族，美国范德堡大学（Vanderbilt University，Nashville，Tennessee）教育学博士。现任美国俄亥俄州教育厅课程和考试办公室副主任。主要研究方向：教育与平等。

一、美国性别平等教育的发展历程

美国立国的三大历史性文献是《独立宣言》、美国宪法和《人权法案》。其实,《人权法案》是美国宪法十个修正案的总称,作为对宪法的补充。在美国立国之初,很多人反对联邦制。作为对反联邦制的声浪的回应,当时以麦迪逊为首的美国领袖提出对宪法进行修正和完善。国会通过了以后,宪法修正案还需要各州认可。在各州认可的过程中,有一个意想不到的方案得到了多数人的支持,那就是所有的十条修正案不按惯例加到宪法的相应条款中,而是单独列在后面,作为对宪法的补充条款,也称之为《人权法案》(Bill of Rights)

宪法修正案的每一条都对日后人们的日常生活产生深远的影响。其中最能感同身受的,也是最常听见的就是宪法第一修正案和第二修正案。第一修正案是规定美国国会不能以立法来限制人们的宗教和言论出版的自由。第二修正案是确认居民有权利拥有枪支武器。比如,2020 年,美国总统特朗普的侄女出版了一本书,大爆特朗普的家丑。特朗普到法院申请禁令,想阻止该书的发行,但是没有成功。[①]该书就大摇大摆地上市出售了。美国枪支泛滥是一个不争的事实。2017 年 1 月 19 日,中国的名人周立波就是去朋友家玩枪,然后又不知怎么带了一把枪开车回家。结果在回家路上,开车压黄线,被警察拦下。警察从他的车上搜出了枪支。因为他没有持枪证,所以在美国纽约州拿骚县地区法院吃上官司。好在美国还有第四修正案,就是警察如果没有搜查证,你可以拒绝警察搜身,搜你的车,搜你的房。周立波说,他没有同意警察搜他的车,当时没听懂警察说了什么。所以,拿骚县地区法院认定所有从周立波车上搜查到的东西都不能提交法庭作为证据。周立波就这样幸运地被无罪释放了。[②]

(一)人权法案(Bill of Rights)和民权法案(Civil Rights Law)是完全不同的法律范畴

这里,有必要说明人权法案和民权法案的差别。人权法案是为所有人的,其出发点和宗旨主要是限制政府的公权力凌驾于个人之上或损害个人正当权利。所以,人权法案都是限定政府不能做这个做那个,或者说人们有权做这个做那个。最近美国的民权法案常常被提及。民权法案主要是保护弱者权利,维护社会公平和正义。说白了,民法案就是用来保护妇女、儿童、老人、少数族裔、残障人等弱势群体免遭歧视和不公平的待遇。美国的第一部民权法案是在 1866 年颁布的。那时美国刚刚结束内战,所以,这部民权法案的内容和影响力都非常有限。到 1964 年,美国的民权运动风起云涌,新的民权法案应运而生。现在美国人说民权法案,一般是指 1964 年颁布的法案,以及此后增加和补充的条款。1964 后增加了很

---

① New York Times.Trump Family Asks Court to Stop Publication of Tell-All by President's Niece [N/OL].(2020-06-23)[2020-07-05]. https://www.nytimes.com/2020/06/23/us/politics/mary-trump-book-court.html.

② 澎湃新闻.周立波持枪涉毒案结案:四项罪名被撤销,仅罚逾 200 美元[EB/OL].(2018-06-05)[2020-08-02]. https://www.thepaper.cn/newsDetail_forward_2173587.

多条款。如1965年，通过了公民投票权的法案。1968年通过了残障人通行便利法案，要求所有新建筑都有残障人通道。1972年通过了性别平等教育的法案。1973年通过了保护残障人免受就业歧视的法案。1991年通过了国际就业平等法案。

本文着重介绍性别平等教育法案的内容，实施的手段和效果，以及美国男女平等受教育的现状和未来展望。

(二)《性别平等教育法案》的诞生与美国首位亚裔女性国会议员竹下松(Pasty Mink)

1972年通过的美国《性别平等教育法案》是当时教育修正案的第九章，也叫第九条款(Title IX)。该条款明确禁止教育上的性别歧视，增加女性在中小学和大学的教育和体育活动的机会。所有得到联邦政府资助的中小学和大学都不得歧视女性。这样，所有的公立学校和绝大多数的私立学校都包括在里面了。大部分私立学校都或多或少得到政府的一些经费，如大学里的科研项目，学生得到的联邦政府助学金和助学贷款。《性别平等教育法案》是1964年颁布的《民权法案》的延续，因为该民权法案主要涵盖就业和社区设施方面的平等问题。70年代初的女权运动推动了《性别教育平等法案》的出台，算是补上这个漏洞。

《性别教育平等法案》的共同起草人之一是来自夏威夷的日本裔美国国会议员竹下松(Pasty Mink)。2002年，国会为了表彰她的贡献把该法案更名为《竹下松教育机会平等法》(Patsy Takemoto Mink Equal Opportunity in Education Act)。竹下松是一位杰出的美国亚裔政治活动家。从她的经历可以感受到美国社会在过去对女性在教育和就业上的很多歧视和不公正，以及进步的步伐。竹下松于1927出生在夏威夷。她大学毕业后，申请了十二所医学院，都没有被录取，尽管她的成绩很优秀。后来，有人建议她申请法学院。1948年，她被芝加哥大学法学院录取。在芝加哥读法学院时，她遇到了她未来的丈夫，并在芝加哥结婚。1951年法学院毕业后，因为是已婚亚裔女性，她找不到工作。1952年，他们的女儿出生，一家人搬回了夏威夷。回到夏威夷后，她被拒绝参加律师资格考试，因为当时法律认定，她嫁出去了，就失去了夏威夷的居民身份。她觉得这是赤裸裸的性别歧视，决定上法庭挑战该法律。当时，夏威夷和美国其他少数几个州还在沿用已被联邦政府废止的旧法，妇女结婚以后的公民身份跟从丈夫。最终，竹下松赢了。夏威夷废止该法律，从此，妇女的公民身份不再依附于丈夫。直到20世纪60年代，美国各州才算彻底废止了妻子公民身份随丈夫的法律条文。[①]。但是，她通过律师资格考试，并拿到律师资格证后，还是找不到工作，因为她是结了婚的亚裔女性，而且还有孩子，没有政府单位或私人公司愿意雇用她。后来，在她公公的帮助下，她开了自己的律师事务所。

1956年，竹下松参加夏威夷的议会选举，并成功当选为夏威夷州议会的众议员。1960年，她在美国民主党全国代表大会发言赞成基于民权的民主党竞选纲领，引起了美国人的广泛注意。1964年，她参加美国国会的众议员选举，并一举成功当选代表夏威夷的美国国会众议员。[②]她是美国历史上第一位有色人种的女性国会议员，也是第一位亚裔女性当选为美

① Carlson, Laura . Searching for Equality: Sex Discrimination, Parental Leave, and the Swedish Model with Comparisons to EU, UK, and US Law[M]. Sweden: Iustus Förlag,2007.

② Wikipedia .Patsy Mink[EB/OL].[2020-06-20]. https://en.wikipedia.org/wiki/Patsy_Mink.

国国会议员。1970 年,她成为美国国会第一人以歧视女性的理由反对尼克斯总统提名乔·治卡斯威尔(George Carswell)担任联邦最高法院大法官。[①] 参议院最终拒绝了卡斯·威尔的提名。后来成功获得提名的大法官是哈里·布莱克姆(Harry Blackmum)。而谁又能料到,正是这个布莱克姆大法官在取消学校种族隔离的判决中成为多数派意见的主笔。这个判决彻底改变了美国的教育发展史,那是后话。

竹下松女士是第一个亚裔女性参选美国总统之人。她以反对越南战争的候选人进入俄立岗州的初选。1977 年至 1979 年,她被任命为联邦海洋、国际环境及科学助理国务卿。毫无疑问,她是在赵小兰之前美国最卓著的亚裔女性政治家。从竹下松的个人经历可以看出,民权运动以前的美国,对女性和少数族裔在教育和就业等领域是极其不公正的,歧视现象是很普遍的,而且是合法合规的。

(三)性别平等教育法案实施的进程

民权法案又是如果来落实的呢?这个过程又有哪些曲折和反复呢?在美国教育部,有一个专门的机构叫民权办公室,人员配备很强大。该办公室不但接受个人和机构的有关投诉,还监督各单位在各州的执行民权法案的情况。其实,联邦政府的各大部门及美国各州政府内都设有民权办公室或相应的机构。美国的大学里都有一个民权事务协调人。美国专门有民权律师这一个专业。这些律师主要是替人在教育和就业方面受到不公平待遇打官司。

联邦政府教育部根据性别平等教育法,于 1975 年正式颁布了执行该法案的实施细则。很快就有人根据该法案起诉一所大学性别歧视。1984 年最高法院对这个上诉案进行了裁决。最高法院采纳了被告提出的意见,就是只有接受联邦政府资助的项目需要执行男女平等教育的条款。在一个学校里,没有得到联邦政府资助的项目不受该条款的约束。但是这个裁决只是暂时的。1988 年,国会就通过了针对性的民权回归法案,明确规定一个机构只要有任何项目得到联邦资助,包括直接的或间接的,整个机构都需要执行男女平等教育的法律。这样几乎就没有什么教育机构可以不受这个法律制约了。

2006 年教育部对性别平等教育的实施条例进行了修正,对中小学单性教学(比如男子高中或女子高中)及有些课外活动给予相对弹性的政策。

1. 性别教育平等法案实施对美国学校体育项目的影响

特别应阐明性别平等教育对美国学校体育发展的作用和影响。美国学校的体育活动一直是两性平等教育推进中的热门话题。众所周知,体育在美国的中学和大学里根本就不是锻炼身体那么简单。体育在这里指的是学校组织的运动队(校队)和比赛项目。每年校队都会代表学校参加各种校际比赛。举个例子,几年前,我的大儿子刚上高中。早上七点开始上课,校车六点二十五分就到家门口了。孩子需要六点之前起床,而下午两点半就放学了。我觉得非常不合理。当我有机会见到学区的学督(相当于中国的教育局局长)时,我就提了意见。他的解释让我吃惊。他首先说理解我的意见。他说,美国高中上午那么早上学,下午这么早放学,部分原因是高中校际体育比赛都放在下午放学后或晚上。美式足球和棒球都是室外比赛。在以前灯光足球场很少见,比赛必须在天黑之前结束。所以放学一定要早一点,

---

① Library of congress. Roe v. Wade, 410 U.S. 113 (Supreme Court 1973) [EB/OL].[2020-06-21]. https://www.loc.gov/item/usrep410113/.

这是有其历史的原因。也就是说,学校的体育比赛影响了学校的课间表和其他所有学校教学的时间安排。

在美国大学,体育是举足轻重的。因为体育比赛在美国大学里的重要地位,有国会议员在 1974 年提出性别平等教育的补充条款,想把创收的体育项目排除在性别平等教育的实施范畴之外。这个提案未获通过,但是,另一个提案获得通过,就是允许教育部在出台执行细则时适当考虑一些体育项目的特殊性质,给予合理的政策支持。为什么国会要单独把体育项目拿出来区别对待呢?美国大学的体育事业蓬勃发展,已经成为大学教育的传统和一个庞大的事业。特别是美式足球,已经成为学校招生的招牌,聚财的大招。球赛也是校友和当地居民生活的重要组成部分。"当地"这个概念不仅仅是学校所在地城市,它往往还包括周边方圆百里的地区,甚至是整个州。很多州立大学,体育场也非常大。校园里,能容纳十万人以上的体育场也不少见。就这样还一票难求。美式足球每年为一些大学带来数以亿计的收入。著名主教练的年薪高达数百万美元,远远超过资深教授和大学校长的工资。问题是这些足球运动员都是男学生。他们上学免费,住宿免费,还有自己免费的特供食堂。能创收的大学体育项目基本上就是美式足球和男子篮球。这样一来,男女在大学体育运动队参与的机会就有了显著的差别。相关的投诉也就接踵而来。

教育部对大学体育活动方面如何实施性别平等教育提出了具体的政策要求。在大学体育方面,各个学校必须满足以下三个条件之中的一条:(1)男女生参加学校体育项目人数比例接近在校学生男女总数的比例。(2)学校切实在努力提高偏低一方(往往是女生)在学校体育项目的参与机会。(3)对于历史上一直都是单一性别独霸体育项目的学校,应该采取切实的措施和努力扩大另一个性别在体育项目上的参与机会。

第九条款对教育影响,看法因人而异。有的人认为该法案大大提高了女生参加学校体育项目的机会。① 也有人认为,该法案减少了男生参加大学体育的机会。② 从数据上看,女生参加大学运动队的人数是明显增加了。③ 只是体育作为职业,对女性还是一个挑战。大学运动队的教练还是以男性为主导,而且并没有发生什么改变的趋势。大学里的体育管理人员也基本上是男的。

美国体育理事会(代表中学体育)在 2011 起诉美国教育部过度解读性别平等教育法案。他们认为,学校体育运动参与上的男女平等只适用于大学,而不适用于高中阶段。但是,教育部坚持认为,性别平等教育法案是为所有学生提高平等教育的有效工具,其对基本保障美国学校的教育机会公正和平等有着至关重要的作用。

2. 性别平等教育法和反对校园性骚扰和性暴力

《性别平等教育法案》涉及教育的方方面面。除了体育,另一个因为性别平等教育法引

---

① Boyce, Rebecca. Cheerleading in the Context of Title IX and Gendering in Sport[EB/OL].[2020-06-28]. https://thesportjournal.org/article/cheerleading-in-the-context-of-title-ix-and-gendering-in-sport/.

② American Association of University Women . Title IX Athletic Statistics. American Association of University Women. [EB/OL].(2009-06-16)[2020-07-05]. http://www. aauw. org/advocacy/laf/lafnetwork/library/athleticstatistics.cfm.

③ American Association of University Women .Title IX Athletic Statistics. American Association of University Women. [EB/OL].(2009-06-16)[2020-07-05]. http://www. aauw. org/advocacy/laf/ lafnetwork/library//athleticstatistics.cfm.

起的热门话题就是校园性骚扰和性暴力。反对校园性骚扰和性暴力已经成为实施性别教育平等法的另一个重要内容。70 年代末，几个耶鲁大学的女学生首次援引《性别平等教育法》起诉大学没有尽责控制校园中的性骚扰现象。她们认为，性骚扰的实质是对学生的性别歧视，性侵的受害人大多是女生。她们指控耶鲁大学的教师强奸、猥亵以及诱使学生以性换成绩。① 当时，还有一位女权主义的律师出具了一个调查报告支持她们的诉讼，②几个原告也都写了书面证词。美国公民自由联盟（ACLU）③也支持学生的主张。他们认为，如果学生受到了性骚扰，他们实际上被剥夺了平等受教育的机会。

2011 年，美国教育部民权办公室发了一个文献《致同行的一封信》，认为对学生的性骚扰，包括性暴力，就是干扰了学生无歧视地接受教育的权利。性暴力本身就是犯罪行为。该文件进一步指出，高等教育机构有责任采取及时有效的措施来消除性骚扰和性暴力。如果学校失责，教育部可以根据《性别平等教育法》，对学校罚款或取消联邦政府资助。学生可以个人向法院起诉，也可以向民权办公室投诉。④ 只是这个文献并没有法律效力，因为它没有通过正常的法规程序产生。同年，又有十五名耶鲁大学的女生投诉耶鲁大学存在一个性别歧视的恶劣环境，并且学校对学生性骚扰的担忧没有采取足够的相应措施。⑤ 此后，阿姆赫斯特学院、北卡罗来纳大学、西方学院、斯沃斯莫尔大学、南加州大学等名校都有学生纷纷投诉自己在校园受到性骚扰和性暴力。

除了向学校或联邦教育部投诉。民权法案还允许个人在法院直接起诉责任方。2006 年，联邦上诉法院（第十巡回庭）判决科罗拉多大学没有尽责保护两名女生免受性侵。最后学校与原告通过调解达成协议。学校承诺修正相关政策，并赔偿两位学生的损失，共 250 万美元。⑥ 2008 年，在另一个诉讼中，亚利桑那联邦地方法院判决学校有责任保护学校免受性骚扰和性别歧视。最后，亚利桑那州立大学同样通过调节达成协议，答应改善学校的保护措施，并赔偿原告损失和费用，共 85 万美元。⑦

2020 年 5 月 7 日，美国教育部最终颁布了基于性别平等教育法的《反校园性侵条例》

---

① Wikipedia .Alexander v. Yale, 631 F.2d 178 (2d Cir. 1980). [EB/OL].[2020-06-27].https://en.wikipedia.org/wiki/Alexander_v._Yale(联邦第二巡回庭判例 631 F.2d 178).

② Ann Olivarius 是一个毕业于耶鲁大学的美国民权律师，她专注于有关民权诉讼、性骚扰和性别歧视的案子。

③ 美国公民自由联盟，The American Civil Liberties Union (ACLU)，成立于 1920 年，是一个非营利组织。其宗旨是捍卫美国宪法和法律所赋予的人权和自由。

④ United States Department of Education.Dear Colleague letter. Office of the Assistant Secretary, the Department of Education.[EB/OL].(2011-04-04)[2020-06-28].https://ed.gov/about/offices/list/ocr/letters/colleague-title-ix-201709.pdf.(这是美国教育部出台的指导性文件，影响很大。但由于没有走正常的法规程序，而后被废。)

⑤ John Christofferson. Yale Under Federal Investigation For ′Sexually Hostile Environment[EB/OL].(2011-04-01)[2020-06-28].https://www.huffingtonpost.com/2011/ 11-004/01/yale-title-ix n 843570.html.

⑥ American Civil Liberties Union.Simpson v. University of Colorado[EB/OL].(2006-08-24)[2020-07-05].http://www.aclu.org/racial-justice-womens-rights/simpson-v-university-colorado.

⑦ American Civil Liberties Union.J.K. v. Arizona Board of Regents[EB/OL].(2008-02-26)[2020-07-05]. http://www.aclu.org/womens-rights/jk-v-arizona-board-regents.

(The new Title IX regulation 2020)。该条例不同于2011年的文件,它是正式通过公示程序颁布的,具有法律效力。各大学必须在2020年8月14日开始实施本条例。效果如何,我们拭目以待。

二、美国性别平等教育现状

性别平等教育的现状如何?笔者在最近30多年时间里,亲身经历了美国性别平等教育法的实施过程。我是1986年到美国攻读教育政策的硕士学位,之后又继续读了公共政策(教育方向)的博士学位。毕业以后,一直在美国各级教育行政部门从事教育研究和管理工作。必须指出,《性别平等教育法》的实施不是一项孤立的教育改革,它是整个美国社会民权运动的一部分。没有社会大环境的民权运动,就没有性别平等教育的可能。同时,在教育领域,性别平等只是教育平等过程中的一个方面。这几十年来,与性别平等共同推进的有种族平等、社会家庭经济背景平等、年龄平等、语言平等、身体和智力残障平等诸多方面。限于篇幅,本文不可能具体介绍各方面,仅讨论美国男女在受教育程度上是否均衡。查阅美国国家教育统计中心资料,我发现有关性别在教育上的统计基本上是从1980开始的。在70年代有一些零星的数据,在此之前,大多数教育统计数据不分性别。另外,美国教育部的国家教育统计中心在2000年发布了一份报告,叫作《女性教育平等的发展趋势分析》(*Trends in Educational Equity of Girls & Women*)。奇怪的是国家教育统计中心只在2004年出了相同标题的新报告,然后就不见新的报告。而与之类似的关于种族教育平等的分析报告则是几乎每年出新版,少有间断。

美国教育部的国家教育统计中心出版的最新的《教育统计年鉴》是2019版。表1是从最近的一份统计结果看,美国25岁到29岁的年轻人受教育程度的比较。

表1 美国25岁到29的男女青年人受教育程度比较

年份	具有高中毕业文凭比例		具有大学本科文凭比例	
	男青年	女青年	男青年	女青年
1980	85.4	85.5	24.0	21.0
1990	84.4	87.0	23.7	22.8
2000	86.7	89.4	27.9	30.1
2010	87.4	90.2	27.8	35.7
2019	92.7	94.3	35.7	41.8

数据来源:本表是根据2019版美国《教育统计年鉴》上的数据制作的。网址:https://nces.ed.gov/programs/digest/d19/tables/dt19_104.20.asp,访问日期:2020年7月11日。

在过去四十年里,男女青年高中毕业文凭的拥有率都有所提高,但男女之间差别不大。而大学本科文凭拥有者的比例发生了非常大的变化。四十前,男性本科毕业的比例高于女性。四十年后的今天,年轻女性拥有本科文凭的比例几乎翻了一倍,而且明显高于男青年拥有本科文凭的比例。进入21世纪以来,美国人接受本科教育的比例越来越高。这与经济结构转型，高科技产业不断扩大是密切相关的。现在美国农民和产业工人这些传统体力劳动者的人数越来越少，而其他各行各业就业人员基本上都要求有本科文凭。尽管很多工作岗位不需要本科教育，但是用人单位却要求求职者有本科文凭。这大概是供与求的相互促进吧。在一个强调个人自由选择的社会里，人们必须学会接受各自选择的结果。表 1 的数据只是简单地反映总体的受教育程度。这不能直接得出结论说，美国性别平等教育已经彻底实现了。

美国高校师资队伍中的男女比例数据更能够反映性别平等教育的现状(表 2)。此处是从 1980 年开始比较。

表 2　美国高校男女教师人数比较

年份	1980	1990	2000	2010	2017
男教师	479000	534254	602469	761002	783495
女教师	196000	289966	425361	678072	762586

数据来源：本表是根据 2019 版美国《教育统计年鉴》上的数据制作的。网址：https://nces.ed.gov/programs/digest/d18/tables/dt18_301.20.asp? current=yes，访问日期：2020 年 7 月 12 日。

由于《性别平等教育法》及《性别就业平等法》等民权法案的推动，高校女教师的人数增长明显高于男教师数的增长。1980 年，女教师人数不到男教师人数的一半；现在，男女教师的比例基本上已经平衡了。但是，终身教授位置上，还是男性占多数。这或许说明男女在高等教育领域还没有真正平等，也许只是一个时效问题。女性进入这个领域多是近十几年的事，媳妇还没有熬成婆呢。

在这些数据外表之下，还应该看到在教育中的一些男女差别。在大学专业的选择上，男生和女生表现出很大的不同(中国也有相似的情况)。在科学、技术、数学、工程、物理、计算机及信息科学等领域，男生的比例远远高于女生。① 而在教育、心理学、社会服务、英语文学和外语、新闻、艺术等专业，女生的比例明显高于男生。这种专业选择的不同会影响到毕业以后就业机会的不同及男女薪资差异。这又是另一个话题了。

学校的体育活动怎么样呢？2006 年的一个研究报告指出，自从性别平等法案实施以来，美国高中和大学的女生参加学校运动队的人数大量增加。其中高中女生参加的人数增加了 9 倍。大学女生参加体育项目的人数增加了 450%。2008 的研究报告说，美国大学女子体育项目已经达到 9000 多个，平均每个大学 8.65 个女生体育项目(运动队)。最普遍的大学女生运动队是：篮球(98.8%)，排球(95.7%)，足球(92%)，越野长跑(90.8%)，垒球(89.2%)。②从 1990 以来，为了拉近男女学生参与体育项目的比例，大学里有些传统的男生体育项目被取消了。首当其冲的项目有：摔跤、越野长跑、室内和室外赛跑、高尔夫球、网球、划船及游泳等。据全美高中联合会的报告，在 2010—2011 学年，美国高中共有四百四十九

① 2019 年版美国《教育统计年鉴》Table 104.60.[EB/OL]. [2020-07-05].https://nces.ed.gov/programs/digest/2018menu_tables.asp.

② Education Resources Information Center. Women in Intercollegiate Sport, a Longitudinal National Study [EB/OL].[2020-05-31].https://eric.ed.gov/? id=ED570885.

万男生和三百十七万女生参加学校运动队。[①] 他们认为教育部民权办公室已经过度地解读了性别平等教育法案。

以前说禁止性别歧视，都是指男女在教育和就业上有平等的权利。而如今，这概念已经扩展到涵盖同性恋者、变性人等。2020 年 6 月 15 日，美国联邦最高法院以六比三的票数通过，以联邦法律保障性小众(LGBTQ)[②]群体就业不受歧视。[③] 这是同性恋、双性恋及跨性别人士平权运动的重大里程碑。这次裁决结果有些意外，是因为自特朗普就任总统以来这几年，最高法院九位大法官的阵营略向保守派倾斜。投下赞成票的大法官，包括特朗普亲自任命的戈萨奇大法官(Neil Gorsuch)。这个判决的影响可能会非常深远。这意味今后全美国 LGBT 人士在职场上都受联邦法律保障，雇主因某人的性倾向或跨性别身份而将之开除就属违法行为。这个判决还会延伸到其他各个领域。美国原来是禁止同性恋者参军。在克林顿时期采取了折中的办法，改为"我不问，你别说"。也就是默认，但不能公开化。现在就不再有法理上的依据拒绝同性恋者参军了。还有对体育活动和体育比赛都会有后续的影响。

三、美国性别平等教育的发展展望

在一个开放的社会里，人们对任何法规和政策都会又不同的意见和看法，这是很正常的。性别平等教育法案也不例外。赞成该法案的人认为，法案为女性增强平等受教育的机会，特别是为女性争取了更多的参与学校体育的机会，减少了女性在校园里的性别歧视。所以应该承认该法案积极地推动了美国教育的进步和社会的发展。同时，反对者认为，女生参与体育活动的机会的增加是以牺牲男生体育活动的机会换来的。女性参与学校体育的人数是大大地增加了，男生参加学校体育运动队的机会就减少了。从数据上看，大学里男生的体育运动队确实有所减少，但是参加学校体育的总人数并没有减少。女权主义者认为，性别平等教育法为女性获得平等受教育的机会起到了很积极的作用，但是使命还没有完成，男女平等受教育的目标还没有实现。[④]但是，反对声音也从来没有间断过。一方面，他们认为，民权办公室过分解读该法案，而且很多性骚扰的投诉缺乏事实证据，但是人们又往往想当然地认为确有其事，把证明自己清白的责任退给了男人(有罪假设)。另一方面他们认为，在实施性别平等的过程中，为了表明上的男女平衡，实际上是在反向歧视男人。[⑤] 比如大学里的数理、工程、技术等专业为了增加女生的比例，明显地降低女生录取的条件。所以男学生投诉

① NATIONAL FEDERATION OF HIGH SCHOOLS .High School Sports Participation Continues Upward Climb.[EB/OL].[2020-07-05].http://www.nfhs.org/content.aspx? id=5752.

② LGBTQ 是女同性恋(Lesbian)、男同性恋(Gay)、双性恋(Bisxual)、跨性别(Transgender)、酷儿(Queer)的英文首字母缩略字，也简称"LGBT"。

③ SUPREME COURT OF THE UNITED STATES .Bostock v. Clayton County, Georgia [EB/OL].(2020-06-15)[2020-07-05].https://www.supremecourt.gov/opinions/19pdf/17-1618_hfci.pdf.

④ Boyce, Rebecca. Cheerleading in the Context of Title IX and Gendering in Sport[EB/OL].[2020-06-28]. https://thesportjournal.org/article/cheerleading-in-the-context-of-title-ix-and-gendering-in-sport/.

⑤ Bagenstos, Samuel. What Went Wrong With Title IX? [EB/OL].[2020-06-27]. https://washingtonmonthly.com/magazine/septoct-2015/what-went-wrong-with-title-ix/.

自己受性别歧视的案例也不少。

什么才是真正的男女平等？平等与平均是一样的吗？如果不一样，又怎么区分呢？有人会说，我们要的平等是机会平等，而不是要男女在各方面都一样。这个说法表面上很理性，因为我们都反对平均主义。我们都鼓励个人奋斗和努力，我们还鼓励个性发展。可是，如果没有相对平衡的结果，你拿什么来证明平等的机会的存在呢？特朗普能在2016年赢得美国总统大选，出乎很多人的意料，其中一个原因就是所谓的沉默的大多数。这个沉默的大多数的基本盘就是社会底层的白人男性。他们在最近几十年的民权运动中往往是利益的牺牲者。在男女平等中，他们需要为女性让步；在保护少数族裔的口号下，他们是白人大多数。特朗普正是看准了这一点，成功地让这些沉默的大多数认为他能代表他们的利益，替他们发声。正是因为如此，这些人非常坚定地支持特朗普，他们不在乎特朗普言行举止有多么出格，也不在乎特朗普的执政理念多么不合常理。如果特朗普连任成功，他将会更加无所顾忌。民权运动打一个回头浪也是极有可能的。这应验了我们从小学的哲学：事物的发展总是螺旋式上升、波浪式前进的。

Title IX Regulations: An Historical Overview of Implementation and Impact on US Education

Xu Dengke

Abstract: This paper is an overview of civil rights law in general and gender equity in education in particular. It summarizes the background of the Title IX legislation, the Title IX regulations and revisions overtime. Title IX implementation and its effects on education in general and on college sports and campus sex harassment in particular. Finally, it shows the data from NCES on educational achievement by male and female students and highlighted the improvement of educational attainment by girls and women in United States of America.

Key Words: Gender equity; civil rights law; US Education; college sports; sex harassment

婚姻关系视角下的性自主权属性探究

郑　睿　段知壮*

内容摘要：随着性权利意识的日渐觉醒，追求性自由与性快乐已然成为当代人精神需求的重要内容之一。非婚人士在实现性权利的过程中所受到的道德谴责日渐淡化，与之相矛盾的是，已婚人士的性自主权却因其婚姻关系的缔结而受到一定约束。在婚内，单方性自主权的实现除了受到双方合意的限制之外，往往还会受到配偶权(忠实义务和同居义务)的限制。同时，在婚姻关系中，同居义务与忠实义务之间本身可能形成对冲，也会给性自主权的行使带来一定的困境。文章拟从对内与对外两个角度，探讨婚内性自主权的践行，得出不同情形下，婚内性自主权在积极与消极属性方面呈现的不同特点。性自主权的权利属性务须从两个层次进行界定：首先是一种绝对的消极权利，体现了性自主权作为人格权的特点；同时是一种相对的积极权利，体现了配偶权对其的部分限制。

关键词：性自主权；婚姻关系；忠实义务；同居义务

引　言

中国新闻网曾刊载一则新闻，妇女李某发现丈夫赵某出轨女下属，碍于孩子太小及自己没有收入故没有选择离婚。此后赵某长期与他人同居，一年四季不回家，李某的无性婚姻生活似乎也永无止境。后李某通过上网交友的方式认识了同样已婚的“浪迹天涯”(网名)，三个月后双方突破了道德防线，开始了稳定的婚外情关系。不久李某两人的“网恋”被男方妻子无意发现，使得这段地下情浮出水面，赵某随即向李某提出离婚。面对丈夫的即时“甩锅”，情人的临阵脱逃，舆论的千夫所指，李某似乎只在乎是否能得到小孩的抚养权，而对丈夫赵某甚至涉嫌重婚罪的“先行”出轨行为却并没有什么意见表达。接受媒体采访时，她透露并不后悔自己的“出轨”，因为这是她人生中第一次感受到来自异性的关爱，品尝到爱情的美好。[①] 随着性权利意识日渐觉醒，诸如此类的事例在新闻媒体的报道中似乎时有发生，尽管始终遭受着道德舆论意义上的“口诛笔伐”，但“出轨”现象在社会当中似乎已经“司空见

* 郑睿，女，汉族，浙江师范大学行知学院讲师，浙江玄畅律师事务所律师，主要研究方向为理论法学。段知壮，男，汉族，浙江师范大学行知学院讲师，主要研究方向为法律社会学。

① 王浩成.出轨丈夫不过夫妻生活 妻子难耐寂寞与网友开房[EB/OL].(2014-03-12)[2020-08-12].http://www.chinanews.com/sh/2014/03-12/5939968.shtml.

惯”。需要进一步讨论的问题是，在法理意义上“出轨”与“性自主权”之间的困境是否单靠忠实义务就足以解决。在婚姻关系中，当一方提出合理的性请求却无故遭到拒绝，进而欲对外行使“性自主权”时，是否可以基于对方同居义务的不履行进而免于忠实义务背后来自法律与道德上的约束。面对如此困境，笔者认为，有必要对于婚姻关系视角下性自主权自身的权利属性进行深度分析，以期厘清其与配偶权之间的冲突与边界。

一、问题的提出：性自主权与婚姻之行进曲

(一)婚姻的本质

潘绥铭先生认为，在研究性问题和解释当今中国的性革命时，很难直接把“性”作为独立的与本体的实体单位、概念和讨论起点，而必须把它放到各种关系中进行考察。① 虽然“不以结婚为目的的恋爱就是耍流氓”这样的价值观或许已不再适用于现在的年轻一代，但在现代社会关系中，婚姻依然被视为是一种情感之升华、后代之繁衍、经济之权衡、人生之丰富的亲密关系的主流形式。

自婚姻产生之初，学界关于婚姻的本质就展开了激烈的探讨，主要理论可以分为三大类：情感说、身份说以及契约说。“婚姻伦理说”及“婚姻爱情说”均主张婚姻的本质归结于情感，即爱情，但对于爱情的具体内涵持不同观点。“婚姻伦理说”认为，婚姻是双方精神的统一，是具有法的意义的伦理的爱。② 而“婚姻爱情说”是在“婚姻伦理说”的基础上发展起来的，其认为当事人间的相互爱慕应当高于一切而成为婚姻基础。③ 情感说过于强调双方伦理及情感上的统一，却忽略了婚姻中的物质利益。“婚姻身份说”则主张婚姻关系本质上是一种身份关系。虽然结婚出于双方合意，但婚姻成立的条件和程序、婚姻存续的效力、婚姻解除的原因和程序等都是法定的，因此创设这种关系的行为是一种身份法行为。④ 这也是目前我国法学界的主流观点。身份说更注重秩序形式的法律固化，却未凸显双方合意的自由意志。“婚姻契约说”则主张婚姻就是两个不同性别的人，为了终身互相占有对方的性官能而产生的结合体，它是依据人性法则产生其必要性的一种契约。⑤ 相较之下，笔者更倾向于“婚姻契约说”，认可婚姻是男女双方出于平等自愿基础上选择的一种契约关系，而性作为双方共同生活中的重要一环存在其中，承载着其未来能否得以存续、和谐发展的重要使命。

(二)性自主权的词源

尽管性对于个人生存、家庭和谐及社会发展均具有不言而喻的价值，但对性权利的保护

---

① 潘绥铭，白维廉，王爱丽，等.当代中国人的性行为与性关系[M].北京：社会科学文献出版社，2004：410-412.

② 黑格尔.法哲学原理[M].张扬，张企泰，译.北京：商务印书馆，1982：117.

③ 恩格斯.家庭、私有制和国家的起源[M].北京：人民出版社，2003：96.

④ 王利明.中国民法典学者建议稿及立法理由——人格权编 婚姻家庭编 继承编[M].北京：法律出版社，2005：214.

⑤ 康德.法的形而上学原理[M].沈叔平，译.北京：商务印书馆，1991：95-96.

并非古已有之。性权利从最初的被需要，经长期的被压抑，到逐渐的被认可，经历了漫长而又崎岖的发展过程，至今仍未达成共识。有学者将性权利视为存在于性领域，围绕着人的性行为发生的，与人的性行为相关的，关涉到人的自由、平等、追求幸福、免于侵害等内容的各自权利的总称。它有别于动物本能之生理反应，而是对幸福、快乐与自由积极追求中表达出来的个性化需求。① 1999 年第 14 届中国性学大会上通过的《世界性权利宣言》(后简称《宣言》)对性权利作出了至今最为全面、详尽、权威的阐述。② 有学者分析其中对性权利内容的 11 个方面分类后，将其统分为自由权、平等权、追求幸福权和救济权四大类。其中自由权具体包括性对象的自由选择权、性行为方式的自由选择权、性表达权等。③ 笔者认为，《宣言》中对权利划分虽较为细致，但部分权利之间存在彼此包含的关系，界限不够明晰，而按照后一种分类，性自主权系从属于自由权，是指在个人与社会的伦理语境下个人对其性生活的自主决定的能力。④ 必须承认的是，性自主权的内核是性自由权的体现，但性自主权的行使也牵涉性平等权、性救济权等。可见，按照四分法进行界定同样存在一定的局限性。综上，本文所要讨论的性自主权，本质上从属于性自由权，是指在权利理念和社会伦理的语境下个人自主决定其性生活的能力。

(三)婚姻与性自主权的关系演变——从“合而不分”到“日渐分离”

婚姻的产生离不开性却又不止/只于性。从本源上讲，婚姻关系产生于性关系，它是从原始状态向文明状态过渡的过程中，杂乱的性关系逐渐固定化、单一化的必然结果。⑤ 然而，在人类社会发展的很长一段时间内，国家将婚姻作为维护社会秩序的手段，人为地转换了其与性之间的发生顺序。婚姻成为性行为发生唯一合法的场域，这不仅意味着性自主权行使的正当性仅源自婚姻，同时婚姻以外的性关系也遭到严格禁止。婚姻总是意味着性交的权利：社会不仅允许夫妻之间的性交；而且一般来说，甚至认为彼此都有在某种程度上满足对方的义务。⑥

在女权主义思潮、性科学及性革命的发展推动下，人类越来越重视自身对于性自由与性尊严的追求，相应地，性与婚姻的紧密度却日渐离散。一方面，婚姻关系中“性”成了加分项而非必需品。如有学者提出，婚姻制度的功能除了考虑到性爱的人性基础——排他性之外，还兼有生育、组织经济生活、育幼养老、平衡男女性别比例均衡等功能，保障社会的基本结构与秩序。⑦ 李银河也认同性与婚姻之间的疏离关系，认为性是婚姻的重要理由，但并非一个最重要和不可或缺的因素。⑧ 另一方面，“性”已然跳脱出婚姻关系的限制，试图在更多元的

---

① 李拥军.性权利与法律[M].北京：科学出版社，2009：74.

② 《世界性权利宣言》将性权利概括为 11 个方面的内容：(1)性自由权；(2)性自主权、性完整权和性身体安全权；(3)性隐私权；(4)性平等权；(5)性快乐权；(6)性情感表达权；(7)性伴侣自由选择权；(8)生育的责任自由选择权；(9)性知情权；(10)全面的性教育权；(11)性卫生保健权。

③ 赵合俊.性权与人权——《性权宣言》说起[J].环球法律评论，2002，24(1)：97-103.

④ 赵合俊.性权与人权——《性权宣言》说起[J].环球法律评论，2002，24(1)：97-103.

⑤ 潘绥铭.性的社会史[M].郑州：河南人民出版社，1998：98.

⑥ 韦斯特马克.人类婚姻简史[M].刘小幸，李彬，译.北京：商务印书馆，1992：1.

⑦ 孙若军.配偶同居权与性自主权冲突的法律问题研究[J].中华女子学院学报，2013，25(4)：21-26.

⑧ 李银河.李银河说爱情[M].北京：北京十月文艺出版社，2019：175.

亲密关系模式中觅得空间。现代性秩序从以婚姻为中心逐渐向以爱情为中心转变，反映出个人“放开”的主体过程。在不伤害他人的前提下，凡具有“合意”和“爱”的性行为均具有合理性。[①] 越来越多的人选择同居而不愿走入婚姻的殿堂，同性伴侣、网络婚姻、“一夜情”等以往“异类”的亲密关系模式逐渐走入大众的视野。比如在北欧，同居被认为是一种可以接受的婚姻替代，因为“母亲”福利与是否已婚之间的区隔已然被法律制度所承认。根据统计数据显示，早在 1983 年时瑞典所出生的孩子中就有 40%以上是非婚生子女。[②] 在我国，冈本与腾讯发布的《2019 年轻人性现状报告》[③]显示，在接受调查的 9889 位 18—34 岁的年轻人中，只有 6.6%反对婚前性行为，37.2%的人持支持态度，剩下的保持中立。甚至有学者认为，婚前性行为有助于发展婚后的所需的情感能力，可以学会怎样反应，使自己能更好地适应婚后的性活动。[④] 侯荣庭和潘绥铭更是在研究中指出，21 世纪以来中国的现实生活甚至已经出现“性、爱、婚的相对分离”，更为隐秘的这种分离恰恰是发生在性关系之内的两个人之间。最为人热议的“包二奶”“找小三”“婚外恋”等都是在保持婚姻甚至保持爱情的同时，却在性生活方面出轨。原配与出轨者不因此而离婚或分手，而第三方也并不寻求破坏婚姻或同居。[⑤]

可见，性自主权与婚姻甚至与爱情之间，从产生之初的“合而不分”到发展至今的“日渐分离”已然成为一种趋势，遵从自己内心的选择去实现性自主权的思潮已然占据上风。然而我们也不得不认识到，尽管立法上针对性自主权缺乏明确具体的规定，但当非婚亲密关系中性权利受损时，依然会受到法律的规制（最严重如刑法领域中的强奸罪），只是在保护方式与保护程度上有时会面临困境。

2011 年 4 月至 8 月，于某（女）与谢某（男）建立了恋爱关系，其间多次发生性关系。后于某因宫外孕进行了左侧输卵管切除手术，后被鉴定为十级伤残。一审和二审法院均认为，两人恋爱期间发生的非婚性行为属于完全民事行为能力人双方自愿的行为，虽悖于公序良俗，但并非法律明令禁止。最终仅基于公平原则，判决谢某对于某伤残后果进行适当的补偿，但对于其精神损害赔偿的请求并未得到支持。[⑥]

诚然，本文并非意欲探讨婚前性行为的立法困境，但应该注意到，曾经性与婚姻之间的枷锁无论在理论研究层面还是在生活实践选择时都不再那么牢不可破。如何看待两者之间的权利冲突，既要考虑最大限度地发挥作为社会秩序管理和伦理道德指引的婚姻的作用，又

---

① 王文卿.性・爱・情：过程中的主体结构[M].北京：社会科学文献出版社，2019：160.

② 波斯纳.性与理性[M].苏力，译.北京：中国政法大学出版社，2002：76.

③ 腾讯新闻.2019 年轻人性现状报告[EB/OL].(2019-08-02)[2020-08-10].https://news.qq.com/cross/20190802/KV946OO2.html.

④ 阿尔弗雷德・金西.女性性行为——金西报告续编[M].潘绥铭，译.北京：团结出版社，1990：134-135.

⑤ 侯荣庭，潘绥铭.本土化："性福"概念的确立与检验[J].社会学评论，2018，6(4)：87-96.

⑥ 新疆生产建设兵团农四师中级人民法院(2011)农四民终字第 50 号。本文中所有案例均出自中国裁判文书网检索系统，下同。

要最大限度地保障作为个体基本权利之一性自主权的实现，便具有特殊意义。

二、婚姻关系中的性：配偶权的作用力

选择步入婚姻是否会对双方个体的性自主权产生一定影响？在我国，婚姻关系以往主要是通过《婚姻法》及其相关司法解释予以规范。在婚姻形式上，我国采取“一夫一妻制”，这种关系满足人们信任和专一的感情和心理需求，以此强化亲密感，其中夫妻性关系的排他性起到至关重要的作用。基于婚姻的缔结，双方获得配偶身份，享有基于该身份所产生的权利并履行相应义务。配偶权的概念源自英美法系，从性质上说是一种身份权，我国立法上虽无明确规定，但承认配偶权的地位及其具体内容已成为学界共识。婚姻中夫妻性关系的排他性主要是通过双方互付性义务来实现的，具体是通过配偶权中的忠实义务与同居义务两项内容得以落实。

（一）配偶权中的忠实义务

忠实义务，即请求忠实权，是配偶权的核心内容，具体表现为不得与配偶之外的第三人进行性行为，夫妻互负忠诚义务是婚姻关系最本质的要求。大陆法系与英美法系均明确规定了夫妻间的忠实义务，但设定该义务的方式有所区别。英美法系主要是在配偶权下明确忠实义务，大陆法系国家虽然一般并未在立法中明确“配偶权”概念，但如法国等许多国家及地区的民法中规定了夫妻忠实义务（贞操义务），即专一的夫妻性生活义务。① 我国《婚姻法》第 4 条中规定“夫妻应当互相忠实”，明确了夫妻间的忠实义务，即任何一方不得与婚外第三人发生性行为。需要特别注意的是，该条款本身具有不可诉性。②

各国立法及实务中对违反忠实义务的行为主要通过两种情形予以规制：一是较严重的重婚行为；二是单纯的“出轨”行为。首先，针对重婚行为，大多国家及地区将其视为法定婚内过错事由，无过错方享有损害赔偿的请求权，情节严重的还纳入刑法的调整范畴。我国《婚姻法》第 3 条规定明确禁止重婚，禁止有配偶者与他人同居。《婚姻法》第 32 条将重婚或有配偶者与他人同居的以及因感情不和分居满二年的，视为提起离婚诉讼的法定事由，同时《婚姻法》第 46 条规定在重婚或配偶者与他人同居的情况下，无过错方有损害赔偿请求权。《刑法》第 258 条更是明确规定“有配偶而重婚的，或者明知他人有配偶而与之结婚的，处二年以下有期徒刑或者拘役”。其次，针对单纯的“出轨”行为，也即“通奸”行为，在证据明确的情况下，许多国家及地区的立法支持无过错方的损害赔偿请求权。例如我国台湾地区民法上虽无明文规定忠实义务，但《民法》第 1052 条第 1 项第 2 款规定了在配偶告诉的情况下，违反贞操义务的一方需要承担损害赔偿责任。《刑法》第 239 条明确规定通奸罪。由此可见，台湾法律实质上要求夫妻互付忠实义务，一般亲属法学者也认可夫妻间的此项义务。③

---

① 法国民法典[M].罗洁珍，译.北京：中国法制出版社，1999：72.

② 《最高人民法院关于适用〈中华人民共和国婚姻法〉若干问题的解释（一）》第 3 条：“当事人仅以婚姻法第四条为依据提起诉讼的，人民法院不予受理；已经受理的，裁定驳回起诉。”

③ 陈惠馨.性别关系与法律——婚姻与家庭[M].台湾：元照出版有限公司，2018：162.

再如法国将违反夫妻忠实义务的行为视为离婚时的过错，可以请求离婚损害赔偿。[①] 在我国司法实践中，因配偶一方的通奸行为，无过错方要求精神损害赔偿的案子也越来越多地得到支持。《民法典》第1079条也弥补了《婚姻法》46条的不完善，通过兜底条款的设置将无过错方因通奸行为产生的精神损害赔偿请求权明确化。即使碍于集证困难，有些离婚诉讼案件中精神损害赔偿可能得不到支持，但针对可确定的婚外性行为，财产分割时过错方会因违反忠实义务承担不分或少分的不利后果。[②] 特别值得注意的是，实践中越来越多的夫妻开始通过签署忠诚协议将该义务具体落实。

> 李某(女)、段某(男)原系夫妻，婚姻关系存续期间，段某于2015年12月9日向李某出具一份忠诚协议，协议载明“如李某发现段某有不忠或出轨举动，本人净身出户并赔偿李某三十万元整”。后在诉讼离婚期间，段某与其他女性在酒店开房过夜。李某遂向法院起诉要求按照协议支付30万元的赔偿。法院认为，段某违背了夫妻间的忠实义务，确给李某造成一定的精神损害，应当按协议承诺进行赔偿。但主张赔偿金30万元过高，结合双方感情状况及当地平均生活水平，酌情支持2万元精神损害赔偿金。[③]

有关忠诚协议的法律效力在学界存在较大争议，但根据张力的观点，忠诚协议的效力主要取决于其所约定“违约责任”的具体目的，及其量化与落实的时点。若是针对特定婚内不忠过错的预先赔偿安排，而非督促对方保持忠贞而维持婚姻，该忠诚协议在法律当中的适用性其实是越来越多地得到支持。[④] 这也间接证明了忠实义务在法律上的实践性。可见，婚姻中的忠实义务将性行为对象锁定在配偶双方之间，其专一性与排他性是无可争议的，体现了对个人性自主权的限制。

(二)配偶权中的同居义务

同居义务，也被称为同居权，是指夫或妻在婚姻关系存续期间要求对方共同生活的权利。[⑤] 目前，我国立法并未直接规定配偶间负有同居义务，但《婚姻法》第32条[⑥]实则体现了配偶一方拒不履行同居义务的后果。那么在承认夫妻同居义务的基础上，进一步发问，同居义务是否必然包括性义务呢？首先，从传统理念上来看，夫妻同居，除了有共同的婚姻住所外，还包括性生活、夫妻共同的精神生活、夫妻互相扶助等内容。其次，从各国立法上看，许

---

① 法国民法典[M].罗洁珍，译.北京：中国法制出版社，1999：72.

② 可参见甘肃省永登县人民法院(2019)甘0121民初1307号；北京市第三中级人民法院(2017)京03民终11858号；汕头市金平区人民法院(2015)汕金法民一初字第9号。

③ 贵州省贵阳市中级人民法院(2018)黔01民终5882号。

④ 张力.民法典背景下“夫妻忠诚协议”的效力认定[N].检察日报，2020-07-29.

⑤ 冀祥德.婚内强奸入罪正当化分析[J].妇女研究论丛，2014(5)：58-60.

⑥ 《婚姻法》第32条：男女一方要求离婚的，可由有关部门进行调解或直接向人民法院提出离婚诉讼。人民法院审理离婚案件，应当进行调解；如感情确已破裂，调解无效，应准予离婚。有下列情形之一，调解无效的，应准予离婚：(一)重婚或有配偶者与他人同居的；(二)实施家庭暴力或虐待、遗弃家庭成员的；(三)有赌博、吸毒等恶习屡教不改的；(四)因感情不和分居满二年的；(五)其他导致夫妻感情破裂的情形。一方被宣告失踪，另一方提出离婚诉讼的，应准予离婚。

多国家的立法中明确规定同居义务包含性义务，例如法国民法明确规定夫妻双方相互负有在一起共同生活的义务。所谓共同生活，是指夫妻在同一婚姻居所内共同起居饮食以及满足双方合理的性生活要求。① 我国在1989年《最高人民法院关于人民法院审理离婚案件如何认定夫妻感情确已破裂的若干具体意见》第1条中也提到"一方患有法定禁止结婚疾病的，或一方有生理缺陷，或其他原因不能发生性行为，且难以治愈的"视为夫妻感情确已破裂，可以起诉离婚，该条司法解释在我国司法实务中也得到相应适用。② 最后，在我国司法实务中，尽管在客观上并无生理缺陷时，仅是主观上不能履行或无故不履行夫妻间性义务仍会被视为夫妻感情破裂，属于准予离婚的事由。

2013年10月谭某（男）与雍某（女）经人介绍认识相恋，一个月后办理结婚登记。婚后雍某以感冒有病为由，拒绝与谭某圆房。之后屡屡以嘴咬、手捏、脚蹬等方式拒绝性生活。婚后的近两年内，雍某以各种理由拒绝与谭某肌肤之亲，更谈不上过夫妻生活。谭某觉得自己经济上的付出与情感上的回报不成正比，因此起诉离婚。南充市顺庆区人民法院认为，雍某婚后一直逃避谭某，拒绝见面，说明婚姻关系有名无实。同时，雍某不与谭某尽夫妻义务，双方的夫妻关系早已名存实亡，因此支持谭某的离婚诉求。③

由此可见，夫妻同居义务中必然包含性义务，性生活义务在夫妻同居生活中不仅占有一席之地，更是和谐、稳定、高质的婚内同居关系中必不可少的润滑剂。但同居义务并非绝对，在一定的条件下可以停止或免除。我国学界通说一般认为可以停止或者免除同居义务的情况主要包括两类：(1)有正当理由可以暂时中止同居，如：因公因私外出、因健康原因住院治疗等；(2)具有法定事由可以停止同居，如：离婚诉讼期间、夫妻感情破裂而协议分居等。④

可见，忠实义务和同居义务属于配偶权的内在要求与具体体现。虽然两者均体现了婚姻中对配偶双方性自主权的约束，但仍存在明显的界限。根据前文论述，笔者认为，忠实义务是指配偶一方不得与婚外第三方为性行为，重在强调"不得为"的对外效力；而同居义务是指配偶一方有义务履行婚内性行为，以满足双方合理性生活的要求，着重强化"应为之"的对内作用。在理想的婚姻关系中，同居义务与忠实义务本身能够实现良好的互动平衡，双方的配偶权均能得到很好的实现。但在现实的婚姻关系下，同居义务与忠实义务之间本身可能形成对冲，出现对冲便会产生一定的困境。如当夫（或妻）一方怠于履行同居义务时，那么此时出于婚姻关系中当事人的性自主权就无法实现而处于真空状态，其忠实义务的履行便会受到挑战。

① 法国民法典[M].罗洁珍，译.北京：中国法制出版社，1999：72.

② 山东省临沂市中级人民法院(2014)临民一终字第14号。

③ 四川省南充市顺庆区人民法院(2015)顺庆民初字第2768号。

④ 张明楷.刑法学(第五版)[M].北京：法律出版社，2016：869.

三、人权与性:性自主权的边界线

(一)性自主权的概念边界

作为“人之为人”的重要权利,性自主权是性权利当中最核心的内容。关于性自主权的定义我国学界的主流观点是将其称为贞操权,是指自然人依照自己的意志支配性利益的具体人格权。性利益是性自主权的客体,既包括实体上的性利益,也包括精神上的性利益,即自己对性状态的精神满足感。① 大多学者支持该观点,认为将其概括为贞操权,既能直接反映出其词源法源,同时也历经时间的考验能够为大多数人所接受。② 但笔者对“贞操权说”持不同看法。一方面,贞操一词虽在学理甚至判例中有广泛使用,但从文意上看,始终透露出男尊女卑的道德伦理色彩。它本意是指维护忠贞不渝的节操,强调被动坚守不为,而未从自主表达性意愿,积极处分性利益的角度进行释义。另一方面,该定义尽管强调了性自主权保护的客体——性利益,但定义过于笼统,未明确权利边界,不利于解决相关权利之冲突。通过比较借鉴,笔者认为性自主权是指在遵循法律和公序良俗的前提下,自然人自主表达自己的性意愿和自主决定自己的性行为,实现性欲望而不受他人干涉和强迫的权利,具体包括拒绝权、自卫权、承诺权以及选择权等内容。虽然从学理上看,性自主权具有人格权的基本属性,本质上是一种绝对权,但该权利的行使在实践中还需受制于他人的意愿表达。具体而言,性自主权需要通过性行为才能得以践行,而性行为实质是一种双方法律行为,需要基于双方的合意。

(二)性自主权的具体表现

如上文所言,性自主权即通过法律对性利益予以保障,是维护个人健康和人格完整的重要内容。虽然性自主权未在我国立法中予以明确体现,但将保护性自主权作为法官断案的直接依据在我国司法实务中已然成为常态。然而在实践中,无论从立法还是司法角度上看,对于性自主权的保护程度仍然会因群体身份及社会关系的不同而有所差别。

从群体身份上看,受传统伦理观念及生物科学的影响,针对男性与女性的性自主权保护存在明显的不平衡。众所周知,我国《刑法》目前仅将强奸罪保护的客体限于女性,针对幼女、女性精神病人等特殊主体还设置更严格的规定,但针对男性被性侵,却只能求助于强制猥亵罪等其他罪名,除出现“类案不同罪”现象外,保护程度及效果也大打折扣。然而,近年来针对侵害男性性自主权的案件时有发生,在该类案件中被害男性均是在违背自身性意愿的情形下受到不同程度的性侵害。但由于我国《刑法》对男女性权利的保护力度明显不对等,于是便出现实务中罚不当罪的问题。③ 为了应对性犯罪对象从单一向多元的发展趋势,

---

① 杨立新,扈艳.《中华人民共和国人格权法》建议稿及立法理由书[J].财经法学,2016(4):39-54.

② 何立荣,王蓓.性权利概念探析[J].学术论坛,2012,35(9):103-108.

③ 田然.我国性犯罪立法改革方向探讨——基于德国最新立法的启示[J].上海政法学院学报(法治论丛),2017(5):124-135.

2015 年施行的《刑法修正案(九)》中,将强制猥亵罪的对象进行了扩大,将成年男性也纳入其中,表明立法上对男性性自主权的重视程度有所提升。但这样的保护程度是否足够,是否有必要将其同样纳入强奸罪的对象中予以保护,未来仍需进一步探究。但至少可以明确,人们逐渐意识到,无论何种性别,任何人均有权享有性自主权,在该权利受到他人侵害时,都应该同等受法律保护。

从社会关系上看,无论是源自道德因素抑或法律因素,不同亲密关系的模式下性自主权的行使范围亦不尽相同。单身时代或恋爱关系中,性自主权的行使主要受到道德因素的干扰。然而在婚姻关系中,正如前文所述,其行使则会受到配偶权中的忠实义务和同居义务的法定限制,其强制约束力俨然得到进一步提升。婚内性自主权与配偶权两者的矛盾冲突是显而易见的。在婚姻关系中,性自主权的自由意志是否能得到充分的实现?如若其行使与配偶权赋予的两项义务产生冲突时又该如何取舍?要解决这些问题,在了解两者存在合理冲突的基础上,有必要进一步探究婚内性自主权之自身属性。

四、对内与对外:婚内性自主权的双面向

对于个体来说,性自主权本质上本应当是一种绝对的权利,但受到人伦及社会因素的影响,其权利的边界会受到法律及道德的一定的限制。比如进入婚姻关系后,个体的性自主权会受到婚姻关系中配偶权所包含性义务的约束。笔者将婚姻关系中的性自主权定义为"婚内性自主权",其权利属性即为性自主权与配偶权在婚姻生活的性关系中互相博弈形成的结果。

男女双方选择进入婚姻关系取得配偶身份的同时,为了增进由婚姻产生的家庭共同利益,部分权利行使时需要在法律与伦理道德双重规范之间权衡。① 配偶权是一种身份权,本质上是一种具有相对性的请求权,主要是通过忠实义务与同居义务来限制个体的性自主权。笔者拟从对内与对外两个角度,对婚内性自主权的践行进行探讨,试图得出发生不同冲突的情况之下其在积极与消极属性方面呈现的不同特点。一方面,从消极层面看,重点解构婚内性自主权的对内属性,即当配偶一方请求履行同居义务,他方能否拒绝?换句话说,已婚者是否有权拒绝配偶的性要求?另一方面,积极层面看,重点探究婚内性自主权的对外属性,即当配偶一方无故长期拒绝履行同居义务,他方能否通过外部途径来获得自身性需求的满足?即已婚者能否通过对外行使性自主权来对抗他方滥用性自主权的行为?

(一)婚内性自主权的对内属性

近年来学界与理论界颇为关注的"婚内强奸"之争恰好可以用来分析消极层面上已婚者能否拒绝履行同居义务的问题。婚内强奸是指在婚姻关系存续期间,丈夫违背妻子的意志,以暴力或以其他方法相威胁,强行与其发生性关系的情形。学理上的代表性观点主要分为肯定说、否定说和折中说。肯定说从法理学的角度作出解释,认为夫妻间只有"弱意义"上的

① 熊金才.配偶自由性人格权的限制与扩张[J].中华女子学院学报,2016,28(4):10-14.

积极性权利，不存在“强意义”上的积极性权利。[①] 否定说以“耦合权利义务说”为代表，认为结婚意味着性权利的主张以及性义务的履行具有该当性，但是夫妻进行性生活必须基于自愿而非强迫，不履行性义务能够导致“性违约”，并非必然导致“性暴力”，仅是手段不当，只是违反社会道德的不妥当行为。[②] 学界的主流观点是折中说，即在一般情况下丈夫强奸妻子不具有违法性，但如果夫妻婚姻关系在非正常存续期间，应视为成立强奸罪。通过在无讼网上检索相关司法判例[③]可以得出，在当前我国的司法实践中一般否认婚内强奸罪的成立，但不排除在非正常婚姻关系中认可强奸罪的成就。对于婚姻关系非正常存续期间的判定标准，学界亦有争议，但主流观点认为一般包括夫妻分居期间、在离婚诉讼期间或法院已经判决离婚但判决尚未生效期间。实务中认定时一般也采纳学界主流的判断标准，认定婚内强奸构罪的案件多集中在法院已判决离婚但判决还未生效以及长期分居的情形下。域外对于婚内强奸的理论也在不断地演进，美国[④]、英国[⑤]、法国[⑥]、德国[⑦]、香港及台湾[⑧]等国家或地区近年来均将婚内强奸纳入刑事立法规制的范畴，将其视为严重家庭暴力的表现之一，认为是对妇女性自主权以及家庭秩序的双重破坏，具有严重的社会危害性。

随着强奸罪从重风化到重人权的立法目的变化，性功能从仅生育到兼娱乐的转变，男女平等观念的重视尤其是女权主义的发展，均推动了婚姻关系中妇女地位的提升，在法律上体现为从最初否认妇女的独立人格，至仅妻子单方负有同居义务，到能与丈夫互享同居权，夫妻性自主权的平等保护越来越受到重视。“婚内强奸”入罪是各国刑事立法的大势所趋，区别仅在于如何立、怎么立的问题。婚内强奸是否构罪并非本文讨论的重点，笔者更为关注的是在一方强行要求与他方发生性关系时，他方是否有拒绝配偶性请求的权利？答案是肯定

---

① “弱意义”上的积极性权利是指，在婚姻存续期间，要求对方作出性应答的权利；而“强意义”上的积极性权利是指，男方的性要求必须要求女方同意，否则男方可以暴力实施性行为。参见周永坤《婚内强奸罪的法理学分析》，《法学》2000 年第 10 期。

② 冀祥德.婚内强奸入罪正当化分析[J].妇女研究论丛，2014(5)：58-60.

③ 例如王某婚内强奸案[上海市青浦县人民法院(1998)青刑初字第 36 号]。王某 1992 年经人介绍与被害人钱某相识，1993 年 1 月登记结婚，1994 年 4 月生育一子。后王某起诉离婚，法院判决双方离婚，在判决书生效之前，王某到原住所对钱某实施了强奸，法院判决王某构成强奸罪。再如孙某婚内强奸案[上海市浦东新区人民法院(2011)浦刑初字第 685 号]。2006 年 10 月，孙某经人介绍与被害人金某相识，2008 年 9 月 24 日双方登记结婚。婚后双方从未共同生活，财产也各归自己所有。2010 年 3 月被害人金某起诉离婚被驳回。2010 年 6 月 14 日，孙某强行将金某带至其暂住处，采用言语威胁、殴打等手段，强行与被害人金某发生性关系。2010 年 6 月 21 日，被害人金某再次向上海市浦东新区人民法院起诉要求与被告人孙某离婚。同年 7 月 28 日，上海市浦东新区人民法院作出准予金某与被告孙某离婚的判决。法院判决孙某构成强奸罪。

④ 美国在 1981 年新泽西州刑法中首先规定了婚内强奸罪：任何人都不得因年老、性无能或者同被害人有婚姻关系而被认为不能犯强奸罪，彻底打破了传统美国普通法赋予丈夫婚内强奸豁免制度的历史。

⑤ 英国上议院在 1992 年第 599 号上诉案中认定丈夫强奸妻子不能因其身份得到豁免。

⑥ 法国 1994 年新刑法典第 222—223 条规定，“以暴力、强制、威胁或趁人无备，对他人施以任何性进入行为，无论其为何种性质，均为强奸罪”，也明确排除了“丈夫豁免”。

⑦ 2002 年《德国刑法典》第 77 条规定，强奸中的性交不必限于婚外。

⑧ 香港地区采取有限规制，丈夫只有在法律上已分居，法庭已经令丈夫不能骚扰妻子，丈夫对法庭承诺不骚扰妻子三种条件下构成强奸。台湾地区同样承认婚内强奸构罪，但采用告诉才处理的方式。参见《新简明六法》，高点文化事业优先公司第 2016 年，叁第 161 页，伍第 39 页。

的。第一,无论是在学理上还是司法实务中均承认"婚内强奸"的有限适用,说明在非正常婚姻关系期间,已婚者有权作出拒绝他方性请求的意思表示,一定程度上保留其作为个体对不想为之,不愿为之的婚内性行为说"不"的权利。第二,在正常婚姻关系中,对于已婚者不愿为之的婚内强制性行为,在实务中也可能被视为家暴,构成成就诉讼离婚的理由。

张某(女)与黄某(男)于2010年9月登记结婚。婚后,黄某对张某动辄辱骂、殴打、威胁,经常半夜喝得酩酊大醉回家后,辱骂、殴打张某,强行发生性行为,即便在张某经期也不例外。2011年一年内,张某因遭受黄某殴打而5次报警,后不堪忍受逃回娘家躲避。但黄某仍多次到张某工作单位及其父母家辱骂、殴打张某,致使张某因无法正常工作而辞职,甚至不敢在公众场所出现,严重影响了张某及其父母的正常生活。2012年2月,张某向法院申请人身安全保护令并起诉离婚。广东省珠海市香洲区人民法院认可了黄某存在家庭暴力的事实,做出了人身保护裁定。①

这类重复且长期发生的婚内强制性行为背后双方已无继续共同生活的意愿,并且伴随有暴力手段及损害结果,本质上是对个体性自主权的侵害,可视为家庭暴力的一种形式,进而通过离婚、申请人身安全保护令等民事方式寻求救济。综上笔者认为,在消极层面,婚内性自主权依然保留了性自主权本身应当具备的绝对性,可视为一种绝对的消极权利。该权利的构建可借鉴目前《民法典》债权转让制度所采用的推定有利主义加以理解,推定有利主义是指由于权利人可因此受益,因此无须明确同意,但应当保留其明确反对的权利。对性的需求是人的自然之性,人人均享有性快乐的权利。婚姻关系本就赋予夫妻双方性义务,可以据此推定夫妻双方可以通过结婚实现彼此的性快乐。因此,基于双方均有在婚姻中获得性快乐的可能性,可以推定默许双方之间作为性快乐实现途径的性行为。但作为已婚者,任何一方均依然保留性自主权中明确不作为的权利,即在一方明确拒绝的情况下,配偶方不得为强制性行为。

(二)婚内性自主权的对外属性

换个角度来看,当已婚者长期无故拒绝夫妻生活,是否可视为滥用性自主权?那么在此情况下,他方又可否据此向外行使"性自主权"以满足自己的性需求?在现代生活中,多元文化资源的并置使得原有传统的婚姻制度成为亲密关系模式的选择之一而非唯一。一方面,在后现代社会的背景下,社会个体性权利意识日渐觉醒的同时,婚姻对人的意义减弱。现代中国社会里人们更倾向于把情感亲密作为决定身体亲密的组织原则,而不是相反。② 由于婚姻而拒绝来自他人的一切爱情,这就意味着减少生活体验、同情心及有价值的人接触的机会,这是摧残人生中最美好的机会。③ 这说明在现代社会中部分人更看重情感催化下的性体验,而非局限于婚姻之下的性行为。另一方面,在女权主义的传入与性主体意识觉醒的影响之下,夫妻男女平等的法律地位取代了传统婚姻家庭关系的人身依附关系。传统上丈夫

① 广东省珠海市香洲区人民法院(2012)香民一初字第680号。

② 王文卿.性·爱·情:过程中的主体结构[M].北京:社会科学文献出版社,2019:25.

③ 罗素.性爱与婚姻[M].文良文化,译.北京:中央编译出版社,2005:104.

对妻子的人身支配权已经转变为身份请求权，从绝对权变成相对权。夫妻任何一方提出性请求，他方有权拒绝，不再受制于婚姻。

通过前述分析可以得出，婚姻关系要求夫妻双方互付同居义务，理应包含性义务。在现实中，已婚者无故长期拒不履行性义务会被归于家庭冷暴力的范畴。有研究认为夫妻间如果没有生理疾病或意外，一年内性亲密关系发生少于 10 次即属于无性婚姻。[①] 根据性学家潘绥铭主持的 2010 年《中国人性调查报告》显示，每 4 对夫妻里就有一对正在经历“无性婚姻”，这是一种精神上的虐待。对于已婚者来说，无故拒不履行婚内性义务，本质上是一种滥用性自主权的行为，违背了婚姻关系中夫妻双方应尽的义务。考虑到婚姻中夹杂感情因素，法律不便过多干涉当事人的隐私及自由，但若完全不加以考虑，势必会引发利用反向冷暴力，剥夺配偶他方的性自主权中包含的性机会。因此，单纯地长期无故不履行夫妻间的性义务，虽然一般无须承担相应的法律责任作为对价，但是制度上依然可以将其视为夫妻感情破裂的有利证明，他方可以依据《婚姻法》第 32 条、第 46 条以及前述相关司法解释，通过离婚这一途径寻求救济。

当同居义务得不到履行，配偶方的忠实义务是否又会形成囹圄，能否行使性自主权予以突破呢？即对于配偶另一方来说，可否要求行使其“性自主权”，通过与婚外第三人进行性行为来弥补婚内性生活的不满呢？这里我们可以把婚外性行为分为三种类型：事实上的重婚，姘居与通奸行为。前两者的不同主要在于对外是否以夫妻名义共同生活，从性质上来说重婚比姘居的性质更恶劣，其可能会涉嫌刑事犯罪。综合《婚姻法》第 32 条和第 46 条之规定，在实践中前两种情形大多均属于“有配偶者与他人同居”的情况，无过错方除了可以提起离婚之外，还可据以要求损害赔偿。而通奸行为因其具有隐蔽性、偶发性、不稳定性和程度差异性，在司法实务中认定难度较大，因此立法并未将其作为离婚损害赔偿的法定事由，仅在通奸婚外生子的情况下，法院大多会支持无过错方的精神损害赔偿请求。此外上文也曾提及当下越来越多的夫妻选择通过签署婚内忠诚协议以保障忠实方的合法权益，虽然忠诚协议的效力尚存在争议，但在不违背合同本身成立要件的基础上，关于不忠所致的精神损害赔偿约定的效力在司法实践中得到越来越多的支持。可见，对于配偶他方来说，在婚姻关系存续期间，已婚者无故长期拒不履行性义务并非其对外行使性自主权具有正当性的充分理由，任何一方均应履行婚姻契约中的忠实义务。一旦越轨去婚外寻求安慰，无论是出于何种原因，都面临他方提出的离婚之诉，并可能承担破坏婚姻关系的赔偿责任后果。

进一步追问，若夫妻双方达成合意，允许对方违背忠实义务与婚外第三人进行性行为又是否属于性自主权的正当行使呢？2010 年的“南京换偶案”[②]恰好涉及问题。此案当时引起广泛讨论，以李银河为首的支持者更是以侵害性自主权为由，提出要求《刑法》废除聚众淫乱罪。这类观点主要借鉴密尔的“伤害原则”来解决个人自由与社会强制之间的关系，即社会

---

① E O Laumann, R T Michael, J H Gagnon, S Michaels. National health and social life survey[M]. University of Chicago Press, 1994.

② 2010 年南京换偶案：南京秦淮区法院审理查明在从 2007 年至 2009 年，22 名被告在南京多个地方，组织参与了 35 起聚众淫乱活动。其中，南京某大学教师马某组织、参与的达 18 起，最终以“聚众淫乱罪”被判处 3 年 6 个月的有期徒刑。

成员在不造成他人危害的前提下可以行使权利。① 结合该理念李银河将“成人、自愿、私下、无伤害”四原则作为性自由的界限，从而认为“南京换偶案”完全满足科学“四原则”的标准，不应允许公权力以道德名义对个人私密空间随意介入、践踏。此处我们暂且不论该案是否构成聚众淫乱罪，仅分析在婚姻关系中，得到了对方的许可可否成为其对外正当行使性自主权的豁免理由呢？笔者认为，答案是否定的。其一，虽然从操作层面上来看，只要双方合意，婚外性行为依旧能够进行，表面上似乎保障了当事人性自主权的行使，但实际上已婚一方的性自主权受到法定忠诚义务的限制。《婚姻法》第46条规定的“无过错方的损害赔偿请求权”也从侧面支持了这一观点。其二，无论能否得到守约方的认可，实施“换偶”这样的婚外性行为不稳定因素较多，从长期来看可能危及婚姻制度及社会秩序的良性互促发展。夫妻双方愿意选择换偶的根本原因在于对性有更高的需求，而这种需求无法通过婚姻实现内部消化。换偶活动表面上实现了个人的性自主权，但实际上，作为亲密行为的性能够产生的效果远比想象中复杂得多，它会使得感情联系得以凝固，从而使双方产生永不分离的意念。② 这样一来，对配偶他方原应忠贞不渝的情感无疑是一种背叛，显然对他方的情感造成了实质的伤害，原有夫妻同心的婚姻关系便更是岌岌可危了，人类也容易因此丧失赖以存在的社会伦理基础。正如卢曼所说，性关系的自由放任说明悲剧不再是由于相爱者不能相互走近；悲剧乃在于，性关系造就爱情，以至于人们既不能靠爱情生活又无法摆脱爱情。③ 其三，从长远来看，鼓励婚外性行为可能还会侵害大众对于性的情感利益。近年来，性行为中的情感因素被越来越多的学者重视并得以论证。如王文卿认为爱情关系中的“性”是最健康、最平衡、最理想的性，婚内性行为也可以因为爱情的缺失而失去“合法性”或正当性。④ 笔者也同样认可，情感、性、婚姻三者之间是存在联结的，既会相互牵制，也会相互促进。尽管我们承认性不应局限在婚姻内，但若已存在一个婚姻，同时默认该婚姻是包含情感的，那么当在婚姻关系中当事人的情感得不到满足其可以通过先选择离婚以脱离婚姻关系，然后再继续寻求性自主权的满足。从某种意义上看性并非纯粹的工具，而是情感之表达，它可以脱离婚姻，但不应缺乏情感。反观类似于“换偶”的婚外性行为实质上消解了性之情感因素，否定了婚姻与性应然包含的情感因素，侵犯了大多数人在这方面的情感利益。综上，在婚姻关系存续期间，任何一方均需承担同居与忠实的义务，否则他方可以通过离婚，甚至请求损害赔偿得以救济。

五、结论

费孝通先生曾提到，自古至今，社会如果单为满足男女之间的情爱和两性关系的话是不需要婚姻和家庭的，只要有当事人的意愿就可以了。社会之所以要有婚姻，还要建立家庭，

---

① 约翰·密尔.论自由[M].程崇华，译.北京：商务印书馆，1982：10.

② 莫里斯.亲密行为[M].刘文荣，译.上海：文汇出版社，2002：73.

③ 尼可拉斯·卢曼.作为激情的爱情——关于亲密性编码[M].范劲，译.上海：华东师范大学出版社，2019：363.

④ 王文卿.性·爱·情：过程中的主体结构[M].北京：社会科学文献出版社，2019：215.

并用法律来保护它,用伦理来规范它,是用它来承担和完成一系列重要的社会功能的。[①] 婚姻与性从“合而不分”到“日渐分离”的关系变迁,反映出个体性权利意识的日渐觉醒。而婚姻关系中基于配偶身份所衍生出的忠实义务和同居义务,本就会对单方性自主权的行使形成一定的约束。在权力运作过程中,配偶单方性自主权的实现与忠实义务或同居义务对其的限制之间便会出现矛盾困境。婚内性自主权,这一概念充分体现了三者之间的矛盾冲突,对于其属性解释在不同的历史阶段均不尽相同,笔者认为在当前社会婚内性自主权具有二重性的复杂特点。

首先,婚内性自主权是一种绝对的消极权利。性自主权本质上属于人身权中人格权的范畴,是绝对权。第一,性自主权并非一种财产权利,其客体性利益与人身具有不可分割性,因此属于人身权的范畴。第二,性自主权是与生俱来的,是神圣不可侵犯的,更是“人之为人”的重要体现。一旦遭到侵害,对人的尊严以及身心健康均会造成极大的创伤。因此它和人身自由、名誉权一样,是一种绝对的人格权,具体表现为性意愿的专属性以及性本身的自然权利属性。[②] 婚内性自主权保留了性自主权所属人格权应具备的绝对性,体现为一种绝对的消极权利,具体表现为已婚者依然保留了性自主权中明确不作为的权利,即在已婚者明确拒绝的情况下,配偶方不得为强制性行为。

其次,婚内性自主权是一种相对的积极权利。任何权利都是有边界的,性自主权具有半克减性,主要表现为两种情形。第一,基于性行为的相对性,性自主权只有在征得他人同意的情况下才能行使,若未经他人同意,则该权利的行使受限。第二,任何违法或者违背公序良俗的性行为,参与方即使达成合意也会遭到禁止,例如法律对卖淫嫖娼的禁止。在性交易中性工作者将自己的人身以及性自主权打包进行物化作为商品进行交易,丧失了人之尊严、人格独立,不利于社会人伦秩序的理性引导,因此在许多国家均受到法律的禁止。因此性自主权既要考虑当事人性意愿的充分表达与实现,保障基本人权的实现,同时也肩负着维护正常社会秩序,建立高尚健康性道德的坚实责任。婚内性自主权同样体现了性自主权的限制,除了要考虑“合意”之外,婚内性自主权还会受到了夫妻配偶权中忠实义务和同居义务的部分限制,是一种相对的积极权利。具体表现为在婚姻关系存续期间,任何一方均有权请求他方履行忠实义务和同居义务,当得到他方拒绝时,也有权要求解除婚姻关系并获得相应赔偿,从而摆脱配偶身份对个体性自主权的相对限制。

Research on the Nature of Sexual Autonomy from the Perspective of Marriage

Zheng Rui　Duan Zhizhuang

(Zhejiang Normal University, Hangzhou, 321004)

Abstract: With the awakening of the consciousness of sexual rights, the pursuit of

① 费孝通.生育制度[M].北京:商务印书馆,1999:4.

② 郭卫华.论性自主权的界定及其私法保护[J].法商研究,2005,22(1):60-66.

sexual freedom and sexual happiness has become one of the important contents of contemporary spiritual needs. The moral condemnation of unmarried people in the process of realizing their sexual rights has been gradually weakened. Paradoxically, the sexual autonomy of married people is constrained by the establishment of their marriage relation. In marriage, the realization of unilateral autonomy is not only restricted by mutual consent, but also restricted by spouse rights (duty of loyalty and cohabitation). Meantime, in marriage, the cohabitation obligation and the duty of loyalty itself may form a hedge, which will bring certain difficulties to the exercise of sexual autonomy. This paper discusses the practice of sexual autonomy in marriage from both internal and external perspectives, and concludes that under different circumstances, sexual autonomy in marriage presents different characteristics in terms of positive and negative attributes. The right attribute of sexual autonomy must be defined from two levels: firstly, it is an absolute negative right, which reflects the characteristics of sexual autonomy as its own personality right; at the same time, it is also a relative positive right, reflecting the partial restriction of spouse right.

Key Words: sexual autonomy; marital relationship; duty of loyalty; duty of cohabitation

性别与史学

Gender and History

Women/Gender Studies

常态与变异:再思女性地位的历史逻辑*

——以慈禧太后为中心

赵天鹭　王杰升　孙巍溥**

内容摘要:女性地位是衡量人类社会发展进步程度的重要指标之一。以理想化研究方法得出的女性地位公式,不仅有效证明了马克思主义妇女解放理论的正确性,还得出了女性地位演变的普遍规律。以慈禧太后为代表的中国"女主",其女性地位的超然,源于传统的子嗣制度和特定的历史情境,实为中国女性地位"常态"之外的"变异"。妇女史研究应坚持唯物史观的指导地位,科学分析历史现象的复杂性,为新时期的妇女解放运动提供理论支持。

关键词:女性地位;理想化研究;慈禧太后;妇女解放;唯物史观

妇女问题是人类社会发展的重要议题之一。女性地位问题是妇女问题的核心,"是一切妇女问题最集中、最本质的体现,它不仅是妇女问题解决与否的主要标志,而且是衡量社会经济发展水平的重要尺度"①。女性地位是一个内涵丰富的系统,通常牵涉女性的政治地位、经济地位、文化地位、家庭地位、社会地位等内容,因而需要建立起综合性的指标体系,加以系统分析。当前,学术界对女性地位的相关概念与测量标准尚未达成共识。女性地位的研究也从尝试构建普遍适用的综合指标体系,转向偏重某一内涵维度的精细化、具体化测量。②

尽管遭遇了许多困难,构建统一的女性地位综合指标体系,在宏观层面对女性地位进行整体性的量化分析与研究,仍具有不可忽视的学术价值与现实意义。笔者以为,达成上述目标的重要前提,在于研究方法的革新。参考近代自然科学的成功实践,在人文社会科学领域引入理想化的研究方式,不失为一种有益的探索。所谓"理想化",是与"经验化"相对的、以"要素本位"替代"现象本位"的研究模式和思维方法,具有精确、普适、客观、必然四大特征,是近代自然科学诞生的重要基础。"从伽利略开始,科学家告诉我们,仪器和实验所揭示出

* 基金项目:教育部人文社会科学研究重点研究基地重大项目"新时期中国近现代史研究中的虚无主义观点驳正"(14JJD71004)。

** 赵天鹭,男,汉族,武汉大学马克思主义学院讲师,主要研究方向为中国近现代社会文化史、史学理论与公共史学;王杰升,男,汉族,中国科学技术大学人文与社会科学学院研究助理,主要研究方向为科学技术与社会;孙巍溥,男,汉族,贵州师范大学历史与政治学院副教授,主要研究方向为史学理论与史学史、科学思想与文化。

① 韦惠兰,杨琰.妇女地位评价指标体系研究[J].兰州大学学报(社会科学版),1999(2):97.

② 宋健,张晓倩.妇女地位:概念、测量与理论——全领域与家庭领域的观察[J].妇女研究论丛,2019(4):109.

来的现象表明常识并不具有终极的说服力。常识式的理性不够用了，人们学会求助于数理式的理性。新的物理理论以数学作为科学的原理，与此相应，新概念以通向量化为特征，它们有助于把各种经验资料化，把各种资料数量化”；“自然现象在其丰富性中被我们经验……实证科学则相反，它从由理想简化的条件开始，通过改变条件和增加变量得到更复杂的模型”①。

笔者在此尝试以理想化研究方法，重建女性地位的量化研究新路径，探究其背后所蕴含的普遍历史规律；以中国历史上的“女主”代表人物——慈禧太后②为研究个案，分析造成其特殊女性地位的干扰因素，并由此阐明当前妇女史研究所应秉持的研究原则。

一、女性地位的常态历史逻辑

本文所说的女性地位，指的是女性相对于男性的地位。用女性地位与男性地位的比值来表示，即：女性相对地位＝女性地位/男性地位。历史上导致女性相对地位变化的因素有很多，如生产力、子嗣数量和继承制度、社会环境等，这些因素的随机组合使问题变得十分复杂，导致无法量化。采用理想化研究方法，建立理想状态，进行思想实验，实为解决问题的良策。理想状态是与经验现实相对而言的纯粹形态，是对历史线索的高度提炼与纯化，是作为探索社会历史普遍共性规律的基础平台。③

在只考虑生产力的理想社会中，令理想民众组成 k 个理想家庭④，其中 p 个家庭（A 类家庭）男女各有 a 个单位的生产力，即 $x_{男}=x_{女}=a$；剩下的（$k-p$）个家庭（B 类家庭）中只有男性拥有 a 个单位的生产力，即 $x_{男}=a$、$x_{女}=0$；该状态中 k、p、a 为任意实数且 $0\leqq p\leqq k$。根据初始理想状态性质可知，当男女拥有的生产力相等，即 $x_{男}=x_{女}$ 时，由于双方作用效果相等且无第三方因素偏移结果，因此男女两性的绝对地位相等，即 $y_{男}=y_{女}$；当女性生产力为零，即 $x_{女}=0$ 时，由于女性方面无作用效果且无第三方因素偏移结果，因此女性绝对地位为零，即 $y_{女}=0$。任何一个男强女弱的现实家庭，都可以看作是 p 个 A 类家庭和（$k-$

① 陈嘉映.哲学·科学·常识[M].北京：中信出版社，2018：161，178.

② 学术界关于慈禧太后的研究成果数量有限，主要集中在慈禧太后亲历的晚清政治斗争，以及慈禧太后生前身后的形象建构与传播两大主题。前者可参见王开玺.辛酉政变与正统皇权思想——慈禧政变成功原因再探讨[J].清史研究，2002(4)：49-56；曾靖婷.试论肃顺与慈禧之权力冲突[J].史穗（台湾），2009(2)：55-80；侯杰，孙巍溥.性别视域中的家国权力——以慈禧太后为例[J].烟台大学学报（哲学社会科学版），2017(4)：93-99、115；刘强.“国主”与“家主”的异化与统一——再论戊戌政变后光绪帝与慈禧太后之关系[J].中国国家博物馆馆刊，2018(5)：120-127；刘文华.戊戌变法前慈禧光绪权力关系二题[J].清史研究，2019(3)：140-147。后者可参见汪荣祖.记忆与历史：叶赫那拉氏个案论述[J].“中央研究院”近代史研究所集刊，2009(64)1-39；詹涵婷.专权的艺术——谈慈禧太后东方朝服像与西方画师所绘肖像画研究[J].造形艺术学刊，2009：97-115；王正华.走向“公开化”：慈禧肖像的风格形式、政治运作与形象塑造[J].美术史研究集刊，2012(32)：239-320；董丽慧.博弈与错位：从慈禧肖像看晚清国家形象塑造[J].文艺研究，2019(6)：148-157.

③ 孙巍溥.历史现象背后的科学规律、数学模型与计算机代码[M].北京：九州出版社，2019：5.

④ 这里只具有两两分组的作用，而不具备现实家庭所具有的其他任何性质。

p)个 B 两类家庭的组合。① 如下表所示：

表 1　理想社会家庭数据汇总表

序号	类型	数量	$x_{男}$	$x_{女}$	$y_{男}$	$y_{女}$
1	A	p	a	a	1	1
2			a	a	1	1
……			a	a	1	1
p			a	a	1	1
$p+1$	B	$k-p$	a	0	1	0
……			a	0	1	0
k			a	0	1	0
现实家庭			ka	pa	k	p

由上表可知，在现实家庭中，当女性生产力百分比 $\omega_W = x_{女}/(x_{男}+x_{女}) = pa/(ka+pa) = p/(k+p)$时，其相对地位 $Rp_W = p/k$。两式联立，可得 $Rp_W = \omega_W/(1-\omega_W)$，亦即女性相对地位＝女性生产力/男性生产力。符号表示为：

$$Rp_W = \frac{F_W}{F_M}$$

这便是男强女弱家庭中的女性相对地位公式。将 A、B 两类家庭中的男女生产力互换，可以得出在女强男弱家庭中的女性相对地位公式，同样表现为上面的形式。因此，上式可直接称为女性相对地位公式，反映的是女性地位普遍性的演进趋势。在理想状态下，生产力是决定女性地位的唯一要素，即决定量。女性地位的演变，与生产力的发展息息相关。

理想状态下得出的女性地位公式，用数学推导的方式印证了马克思主义经典著作中关于女性地位的科学论断，并且得到了女性地位演变的历史规律。1884 年，恩格斯依据马克思生前对美国人类学家摩尔根《古代社会》一书所作的摘要等材料，撰写出研究著作《家庭、私有制和国家的起源》。该书以唯物史观阐明了人类社会早期发展的历史，论证了造成妇女不平等地位的经济基础，以及妇女彻底解放的根本前提，被后世奉为马克思主义妇女理论的“圣经”。

恩格斯指出，根据历史唯物主义的观点，历史中的决定性因素，归根结底是直接生活的生产和再生产。生产本身又分为两种，“一方面是生活资料即食物、衣服、住房以及为此所必需的工具的生产；另一方面是人自身的生产，即种的繁衍。一定历史时代和一定地区内的人们生活于其下的社会制度……一方面受劳动的发展阶段的制约，另一方面受家庭的发展阶段的制约。”②在母权制社会，两性分工基于生理差异。男子狩猎、女子采集。由于女性的生产方式在数量和稳定性两个方面都优于男性，因而居于受到高度尊敬的地位。农业革命后，

---

① 例如 $x_{男}=7$ 且 $x_{女}=4$ 的现实家庭(C 类家庭)等价于 4 个 A 类家庭和 3 个 B 类家庭的组合。为有助理解，读者可想象 A 筐里 1 个黑球、1 个白球，B 筐里只有 1 个黑球。如此，拥有 7 个黑球 4 个白球的 C 筐就可以等价为 4 个 A 筐和 3 个 B 筐。

② 弗·恩格斯.家庭、私有制和国家的起源[M]//中共中央马克思恩格斯列宁斯大林著作编译局.马克思恩格斯文集：第 4 卷.北京：人民出版社，2009：15-16.

伴随着生产力的发展与私有制的出现，男性的体力劳动在社会生产中发挥着越来越重要的作用。男女两性的生产力差距扩大，女性地位明显降低。“母权制被推翻，乃是女性的具有世界历史意义的失败。丈夫在家中也掌握了权柄，而妻子则被贬低，被奴役，变成丈夫淫欲的奴隶，变成单纯的生孩子的工具了。”①母权制瓦解后，人类社会建立起由男性主导的专偶制家庭。恩格斯强调，这种专偶制只是对妇女单方面而言的。“历史上出现的最初的阶级对立，是同个体婚制下夫妻间的对抗的发展同时发生的，而最初的阶级压迫是同男性对女性的压迫同时发生的……个体婚制是文明社会的细胞形态，根据这种形态，我们就可以研究文明社会内部充分发展着的对立和矛盾的本质。”②在传统农业社会，随着劳动分工的越发细致，不论是战争活动、宗教行为还是政府事务中的专业角色，一般向男性而不是女性开放。男性因此成为公共领域的主宰。“父权制是财富和权力的梯度在性别关系中的一种表现方式，因为许多这些专业化的角色使得男性获得了新型的财富和权力。而逐渐增长的权力反过来又给予男性精英对性别角色的公共定义施加更大的影响。”③由此，性别不平等的社会习俗在世界范围内被普遍建立起来。

自人类进入工业社会以来，在累次科技革命的推动下，人类的社会生产力得到了巨大的提升。人类的生存性劳动对体力的需求量的减少，以及脑力劳动所占比重的增加，使得男女两性之间的生产力差距大为缩小。传统农业社会的性别秩序受到冲击。女性相对地位得到提升。19 世纪末 20 世纪初，女权主义运动浪潮率先在欧美发达国家出现，女性自我意识逐渐觉醒，提出了争取选举权、就业权和受教育权的要求；20 世纪 60—70 年代，第二次国际女权主义运动风行全球，广大女性在新的历史条件下提出了一系列的诉求和主张。④ 恩格斯在《起源》一书中，深刻揭示了私有制是妇女处于被压迫地位的根源，将妇女的彻底解放同消灭私有制的社会主义运动结合在一起。他指出：“妇女解放的第一个先决条件就是一切女性重新回到公共的事业中去；而要达到这一点，又要求消除个体家庭作为社会的经济单位的属性。”⑤而彼时新兴的现代大工业生产，又为这一目标的实现提供了基础。“妇女的解放，只有在妇女可以大量地、社会规模地参加生产，而家务劳动只占她们极少的工夫的时候，才有可能。而这只有依靠现代大工业才能办到，现代大工业不仅容许大量的妇女劳动，而且是真正要求这样的劳动，并且它还力求把私人的家务劳动逐渐溶化在公共的事业中。”⑥

---

① 弗・恩格斯.家庭、私有制和国家的起源[M]//中共中央马克思恩格斯列宁斯大林著作编译局.马克思恩格斯文集：第 4 卷.北京：人民出版社，2009：68.

② 弗・恩格斯.家庭、私有制和国家的起源[M]//中共中央马克思恩格斯列宁斯大林著作编译局.马克思恩格斯文集：第 4 卷.北京：人民出版社，2009：78.

③ 大卫・克里斯蒂安.时间地图：大历史导论[M].晏可佳，等译.上海：上海社会科学院出版社，2007：292.

④ 裔昭印.论题：妇女史研究的兴起与发展[J].历史教学问题，2010(5)：39-40.

⑤ 弗・恩格斯.家庭、私有制和国家的起源[M]//中共中央马克思恩格斯列宁斯大林著作编译局.马克思恩格斯文集：第 4 卷.北京：人民出版社，2009：88.

⑥ 弗・恩格斯.家庭、私有制和国家的起源[M]//中共中央马克思恩格斯列宁斯大林著作编译局.马克思恩格斯文集：第 4 卷.北京：人民出版社，2009：181.

二、慈禧太后：女性地位历史逻辑的变异

前述女性相对地位公式适用于历史上的大部分女性。它与马克思主义妇女理论相契合，反映着理想状态下最普遍的情况。然而，历史上也有一部分女性具有不遵循普遍规律的特殊女性地位。中国历史上的秦宣太后、齐君王后、西汉吕后、北魏冯太后、唐武则天、北宋刘皇后、辽萧皇后、元乃马贞后等"女主"即是典型。"从吕后到慈禧，两千年的封建宫廷文化，就因为有了这一批桀骜不驯的女性，使那单调的、专一的男性帝王文化改变了颜色，改变了曲调。"[①]

中国古代"女主"获得超然地位的原因，在于经验现实社会中的诸多干扰因素——程度量发生作用的结果。程度量在丰富了经验世界的同时，亦严重地阻碍了科学的产生和发展。"众所周知，现实本身是一片混沌的神秘经验整体……只要我们连续地思考，就会锻造出一个环节清晰的链条，而区分主体和对象就是第一个环节。"[②]经验化研究表面上兼顾周全，实则无法处理决定量和程度量的区别和作用；理想化研究则能够做到"分清主次、分别研究"[③]，因而极大地降低了研究对象的复杂程度。现以慈禧太后为例，进行说明。造成其特殊地位的程度量，是紫禁城内的"母以子贵"传统和紫禁城外太平天国运动的逼迫。

"母以子贵"现象最早出现于汉代，本不合先秦周礼强调嫡庶之别的精神。但由于西汉建立之初，先秦礼制并没有得到全面遵行。两汉又多庶出皇帝，其生母的地位因之得以抬升。此后，这一观念随着"以孝治天下"执政理念的推行，逐渐由皇室进入了民间，又因民间的广泛接受而合理化，并最终成为传统中国家庭的经典性别权力转换模式。[④]

清代前期，历朝皇帝的子嗣数量虽然各不相同，但都没有遭遇子嗣数量为零、没有直系继承人的危机局面。康熙帝是中国历史上子嗣数量最多的皇帝之一，晚年甚至出现了九子夺嫡的险烈政局。乾隆帝的子嗣数量大为减少。他所中意的储君相继夭亡，不得不从年幼且庶出的皇子中挑选继承者，但也不至于无子可选。清代第一次无子可选的危机出现在道光十一年(1831)。随着皇长子奕纬的死去，道光帝一度面临着"绝户"的窘境。幸而不久皇四子奕詝(即咸丰帝)等诸位皇子纷纷出生，道光帝又重新具有了可选继位的子嗣。

1852年，年轻貌美的慈禧被选入宫，赐号兰贵人。对其而言，在情感上笼络咸丰帝并为之诞下"龙子"，成为她获得至高无上的权力的第一步，也是至关重要的一步。正如茅海建在《苦命天子——咸丰皇帝奕詝》一书中所说：

> 1854年3月24日，咸丰帝晋那拉氏为懿嫔，这是入宫女子中除皇后外第一个晋升

① 门岿.专制变奏曲：从吕后到慈禧[M].济南：济南出版社，2008：1-2.

② 汤因比.历史研究[M].刘北成，郭小凌，译.上海：上海人民出版社，2005：423.

③ 所谓"分清主次"，指的是研究之前先分清哪些是决定量，哪些是程度量；所谓"分别研究"，则是指先研究没有程度量作用时决定量的决定性作用，再研究各程度量对决定量的影响程度。这是一种狭义上的科学还原论思想。

④ 邹远志.论"母以子贵"观念在汉晋时期的合礼化[J].船山学刊，2012(1)：149-152.

的。那拉氏与宫中其他3名贵人由原来的排列在前变成了名份在前。后宫中位居第3的地位极其牢固。此后不久,1855年1月,丽贵人他他拉氏诏封丽嫔,紧跟其后;1855年2月,云嫔武佳氏去世。那拉氏在后宫的地位由第3位升至第2位,但让那拉氏感到十分紧张的是丽嫔他他拉氏此时身怀六甲。1855年6月20日,他他拉氏生下一个女儿,似乎让那拉氏松了一口气。而他他拉氏因生女有功,晋为丽妃,名位又跑到那拉氏前面去了,那拉氏由第2位复降至第3位。生性好强的那拉氏,决不会甘心地位下降,于是向咸丰帝施展魅力,果然不久后也有喜了。①

晚清时期皇帝子嗣不旺的客观现实,也造成了清前期许多相关制度的调整。一是雍正朝以来所实行的秘密立储制度,在事实上被彻底废止。二是所谓的"上夜守喜"制度。按照宫制,嫔妃级别的女性怀孕,要在八个月后才开始进行各项产前的准备工作。然而咸丰五年(1855)六月慈禧怀孕之后,咸丰帝由于盼子心切,破例让她的母亲到储秀宫陪同照应。中国第一历史档案馆藏咸丰六年《懿妃遇喜大阿哥》档案,记载了同治帝出生时的情形:咸丰六年三月二十三日巳时,懿嫔开始坐卧不安,接生姥姥口氏查有胎动之象。未时,懿嫔顺利分娩。太监带领两个太医来到储秀宫,为懿嫔和刚出生的阿哥检查身体。上报母子均安,皇帝大喜。② 同治帝诞生后,慈禧的地位更加稳固。"从此她在宫中更加得宠,因而晋升为禧妃。③咸丰又将慈禧的妹妹赐给咸丰的兄弟醇王(后来就是光绪皇帝的生身父母)。咸丰在内宫批阅奏折的时候,时常叫慈禧在旁边侍候,因而使她有机会了解和学习处理国事。"④清朝皇帝一般不准后宫参与政事,地位上升的慈禧则在一定程度上打破了这个惯例。同治、光绪二帝统治时期,子嗣数量的问题彻底爆发。两位皇帝生前都没有留下子嗣,慈禧太后凭借"母以子贵"所奠定的政治权势因此得以延续。

"母以子贵"在不同的历史时期与家庭性别政治环境下的意义是不同的。在清前期皇子数量众多的情况下,"母以子贵"效应并不明显。而对于晚清同、光二帝的妃嫔而言,由于她们未能生育子嗣,也就谈不上"母以子贵"。因此,"母以子贵"效应的最大化,需要严格控制皇子的数量,只有1人是最好的情况,而这样的家庭权力转变局面恰恰在晚清前期形成了。全贵妃(咸丰帝生母)和慈禧(同治帝生母)是"母以子贵"的最大受益者,而只育有咸丰帝独子的慈禧所得到的"母贵红利",又远超全贵妃。这让她成为有清一代"母以子贵"的最大获利者。她也凭借这一巨大的权力转换红利,逐步成为紫禁城中的实际主宰,进而实际统治中国长达48年。从本质上讲,支撑慈禧太后长年统治中国的,其实是三个"母以子贵"红利所发挥出来的政治影响力。

根据以上经验描述,可知在理想状态下,当皇子总数不为零时,母以子贵比 MS=已出皇子数 S_0/皇子总数 S;当皇子总数为零时,$MS=0$。亦即:

$$MS=\begin{cases} S_0/S & (y\neq 0) \\ 0 & (y=0) \end{cases}$$

① 茅海建.苦命天子——咸丰皇帝奕詝[M].上海:上海人民出版社,1995:288.

② 杨剑利.同治王朝[M].北京:中国青年出版社,2014:6.

③ 慈禧生同治以后,从懿嫔晋升为懿妃,不是禧妃。

④ 德龄,容龄.在太后身边的日子[M].北京:紫禁城出版社,2011:218.

需要强调的是，理想状态下的全部皇子，方方面面无一不同。但经验现实中的 S_0 和 S 指的都是已存活皇子。这里的“存活”指的是政治生命，因此夭折、过继和被圈禁者皆不计入，但计入尚在孕中的皇子。据此可得清代圣母皇太后“母以子贵比”的宏观走势，如图 1 所示：

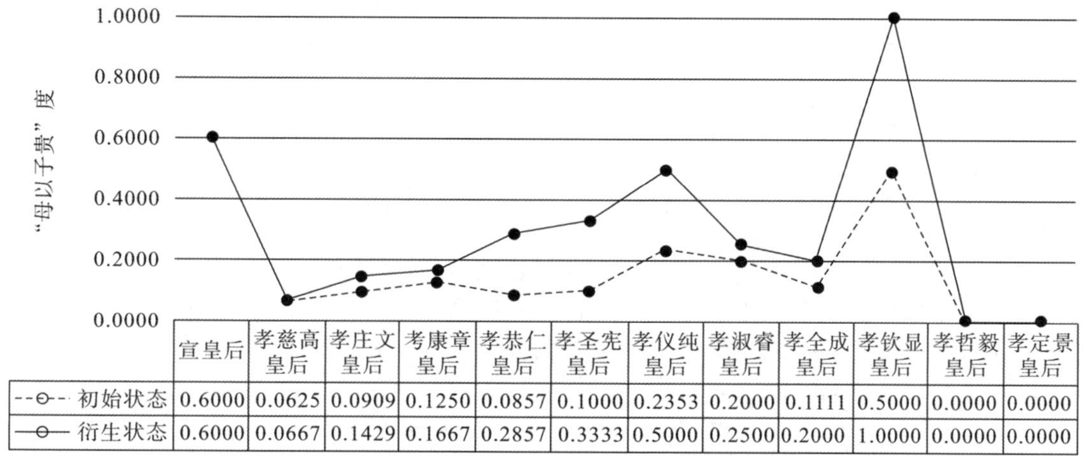

	宣皇后	孝慈高皇后	孝庄文皇后	考康章皇后	孝恭仁皇后	孝圣宪皇后	孝仪纯皇后	孝淑睿皇后	孝全成皇后	孝钦显皇后	孝哲毅皇后	孝定景皇后
初始状态	0.6000	0.0625	0.0909	0.1250	0.0857	0.1000	0.2353	0.2000	0.1111	0.5000	0.0000	0.0000
衍生状态	0.6000	0.0667	0.1429	0.1667	0.2857	0.3333	0.5000	0.2500	0.2000	1.0000	0.0000	0.0000

图 1　清代圣母皇太后(若无则取母后皇太后)“母以子贵比”走势图

数据来源：(1)吴昌绶.清帝系后妃皇子皇女四考：附年表一卷[M].1917：14-22；(2)唐邦治.清皇室四谱[M].台北：文海出版社，1966：111-172；(3)赵尔巽.清史稿：列传一[M].台北：明文书局，1985：175-214.

令 p 为皇帝所拥有的社会控制能力、y 为 t 时刻可继位皇子点总数、x 为 t 时刻该后妃点所生育可继位皇子点数、MS 为“母以子贵”度，可编写出历代后妃的“母以子贵”专属程序。以表 2 所示为例：

表 2　“母以子贵”程序代码及其部分实例汇总表

<table>
<tr><th>程序代码</th><th>后妃名称</th><th>输入界面</th><th>输出界面</th></tr>
<tr><td rowspan="3">#include <stdio.h>
float func(int y,float x)
{if (y==0) return 0; else return x/y;}
int main (void)
{
float p;
int y,x,t;
scanf("%d ", &y);
scanf("%d ", &x);
scanf("%d ", &t);
printf("t=%d\n",t);
printf("MS=%f\n",func(y,x));
}</td><td>孝恭仁皇后乌雅氏
（雍正帝生母）</td><td>13
2
1690</td><td>t=1690
MS=0.153846</td></tr>
<tr><td>孝全成皇后钮祜禄氏
（咸丰帝生母）</td><td>5
1
1844</td><td>t=1844
MS=0.200000</td></tr>
<tr><td>孝钦显皇后叶赫那拉氏
（同治帝生母）</td><td>1
1
1860</td><td>t=1860
MS=1.000000</td></tr>
</table>

续表

程序代码	后妃名称	输入界面	输出界面
	孝哲毅皇后阿鲁特氏 （无子女）	0 0 1874	$t=1874$ $MS=0.000000$
	恪顺皇贵妃他他拉氏 （无子女）	0 0 1887	$t=1887$ $MS=0.000000$

此外，在咸丰时期，皇帝没有子嗣的问题在太平天国运动的外在大背景下变得更加严峻。自太平军在广西起事以来，帝国各处叛乱频发，清王朝陷入了四面楚歌的绝境。“小刀会很快便占领了上海；在南方，金钱会赶走了浙江—福建沿岸的政府军；红巾军则袭击了广州……华中地区，越过淮河盆地后，还有大批对抗朝廷的捻军……据报，某些省份三分之二的人口不是死亡，就是失踪……西方帝国主义也开始折磨中国。”①一时间，咸丰帝的子嗣问题俨然成为量度清王朝“天命的标尺”。正如《太后治下的中国》一书所分析的那样：

> 叶赫那拉氏入宫时，京城内外皆因太平天国叛乱而忧心忡忡。1853年3月，太平军占领南京……当时，中国士人普遍认为，大清统治“天命已尽”，咸丰皇帝将成为大清的亡国之君。举国上下，叛乱四起，咸丰皇帝孱弱淫乱，尽失民心。在士大夫眼中，他堕落无能，完全不具备诸位先皇流芳历史的贤明风范，更不懂得效仿先祖编纂巨著典册来赢得文人之名。二十五岁依然未得子嗣，这在中国人看来是不祥之兆。想当年，几位先皇早在15岁前就已经有了子嗣。因此，当1856年慈禧诞下龙子，加上朝廷又将太平天国逐出了湖南和江西时，民众认为清政府再次得到了上天的眷顾，不祥的兆头已经烟消云散了。②

由此可见，太平天国运动作为外在因素，也起到了程度性作用。在理想状态下，该作用可以表示为：其他因素影响度＝个人特征/平均特征（在本案例中，即标尺度＝太平天国潜在战争能力/清王朝潜在战争能力），符号表示为：$B=pA/pB$。综合决定量与程度量，可得出修正后的女性地位总公式：

$$P_W=k\cdot Rp_W+j\cdot MS+i\cdot B=\begin{cases}k\dfrac{F_W}{F_M}+j\dfrac{S_0}{S}+i\dfrac{p_A}{p_B} & (S\neq 0)\\ k\dfrac{F_W}{F_M}+i\dfrac{p_A}{p_B} & (S=0)\end{cases}$$

综上所述，经验现实世界女性地位的影响因素纷繁复杂，需要进行科学、细致的分析方能得出正确的结论。我们既不能无视历史上的特例，也不能因特例的存在而否定普遍规律。

① 魏斐德.中华帝国的衰落[M].梅静，译.北京：民主与建设出版社，2017：158-159.

② 濮兰德，贝克豪斯.太后治下的中国[M].周晓丹，译.哈尔滨：哈尔滨出版社，2014：7-8.

由理想化方法得出的女性相对地位公式,其与部分历史现实的不符,实为干扰因素影响的结果。

三、女性地位的变迁与妇女史研究的原则

对女性地位的历时性、整体性的分析与研究,不仅可以有效检测人类社会的文明发展程度与基本人权状况,还能为未来妇女解放事业的发展提供科学指导。然而,由于经验现实世界本身的极度复杂性,使得女性地位的概念呈现出相对性、多维性、多重定位性和情境依赖性等特征[①],为女性地位综合指标体系的建立带来了不小的困难。

与过往学者直接基于经验世界选取指标,加以量化分析的方式[②]不同,理想化研究方法通过建立理想化语言体系,在理想状态下进行思维实验,进而得出超越经验化范畴的科学结论。伽利略在科学方法论上最重要的贡献,是将问题"理想化"的诀窍:"他能将每个问题减至其基本而必要的形式;除去非立即相关的因素……伽氏可以区分亚里士多德所谓'基本'与'次级'的性质,并集中测量前者……这个'理想化'的窍门使伽氏能直达问题的核心,且发展出简单的数学理论。"[③]由此观之,理想化方法与马克思主义经典作家的"主要矛盾"思想不谋而合。将其引入人文社会科学研究领域,可作为一种探索人类社会普遍规律的全新尝试。

经由理想化方法得出的女性相对地位公式,展现了生产力的发展与女性地位历史变迁之间的决定性关联,以新的方式证实了马克思主义妇女解放理论的科学性。"马克思主义妇女解放理论的理论基础是历史唯物主义……把女性主体置于历史的、具体的和现实的物质生活中来考察,并从生产力与生产关系的辩证运动中寻找女性解放运动的客观规律和有效途径……脱离了社会化物质生产活动的历史,任何关于女性主义的理论都只能是空中楼阁,没有现实的理论基础。而这正是马克思主义女性观与西方女性主义理论最大的区别所在。"[④]马克思主义妇女解放理论的优越性,已然在中国历史上得到了印证:五四新文化运动以来,中国的妇女解放运动得到了蓬勃发展,在指导思想上也完成了由西方女权主义思潮到马克思主义妇女观的重大的转变。中国共产党将妇女解放纳入民族国家的解放运动之中,在争取民族国家权益的过程中,实现妇女权益的根本伸张,走出了一条与西方女权运动迥异

---

① 宋健,张晓倩.妇女地位:概念、测量与理论——全领域与家庭领域的观察[J].妇女研究论丛,2019(4):108.

② 例如,美国人口危机委员会在1988年建立的女性地位评价综合指标,将女性地位分为5大类20项指标进行评价,每项指标5分,满分10分。90年代初,有中国学者选取女性政治地位、经济地位、劳动地位、教育地位、健康地位、婚姻家庭地位6方面11项因素指标,进行数据无量纲标准化处理,进而得出女性地位综合评价指数。参见陈再华.妇女地位综合评价指标探讨[J].中国人口科学,1993(6):39-44,51.

③ 查尔斯·赫梅尔.自伽利略之后——圣经与科学之纠葛[M].闻人杰,等译.银川:宁夏人民出版社,2008:71.

④ 郭滢,刘怀玉.从马克思主义妇女解放理论到当代女性主义:问题的实质、争论与反思[J].河南社会科学,2017(12)96.

的康庄大道。[①] 总而言之，马克思主义妇女解放理论不仅经受住了历史的考验，对当下的妇女解放事业仍具有指导意义："恩格斯的女性解放思想……诸如自然性别劳动分工是母权制基础、私有财产的发展必然导致父权制、女性压迫和阶级压迫密切相关、家务劳动社会化是妇女解放的前提……作为高度创造性的思想始终闪耀着智慧的光芒，在历史上产生了深远的影响，当下仍有重大的现实意义。"[②]以理想化方法，对现实世界影响女性地位的程度量加以分析，可进一步得出测算女性相对地位的总公式。通过对慈禧太后的个案研究，我们不仅可以更加直观地明了中国古代"女主"获得超然地位的奥秘，还可进一步明确当前妇女史研究理应坚持的研究原则。

以慈禧太后为代表的中国"女主"，其无上权柄的获取与维系，都不离传统家长制社会孝道观念的依托。无论是对同治、光绪两位皇帝的操控，还是对儿媳阿鲁特氏与珍妃的打压，抑或与奕訢、奕譞、奕劻等宗室势力的博弈，"实质上乃是传统大家庭的性别文化所衍生出的性别关系、权力关系在晚清政坛上的一个投影"[③]。诚如史学家李剑农所说，慈禧以一弱女子的身份，而能获得笼盖一切的能力，所倚靠的"全在道德上的名教影子"：

> 就她本身说，她是不顾名教，并且是名教主义的罪人，但她对付别人却全恃名教主义的威力。她自己不循祖宗的家法，对付皇室亲贵，对付皇帝、皇后、皇妃，动辄借口祖宗家法；亲贵稍不如她的意旨，即拿交宗人府议罪；皇后、皇妃稍逆己意，轻则叱面，重则弛衣受杖，皇帝不敢庇护；对付在廷各臣僚，用伦理上母子君臣的名分，捧着一个儿皇帝做傀儡，把他摆在前面，各人不敢不低首于皇帝之下，便不敢不低首于皇帝的母亲之下。"圣人以孝治天下"，久成为名教主义的金科玉律，没有人敢违背这条金科玉律，便没有人敢违抗她。[④]

史学界对慈禧作为传统秩序的维护者的评判，本已十分成熟。如著名马克思主义史学家胡绳所言："慈禧太后是顽固地保持封建统治秩序的势力的代表，她尽可能坚决地拒绝任何危害这种统治秩序的新的事物。但她也善于适应日益加强对中国的侵略和统治的外国帝国主义的需要而改变自己的某些统治形式和政策。"[⑤]近年来，历史虚无主义思潮日趋泛滥，学术界的科学结论遭到质疑，对现有的社会秩序和国家意识形态安全造成了一定的冲击。"在怎样评价中国近现代史上的重要人物上，那些倾向于历史虚无主义思想的人，基于过去建立在政治正确、党派对立、意识形态基础之上的人物评价是不科学、不客观的认识……进行反向推论和'翻案'，走向历史人物评价的另一极端。"[⑥]在这场"翻案""解构""戏说"的狂

---

① 王蕾.从素朴的平等到马克思主义妇女观的确立——中国社会性别观的形成与变迁[J].河南大学学报(社会科学版)，2018(1)：53-60.

② 李进超.马克思主义妇女解放理论及其现实意义——基于《家庭、私有制和国家的起源》的女性主义研究[J].广西社会科学，2019(9)：94.

③ 侯杰，孙巍溥.性别视域中的家国权力——以慈禧太后为例[J].烟台大学学报(哲学社会科学版)，2017(4)99.

④ 李剑农.中国近百年政治史[M].上海：华东师范大学出版社，2015：79-80.

⑤ 胡绳.从鸦片战争到五四运动[M].北京：人民出版社，1997：305-306.

⑥ 冯兵，关浩淳.史学研究的历史虚无主义现象及其批判[J].史学集刊，2019(6)：28.

欢中,原本形象不佳的慈禧太后也摇身一变,成为一个"正面人物"。某些人"为了说明慈禧太后并非只顾个人享受而置民族利益于不顾,有意列举慈禧太后批准了多少关于支持洋务派兴办实业的奏折"①;某些影视作品甚至公然将慈禧打造成"一个优秀的政治家",她与李鸿章、袁世凯等人都是为中国找出路的"改革先驱"和"悲剧英雄"②。

历史虚无主义思潮在学术界内外的蔓延,是当代历史学科所面临的危机与困境的直接后果。19 世纪以来,在科学革命浪潮的激励下,历史学迎来了迅速发展的黄金时代,开始成为众多新建立的人文社会科学中的一员。"现代历史学已经从传统的叙述史学时代步入分析史学的时代……仅仅对历史现象和历史过程进行记述或描述或叙述是远远不够的,还需要对这些现象和过程进行深入的研究和分析。"③然而,历史学的科学化探索并不顺利,至今仍大体上处于经验描述的初级阶段。"迄今为止,历史学的载运工具基本上还是日常生活的语言文字。这是一种极大的局限。以日常生活的语言文字作为载运和表达的工具,从根本上说,就还没有(而且不可能)摆脱古来文史不分的传统而使历史学跻身于科学之林……假如将来有一天我们能找到或者发明另一种有效的符号系统来表达历史学的涵义,有如数学符号之应用于数学上那样,那么也许可望历史学能摆脱艺术表现形式的藩篱;不过直到今天它还只能不但是以艺术的形式来传达,而且也以这种方式而为人所理解——无论是史家对历史的理解,还是读者对史家著作的理解。"④20 世纪 70 年代,史学研究领域发生"语言学转向",叙事主义史学复兴,后现代主义思潮在史学领域产生冲击效应。"后现代主义者拒绝史学家的客观,不承认过去的真实,不认为有求得过去真理的可能。对于所有的学科,其所引进的,是急进的怀疑主义、相对主义与主观主义,不仅拒绝任何学科的真理,也拒绝真理此一概念。"⑤"对历史学家而言,后现代主义一般来说意味着这样一种观点:历史学家不能洞穿语言给历史事实蒙上的面纱,换言之,历史学家仅能书写文学文本,而非真相。"⑥

由此观之,后现代主义史学理论与历史虚无主义思潮,是对现代历史学主流发展方向的颠覆与破坏。广大史学工作者应立足唯物史观,坚持科学的理论指导和研究方法,正确评判历史人物与历史事件。在学术研究上做一番"拨乱反正"的工作,是为专业学者的社会职责所在。当然,我们对待马克思主义,也不能陷入教条主义、实用主义的陷阱之中。"研究各门具体科学,要善于运用马克思主义立场、观点、方法去辨明研究方向、掌握科学思维,得出合乎规律的认识,而不是照搬现成结论,更不是代替具体科学的研究。"⑦妇女史作为史学研究的重要分支领域之一,亦当努力贯彻上述研究原则,方能引领新时代的史学发展,而不至落于人后。

---

① 闫方洁,宋德孝.历史虚无主义的解构主义叙事及其方法论悖论[J].思想教育研究,2017(4):77.

② 梁柱.历史虚无主义是唯心主义的历史观[J].思想理论教育导刊,2010(1):63.

③ 霍俊江.计量史学研究入门[M].北京:北京大学出版社,2013:3.

④ 何兆武.对历史学的若干反思[M]//刘北成,陈新.史学理论读本.北京:北京大学出版社,2006:63.

⑤ 杜维运.中国史学与世界史学[M].北京:商务印书馆,2010:225.

⑥ 理查德·艾文斯.捍卫历史[M].张仲民,等译.桂林:广西师范大学出版社,2002:276.

⑦ 习近平.在全国高校思想政治工作会议上的讲话[M]//中共中央文献研究室.习近平关于社会主义文化建设论述摘编.北京:中央文献出版社,2017:100.

Normality and Variation: Rethinking the Historical Logic of Women's Status
—A Study Centered on Empress Dowager Cixi

Zhao Tianlu Wang Jiesheng Sun Weipu
(Wuhan University, Wuhan, 430072)

Abstract: Women's status is one of the important indicators to measure the development and progress of human society. The formula of women's status obtained by idealized research method not only effectively proves the correctness of Marxist theory of women's liberation, but also obtains the general law of women's status evolution. The transcendence of women's status, represented by Empress Dowager Cixi, stemmed from the traditional heirs system and specific historical situations, which was actually a "variation" beyond the "normal" status of Chinese women. The study of women's history should adhere to the guiding position of historical materialism, scientifically analyze the complexity of historical phenomena, and provide theoretical support for the women's liberation movement in the new era.

Key words: women's status; idealized research; Empress Dowager Cixi; women's liberation; historical materialism

民国时期浙江妇女地位嬗变研究*

渠默熙**

内容摘要:民国时期是中国社会发生重大历史变迁的阶段。浙江妇女地位的改善比较明显。在婚姻家庭生活中,女性地位不断提升,表现在观念发生变革、婚姻自主意识增强、纳妾旧俗被批判、职业活动成为新的重要选择等方面;在经济领域女性的地位也日益提升,如社会经济权利有所改变,经济自立思潮萌生,就业范围日渐拓展等;在政治觉悟与政治参与上则体现为知识女性群体崛起,政治参与实践日渐深阔等。

关键词:民国;浙江;妇女;地位

浙江妇女地位的改善是从民国开始的。在波澜起伏的民族民主革命中所挟带的妇女解放思潮和妇女解放运动冲击下,传统性别制度日渐式微,女性地位不断崛起。"在这一过程中,从废缠足、兴女学到直接投身民族民主革命,女性不仅获得人身自由,而且获得广泛的社会权利,女性的主体意识也在参与中逐渐觉醒。"①

一、婚姻家庭生活中,女性地位的崛起

中国的婚姻家庭关系在鸦片战争前有许多落后的封建糟粕,如包办婚姻、买卖婚姻、纳妾制及缠足等。受近代化因素的影响,民国时期中国的传统婚姻家庭制度出现了一定程度的变化,"婚姻家庭中父权和夫权影响逐步减弱,婚姻制度发生改变,个人婚姻的自主性增强等"②。

(一)观念变革

清末民初的婚姻家庭变革,始于19世纪末期的戊戌变法运动。辛亥革命时,一大批进步的资产阶级革命家重新开始了婚姻家庭改革的探索和实践活动。他们主张破除礼法婚姻、专制婚姻、买卖婚姻,提倡法制婚姻、自由婚姻,消灭封建家长制特权,女子在家庭和社会中要有独立的人格。这些主张和思想为新型婚姻关系的出现提供了理论上的指导。但是,

* 基金项目:中国—上海合作组织国际司法交流合作培训基地科研项目(19SHJD035)。

** 渠默熙,女,汉族,上海政法学院国际交流学院讲师,主要研究方向:汉语国际教育、浙江妇女史。

① 贺艳秋.浙江妇女发展史[M].杭州:杭州出版社,2013:12.

② 杨风.当代中国女性发展研究[M].北京:人民出版社,2007:157.

现实生活中,青年男女真正通过自由恋爱并自由缔结婚姻还是非常少见的,而勇于离婚的则更少见。当时影响最大并亲自付诸实践的是资产阶级女革命家秋瑾。她在1904年毅然放弃包办的婚姻,与丈夫决裂,东渡日本留学,并参加了资产阶级光复会和同盟会,成为封建礼教的叛逆者。

五四运动时期,新文化知识分子更加猛烈地批判旧婚姻制度和婚姻观念,提出了"婚姻革命"的口号,主张社交公开,男女社交自由;倡导包括自由恋爱、自由结婚、自由离婚、寡妇再嫁自由等在内的婚姻自由,建立以感情为基础的自由恋爱,反对门第观念和追求财富。但是,这场婚姻家庭变革运动主要发生在城镇而未波及浙江广大农村地区。浙江农村虽然也提倡"男女平等"与婚姻自主,却是形式上的变化多于内容上的改变。

文明结婚和新式婚礼开始逐渐从大城市影响到中小城市和乡镇。如遂安县"近有不拜堂则行文明婚式者"①。新式婚礼主张尊重父母有为子女主婚的权利,但父母也要听取子女的意见;排除旧俗中落后、迷信的内容,简化旧俗"六礼",废除烦琐仪式;尝试集体婚礼。如,1935年初,浙江救济院举办集团结婚。院长沈尔乔主婚。郁达夫曾写白话词《西江月》予以赞赏:"昔日章台弱柳,今日南国佳人。鸳鸯乱点谱翻新,太守名乔姓沈。红烛西行几对,春宵一刻千金。婚姻何必定条陈,缛礼繁文好省。"②1939年4月4日,镇海县也主办了该县的第一次集体结婚,促进了社会的进步和社会风气的转变。

1924年1月,《中国国民党第一次全国代表大会宣言》提出"于法律上、经济上、教育上、社会上确认男女平等之原则,助进女权之发展。"这是国民党第一次用文字形式对男女平等作出的纲领性宣言。1930年12月,南京国民政府公布《民法典》,其第四编的"亲属编"堪称中国历史上第一个正式施行的亲属法。它改变了数千年来男尊女卑的封建传统,初步反映男女平等的精神,否定了包办买卖婚姻和早婚早育的陈规,确立了婚龄的限制标准和一定的婚姻自由精神,废除了公开的多妻制,基本确立了一夫一妻制。这部法律是当时除苏联以外,世界唯一一部规定男女平等的民法。这些政策和法律的推出,为浙江女性追求婚姻家庭地位,提供了保障。

(二)婚姻自主

首先,倡导婚恋自主,反对父母包办。民国《民法典》明确规定一夫一妻制、男女经济地位平等和离婚自由。受此影响,恋爱自由的新观念已经对一部分知识阶层的青年人产生了较大影响。社会上出现了一些通过自由恋爱而结合的幸福婚姻。如1923年,瞿秋白任上海大学教职时与该系已婚女生杨之华的婚恋与结合。然而,浙江女性的自由恋爱观念并未达到普遍的程度,尤其是对下层社会的影响还没有那样广泛:"旧式婚姻十之七八,新式这不过是至二三。"③农村地区依然较为保守,许多地方仍然是婚约尚媒妁,一切皆父母主之,毫不容子女置喙。至于自由结婚,自由恋爱,更非梦想所能及,非常罕闻。

其次,离婚自由自主权的获得。从20世纪30年代开始,离婚的主体人群开始由知识分子向社会一般阶层转移,妇女主动离婚的人数在大大增加。史料显示,这一时期浙江各地的

① 杨利剑.女性与近代中国社会[M].北京:中国社会出版社,2007:151.

② 姚桓.遂安县志:卷一[M].出版地、出版者不详.1930:8.

③ 东南日报(杭州)[N].1935年3月16日.

离婚案件有逐步增加的趋势，而且其“离婚申请者以女性占有绝对比例”①。离婚主动方，在五四运动以前，男多于女。五四运动以后趋势逆转。近年主动离婚的女性数量已经呈年增之趋势。同时，还有很多妇女把离婚当作手段，利用离婚诉讼来达到争取家庭地位的目的。

当时的报纸杂志上所刊登的离婚宣扬、离婚协议、离婚启事是随处可见。“像离婚这样重大(虽亦平常)的事件，要使亲友周知，却只花一角钱，登一天分类广告就了事，这实在是中国婚姻史上的大变化，民国史上的新现象。”②当时，浙江就发生了徐志摩和张幼仪的离婚事件，郁达夫与原配妻子孙荃、王映霞的婚姻事件。

由离婚自由带来的妇女再嫁婚姻现象，至民国时期已是屡见不鲜。社会对此也颇能正确对待。“无论鳏寡，均可再婚，绝对自由，不复引人注意，而招致恶意的批评。”③当时杭州亦“再娶再醮之风通行”。④

(三)批判纳妾旧俗

纳妾制在中国由来已久，至民国，浙江社会纳妾之风固存，并出现了不分地域、不分阶层的特点。这一点在朱采真的《废妾号》中有鲜明的体现：“前清时代，我知道娶妾的人，多半是有产阶级；……不料民国以来，因为经济的压迫，卖淫的风气愈盛；不论何人，只要有几个现钱就三妻四妾了。真是可怕的很!”⑤

民国后期的法律删除了关于妾的内容，但并未明文禁止纳妾。这种观念与现实的冲突，直接导致了妾及其地位的“尴尬”。日本侵华战争爆发后，动荡动乱又给重婚和纳妾提供了可能，造成纳妾风又起。

在社会观念层面，由于一夫一妻制主义的兴起，废妾的呼声一时颇为流行。但废妾的新思想并没有彻底战胜旧式观念。更多的人虽然对妾表示同情，却仍然以旧式的道德标准来要求妾。左拥右抱的传统习俗在很多人心中仍然占据支配地位，这无疑为妾的生存提供了思想上的沃土。同时，以自由为核心的新式婚姻观念与性道德观念也为妾的生存提供了空间。

(四)职业活动成为新的重要选择

近现代浙江妇女在家庭中仍然主要担负着传统养儿育女的责任，但是，近代工业的产生与发展，使得大量下层女性由于家庭经济所迫，开始外出工作，挣钱养家已成风气。而一些知识女性受男女平等思想的影响，也不再满足于没有生机的家庭生活。加上女学的兴盛，妇女受教育程度的提升，一些脑力劳动的职业，由于女性也能胜任而被知识女性所青睐。越来越多的女性加入就业大军的行列。但是，由于新旧交汇，走入职业生涯的女性依然要面对繁重的家庭事务，并未彻底走出家庭。“由于民国时期托儿所等公共育婴机构才刚刚出现，绝

① 周峰主.民国时期杭州[M].杭州：浙江人民出版社，1992：338.

② 杨利剑.女性与近代中国社会[M].北京：中国社会出版社，2007：156.

③ 余华林.女性的“重塑”——民国城市妇女婚姻问题研究[M].北京：商务印书馆，2009：215.

④ 张少微.战争与家庭改造[J].东方杂志，1947，43(7)：23-30.

⑤ 周峰主编.民国时期杭州[M].杭州：浙江人民出版社，1997：338-354.

大多数妇女不得不面对一面工作，一面又要料理家务、照顾孩子的窘境。”[①]因此，职业与婚姻的冲突已成为这一时期职业妇女面临的突出问题。

为此，许多机关、公司、工厂、医院便明文规定：不用已婚女职员，如果结了婚就被辞退。婚姻成为职业妇女面临的严重问题。“我于1942年毕业于上海协和高级护士学校，即上海红房子医院（妇孺医院）。毕业后留母校、母院任教五年。历任解剖、微寄、营养等基础科教师及临床病房督导员。后因结婚，无法再在母校任教（当时医院、学校有规定，结婚之后就不聘）。”[②]看来，受客观的社会环境影响，不知道还有多少像陆月林一样的职业女性，挣扎在家庭与职业兼顾的窘境中。

抗战结束时，由于浙江妇女职业的变化，有更多女性进入了教育界、商界、政界、法律界、警界、医界、新闻界、交通界以及工厂等。当然，这也意味着会有越来越多的职业女性要面对这种双重责任的生活。正是她们把自己置于职业和家事的双重责任当中，从而妨碍她们真正享有和男子同等的参与职业的权利。

二、经济地位的日益提升

浙江农村地区的妇女，在封建制度之下，一切权利都被剥夺。她们不能参与乡村自治机关，及各种共同集会；即使是祠堂祭祀酒食，也无资格参与享受；家政除少数特别外，亦多不能过问，但是她们的家庭劳动，是极繁重的。“至于农村妇女的地位，真是恶劣到了万分。其他不自由，受压迫的地方，一时说不尽。”[③]这是民国时代浙江妇女的一个侧面，却带有广泛性，毕竟城市发展还没有达到高度繁荣的程度。

（一）社会经济权利有所改变

在土地所有权方面，民国时期，国家仍然实行按户征租的赋税政策。租税按户征收，以丁为主要的征收单位，这意味着以户为主要单位的家庭中，女性的纳税权利与义务处于附属地位。这也表明女性对土地拥有的权力处于附属地位。

在财产继承权方面，民国新民法规定了妇女享有与男子基本相同的财产继承权。1930年12月颁布的《民法继承编》规定“配偶有相互继承遗产之权”[④]。但是，这一法条比民间实际情况“超前”，效用性受到限制。现实生活中浙江妇女的经济权益没有得到明显改善。20世纪30年代浙江地区风俗调查显示，乡村妇女普遍未能享有财产继承权。但妇女第一次在法律上拥有了独立的个人财产权。当然，妇女拥有的财产权也只是可以终身享有奁产管理权和收益权；夫家不能占有奁产，改嫁妇女可以随身带走奁田。浙江宣平县奁产为妇女死后

① 秋田.妾的弊害和怎样废妾[M]//朱采真.废妾号.杭州：浙江书局，1922：14-15.

② 余华林.女性的“重塑”——民国城市妇女婚姻问题研究[M].北京：商务印书馆，2009：121.

③ 陆月林.回忆金华福音高级护士职业学校[M]//金华文史资料（教育专辑）：第5辑.杭州：浙江人民出版社，1989：94-130.

④ 关于农村妇女问题决议案（1926年12月）[M]//中国妇女运动历史资料（1921—1927）.北京：人民出版社，1986：496-533.

祭产,但大多数地方奁产在妇女死后仍归娘家所有。

(二)经济自立思潮萌生

近代工业的快速发展为妇女经济独立和地位的提升营造了良好的社会环境。如海盐县沈荡镇的王公顺布庄于1930年自设织机,生产厂布,1932年增设袜机,生产纱袜。杭州、宁波、南浔、绍兴等地除了缫丝厂、纺织厂需要大量女工外,一些新生产行业的兴起,也使广大妇女的就业机会进一步增多。包括火柴厂、制帽厂、花边厂、织袜厂、编织毛巾厂、草编厂在内的日用品工业以及食品工业纷纷建立起来,进一步增加了对女工需求的数量。当时浙西一带的很多村镇都开始设立毛巾厂,招收女工。花边生产发展到民国时期,出口量增多。浙江地区许多农村妇女都在从事花边生产,其中以萧山坎山镇最为著名。"1930年,萧山的花边厂已达三十多家,大都集中在坎山镇,四乡织造女工两万多人,生产花边140万码。"[①]

织袜业也是当时浙江地区吸纳农村女工较多的行业。"至1930年,平湖城乡已有袜厂二十家,工人数千名。1932年,袜厂增至48家,开机3000台,资本总计14万元,年产袜子90余万打。到1936年,袜厂则增至83家,开机8500台。"[②]"浙江硖石镇自1911年兴起织袜业以来,最盛时袜厂多达60余家。1927年时,镇上仍有大小袜厂30余家,袜机4000千余部。"[③]草帽编织业,在浙江宁波有些地方甚至成为不少妇女的主业。"据1930年的调查,1925年之前,浙江一省草帽产量占全国的90%以上,全省从事草帽编织的女工已达三十二万多人。"[④]

由此看来,妇女一旦走出家庭,进厂做工,经济上获得一定程度的自立,势必还影响到家庭结构的改变,诸如婚龄推迟、家庭关系的变化等等。妇女不仅在家庭的地位与主动性必然提高,而且还能积极投入到社会活动中去。

(三)就业的领域日益拓展

在城市,许多妇女的就业领域已从工厂扩展到与消费有关的娱乐、服务行业,进而逐渐扩大到近代工业、手工业和商业。同时,近现代女子教育的发展,也极大地提高了浙江妇女的文化素质和职业技能,她们利用掌握的各种知识资源,开始向各个行业渗透。尤其是知识女性群体的崛起,打破了职业领域男子占统治地位的状况。文化、教育、医疗、科学技术等新式领域都出现了女性的身影。20年代中期,杭州的铁路、银行、电话局、邮务局等部门开始陆续录用女性。甚至还有些女性开始进入实业领域,尝试创办女子工艺厂、女子商店。以杭州弘道女中为例。该校毕业生,除了一部分成为家庭妇女外,其余的从事各行各业的都有,其中以教师最多。根据档案资料记载,"第一届,民国元年,毕业生一人,从医;第二届七人,一人从教,其余家务;第三届五人,一人从医,一人从教,其余家务;……到了第二十五届,二

---

① 蔡鸿源.民国法规集成:第66册[M].合肥:黄山书社,1999:19.

② 邵连生.话说萧山花边[M]//萧山政协文史工作委员会,编印(内部发行).萧山文史资料选辑:第1集.1988:1-48.

③ 伊成.工业先驱针织业[M]//平湖政协文史资料工作委员会,编印(内部发行).平湖文史资料:第4辑.1992:1-31.

④ 彭泽益.中国近代手工业史资料(1840—1949):第3卷[M].北京:三联书店,1957:232.

十三名毕业生中，从事法律一人，从医三人，会计两人，从教三人，邮政一人。虽然家居者仍占多数，但职业妇女的人数也在增加，而且就业范围更加广泛。"[①]

至30年代，浙江城市女性已经进入了几乎所有的职业领域，初步获得了职业平等权。妇女获得就业权，为经济自立奠定坚实的基础，更是近代浙江妇女的荣耀。

在农村，妇女的职业结构也呈现出多样化的态势。由于历史的原因，丝棉纺织是浙江乡村妇女从事的主要职业，特别是在杭嘉湖宁绍等地区。1921年，赵欲仁曾对浙江私立甲种女子职业学校的38位女生进行调查。这些女生的家乡妇女仍以织布、纺纱织袜、缫丝、刺绣、缝纫、织巾、育蚕、采茶、耕种等为业。[②] 19世纪末20世纪初，近代工业的产生，为乡村妇女职业结构性的转变和多样化提供了一定的条件。如遍及浙江各地的保姆业(做保姆，当地俗称"坐阿婆"或"帮佣")、自纺绒线、制笔等。由于浙江是水网之乡，浙江一带的船娘也是名闻遐迩，历史悠久。

三、政治觉悟与政治参与

妇女参政是妇女走进政治或管理领域，通过对社会管理和参与领导来体现妇女的地位的基本途径。占人口半数的妇女群体，其萌发近代意识，开始自我觉醒，是从争女权、兴女学开始的。

(一)知识女性群体崛起

知识女性是近代中国最早觉悟的女性。在晚清兴女学的热潮中，浙江女子教育获得了长足发展，由此造就了一个新的社会群体——知识女性群体。这一群体从产生之日起，沐浴的是欧风美雨，受到的是有别于中国传统教育的新式教育。在"男女平等"、民主思想的熏陶下，她们开始质疑中国"男尊女卑"性别等级制度的合理性，大脑中慢慢萌发出新观念、新思想——主要有男女平等意识、女权意识、革命意识等。可以说，爱国构成浙江妇女运动的核心，在历次爱国运动和革命斗争中，许多女子表现出的革命意识和爱国精神不亚于男子，涌现出了一批为中国人民的解放事业抛头颅、洒热血的女革命家与女英雄。她们是一支对国家前途、民族命运不可忽视的力量。

(二)政治参与实践日渐深阔

民国时代浙江女性的政治参与主要是围绕反帝反封这两条交织的战线展开的。其中有资产阶级革命派领导的女性革命斗争，也有女性自发的革命斗争；有中、上层知识女性的参战，也有下层农妇和女工的抗争。她们组织起来，以各种形式展示群体的参政诉求，如兴女学、组织女性社团、办女报、积极投身反帝爱国运动、资产阶级民主革命和民族解放战争等，所有这一切构成了浙江女性政治角色的内容。

1920年，全浙女界联合会诞生。王壁华任会长，陈愫、侯明任副会长。该会成立后，便

① 复兴经济委员会调查浙江经济所.浙江沿海各县草帽业[M].1931:19.

② 潘秀慧，杨菁.从弘道女中看民国浙江的女子教育[J].浙江档案，2003(2):39-67.

马上参加制宪活动。王璧华、陈愫、沈斌分别提出了“贫民生计、男女教育费宜一律平等、废妾意见书，均次第加入宪法”。1921 年 9 月 9 日，《浙江省宪法》公布，其中第五条为：“省民无种族宗教阶级男女之分，在法律上一律平等。”第四十条为；“省民年满二十岁……均有选举权。”第四十一条为：“有选举权之省民，年满二十五岁……均得被选为省议院议员。”王璧华随后被选为浙江省议员。“20 年代初联省自治运动中，湖南、浙江各选出了一名女省议员，湖南 10 名女子当选县议员，广州妇女获得参与市政的权力。”①

1923 年，民国宪法承认“人民有选举权与被选举权”，但却从法律上剥夺了女性的参政权。面对这种局面，一些知识女性再次高举“天赋人权”“男女平等”“妇女参政”的旗帜，组建妇女参政团体，并以此为依托，将蕴积良久的参政意识变成了一场轰轰烈烈的参政实践。在这场女子参政运动中，浙江女性也积极参与，勇敢表达群体呼声，展示了伟大的力量。如1924 年 11 月杭州掀起了声势浩大的国民会议运动，各界、各团体纷纷成立国民会议促成会。浙江各县妇女联合会不仅通电表示支持，杭州女界国民会议促成会也在此时宣告成立。之后，经过几次大规模女子参政运动的冲击，浙江女子参政有了突破性进展。

五四运动时期，浙江广大知识妇女冲破封建礼教束缚和反动势力的阻拦，成为爱国救亡运动中的一支重要力量。学界女性更是冲锋在前。在全省各地的学生运动中，女学生是浙江女界的主力和中间。她们组织罢课游行、召开爱国会议，以实际行动唤起广大群众的爱国主义精神。如，后来成为金华县立女子小学校长的叶瑞芝女士，在求学时期，就积极参与各项社会活动。“在当时爆发的五四运动，以及随后的新文化运动中，她都是积极参加者，在杭州学生联合会的各种活动中，她经常以女师代表的身份参加，并有很好的表现。”②五四运动的消息传到浙江以后，绍兴女师的“广大女学生不顾校方制定的清规戒律，毅然冲出校门，奔向社会。”③温州大同女学的学生，面对全国掀起的反对二十一条不平等条约高潮，“全市学生对日本侵略者愤怒万分，我们走上街头，高呼口号：‘誓雪国耻’，‘打倒日本侵略者’。当抵制日货热潮到来时，我们与全市人民一起，群起示威游行列，我们还参加了捣毁‘东洋堂’的行列”④。据当事人孙孟昭回忆：“我们还时常外出进行宣传活动，宣传‘妇女解放’‘男女平等’等主张。这里要特别提到的是：女师学生在进步教师胡识因、庄竞秋的影响下，几乎普遍投入温州的妇女解放运动，大部分同学毕业后成为温州妇运的骨干。温州当时妇远工作的蓬勃发展，与女师同学的积极活动是分不开的。”⑤

五四运动是一场全民族的反帝爱国运动。浙江女界广泛参与其中，以实际行动支持爱国运动。她们组建各种妇女团体，依靠组织起来的力量发挥自己的影响，如杭州“女界联合会”。女工群体也积极参与罢工、罢课、罢教斗争，不仅如此，一些杭州的家庭主妇也自觉加入到了抵制日货的行列。可以看出，女性作为一个整体已经开始跻身于中国政治运动中，并表现出了空前的爱国热忱。与此同时，绍兴、温州、宁波等各地女界也都积极行动起来了。

---

① 赵欲仁.女生职业趋向的调查[J].教育与职业，1921(6)：1-58.

② 吕美颐，郑永福.中国妇女运动(1840—1921)[M].郑州：河南人民出版社，1990：341-342.

③ 金维坚.女子小学校长叶瑞芝事略[M]//金华文史资料(教育专辑)：第 5 辑.杭州：浙江人民出版社，1989：179-213.

④ 孙孟昭.回忆女师生活[M]//温州文史资料：第 4 辑.杭州：浙江人民出版社，1988：67.

⑤ 孙孟昭.回忆女师生活[M]//温州文史资料：第 4 辑.杭州：浙江人民出版社，1988：64.

“九·一八”事变发生后，社会各界同仇敌忾。宁波、温州、金华、杭州等地女界纷纷举行各种形式的抗日活动。1931 年 11 月 1 日，“杭州各校女生和各界妇女五千多人，在公共体育场举行抗日救国大会，通电呼吁全国‘卧薪尝胆、誓言雪不共戴天之仇，忘身爱国、同伸成仁取义之志’”①。在宁波，省立四中、效实中学组织了女生救护队，“私立甬江女中学生举行有游艺会募捐，将所得款项购置棉花、布匹，亲手缝制棉被、运赠东北义勇军”②。表达她们对抗日勇士的支持之情。抗战全面爆发后，面对日军的暴行，广大浙江妇女脱下旗袍，穿上军装，着上草鞋，以柔弱之躯，聚集到抗战的旗帜下，与男子一同投入到抗战的洪流中，为抗日战争取得最后胜利发挥了重要作用。她们的活动包括创建战时儿童保育会，组建保育院，收养从战地抢救回来的儿童，举办妇女干部训练班，组成妇女战地服务团随军服务，积极参加抗日游击战，到农村去发动群众提高基层妇女文化程度，等等。

Study on the Improvement of Women's Status in Zhejiang during the Republic of China

Qu Moxi

(Shanghai University of Political Science and Law, Shanghai, 201701)

Abstract: The period of Republic of China was the stage of major historical changes in Chinese society. It was obvious that the women's status in Zhejiang had been improved. In the marriage and family life, women's status was rising that the concept was changing, the awareness to choose their own spouses was increasing, the custom of taking a concubine was criticized, have more opportunities in professional activities, etc. In the economical field, the status was also rising that the economical and social rights was improving, the economical self-reliance was initiated, the scope of employment was growing. In the political consciousness and political participation, the educated female groups were rising. The reasons are multifaceted.

Key words: Republic of China; Zhejiang; women; status

① 浙江省教育志编纂委员会编.浙江省教育志[M].杭州：浙江大学出版社，2004：1102.

② 孙孟昭.回忆女师生活[M]//温州文史资料：第 4 辑.杭州：浙江人民出版社，1988：64-94.

共青团创始人之一袁振英的妇女解放思想

郭海龙　徐红霞*

内容摘要：作为中学男女同校的先行者，袁振英有自己独特的一套妇女解放思想。这一套思想主要包括：改造社会经济基础来实现男女平等、妇女要自己解放自己、废除束缚男女个性的家庭婚姻制度；主张在社会设立帮扶孕妇、抚养儿童和扶养老人的机构帮助个体实现优生优育、享受青春和安享晚年；实行没有婚姻的自由恋爱以及进行专门的女子教育等。这一套的思想作为一个体系，可以概括为一个名词“不婚主义”。产生这种思想的原因，主要有下面几点：袁振英信奉无政府主义思想并深受无政府主义者的妇女解放思想的影响；陈独秀、胡适等新文化运动健将的启发以及易卜生等西方文化界名人的启发；袁振英本人对近代中西社会各种丑恶变态现象的不满和鞭挞，以及袁振英自身亲身经历和实践的升华。袁振英这套妇女解放思想经过了形成、发展和成熟阶段。

关键词：不婚主义；自由恋爱；妇女解放；无政府主义

袁振英是共青团的八位创始人（俞秀松、李汉俊、陈望道、沈玄庐、袁振英、叶天底、施存统和金家凤）之一，也是中共首批党员之一。他在无政府主义、共产主义和妇女解放方面有着自己独特的认知，这种认知对于维护女性权益、做好社会保障工作具有一定的启发意义和价值。

袁振英“不婚主义”的主要内容

1921年，也就是中国共产党在上海诞生之前的同一年春天，广东教育界发生了一件重大事情。广州共产主义小组的成员、时任广州第一中学（现在的广雅中学）校长的袁振英，率先在国内实行中学男女同校，引领了全广东和全国中学对女子开放的潮流。袁振英之所以敢于开风气之先，不仅仅在于自己血气方刚、敢作敢为，更在于开明的他自己有一套鲜明的女性主义思想。笔者认为，他的女性主义思想可以概括为“不婚主义”，即提倡自由恋爱，反对包办婚姻、自由婚姻等一切婚姻家庭制度以及伴随而产生的卖淫制度。说到这里，也许有人会觉得不可思议，随后会产生至少两个疑问：一是卖淫制度会伴随家庭制度、婚姻制度而

* 郭海龙，男，汉族，中央党史和文献研究院（中央编译局）助理研究员，主要研究方向为历史进程中的东西方社会比较分析；徐红霞，女，汉族，北京市海淀区人社局劳动人事争议仲裁院仲裁员，主要研究方向为劳动关系、女权运动等。

产生吗？二是家庭是社会的细胞，没有家庭行得通吗？许多人也许不信，但从袁振英的这种无家庭论的思想来推导，就会得出这一必然结论。袁振英的妇女解放思想，比较系统完整，设想虽然大胆又不缺乏现实根基。其思想系统主要有以下几个组成部分：

（一）社会地位

从社会地位上看，袁振英认为妇女应该和男子一样享有平等的人权，应拥有同样的政治和经济权利；妇女解放具有重要的作用，并且妇女要自己解放自己。

首先，袁振英认为，只有在经济上独立了，女性才能与男性取得同等的地位。

由于体力不如男子等原因，女性在一些行业受歧视（不招或同工报酬低于男子）。女性不被招工或工资低于男子，在旧的社会分工中处于劣势，这使得女子不得不在物质上依赖男性。“金钱本来是身外物，反变作一个罪大极恶的主人。金钱的魔力能够左右人生，摧残个人的自由，逼着许多青年的婚姻，不在于恋爱，而在于利禄。弄成这个衣冠禽兽的社会。所以现在的少男少女不是做恋爱的好梦，乃是做黄金的好梦。”[①]物质上依赖男性必然导致女性在其他方面不得不听从男性的支配，处于一种附属品地位。因而，要取得同等地位，女子必须和有教养的男子一起积极为女子争取经济平等地位，摆脱对男性的物质依赖，进而摆脱受男子支配的地位，使女性走向独立自主。袁振英认为，只有在经济上独立的女子，才能在社会生活、男女交往中和恋爱等方面独立自主。

袁振英认为，在将来脑力劳动逐渐占据主导地位的社会，女子在智力上与男性差别不大，并且在思维认知的敏感性上比较有优势：“高尚的女子能供给所爱的人高尚的理想，高尚的女子是很可爱的。勇敢的女子帮忙男子奋斗来指导人道趋向高尚的智识和理性。”[②]因此，男女平等将随着社会知识化水平提高而逐渐实现。

其次，袁振英猛烈抨击根深蒂固的“男尊女卑”传统观念。

“男尊女卑”观念之所以根深蒂固，在于“古代生存竞争激烈，男子是适者，女子是不宜于战争，所以重男轻女……女子是奴隶，男子是主人，婢妾可以用金钱买来，人类已沦为禽兽，并且大大地违反人道”。[③]

他对男女不平等现象进行了猛烈抨击：“人的尊严不是在于体魄，乃是在于智能和道德……近代的女子已经证明智能和男子是平等的……历史上有许多特别的例证，女子有很好的智育和德育的价值……男子渐渐剥夺女子的思想和行动的责任，女子同时也把自己精神和体魄的自由让给男子……女子高尚的德行和仁慈的好善，比较男子为优美，因为女性主义根本是和平的。女子在社会上能弄到失败者减少痛苦，胜利者增加快乐。女子不要别人爱护，女子的自由和人权不能不自己维护，因为保护和自由是相反的。如果两性不平等，就是蹂躏人性。”[④]

他认为男女不平等是人类的污点。“两性一日不平等，人类一日是没有理性，世界大同还是梦幻。自由的男子应该提倡女子的自由。女子要同男子平等，一切权利都是平等。没

① 袁振英.易卜生社会哲学[M].上海：泰东图书局，1927：28.

② 袁振英.易卜生社会哲学[M].上海：泰东图书局，1927：60.

③ 袁振英.性的危机[M].香港：香港受匡出版部，1928：6-7.

④ 袁振英.易卜生社会哲学[M].上海：泰东图书局，1927：56.

有奴隶,不是附属品,女子只是男子的自由伴侣,齐心合力来改造社会。我们为女子解放,就是为全体谋幸福”。[①]

他还认为,女子要与男子平等,就要保持自身自由和独立。“女子不论已婚的、独身的,统统要找寻自由和独立。他(她)们不论在家中还是在社会上,总是要同男子平等,不肯在做附属品。”[②]女子自身自由和独立对于爱情有重大意义。“女子同男子一般,要完全自由来选择爱情。”[③]女子自身自由和独立对于男子也有重大意义,“(自由女子)能够把所爱的男子从社会伪善中解放出来,宁愿……同归于尽,也不愿在伪善中生活。”[④]

袁振英反对当时戕害女子的各种贞操观念。男子要女子单方面保持贞操,男女因此不平等:男子则可以在外买春,并且妻子死了,可以续弦;女子则在贞操观念束缚下,只能安分守己、做贤妻良母。她们没有爱情的自由,甚至死了丈夫也不能改嫁而须为丈夫守节,有的甚至为丈夫殉葬。袁振英强烈主张男女平等,认为如果男子要女子保持贞操,那么男子也应当为女子保持贞操。否则男子便没有资格要求女子的贞操。“现在有许多有教育的、有思想的和独立的女子,对于两性的关系,改换从前的观察点。他们觉得贞操不是女子的光荣和宝贝……知道两性伦理的标准是很不公平的;如果一个女子能够贞操,男子也要如此。”[⑤]袁振英还认为,人们对贞操观念的迷信会逐渐破除:“现在社会有许多不贞操的女子,社会也不以为怪。”[⑥]

最后,袁振英重视妇女争取解放的作用和途径。他认为妇女解放具有重要地位和价值,女子要自己解放自己。“对于女子解放,女子要自动,不要男子干涉,因为男子是自由女子的大敌”[⑦]。但由于其复杂性——“女子问题的复杂,包括于女子希望解放自己原始的良能中……目的不单单是脱离男子的约束……女子在未达到目的以前,应该提议只要适应爱情的胜利和自然的趋势,反对为人母的责任”[⑧],妇女解放不能一蹴而就,要长期进行。袁振英认为,“(在妇女解放上)先要明白婚姻和恋爱的利害,打破两性的桎梏,什么问题都不能看做神圣和污秽,一切社会制裁都可以不攻自破”[⑨]。

(二)婚姻家庭和社会习俗

从婚姻家庭和社会习俗看,袁振英向传统封建和西方资本主义婚姻家庭制度发出挑战,主张废除婚姻制度以及其相伴而生的卖淫制度;但是他并不是不顾时代条件一味地反对婚姻,他认识到相当长的一个时期,还不可能实现无婚姻的社会,但是他反对“五世同堂”式的家庭,主张建立夫妻及孩子组成的小家庭(即现代意义上的核心家庭),以避免宗族干涉个体自由发展。

---

① 袁振英.易卜生社会哲学[M].上海:泰东图书局,1927:56-57.

② 袁振英.易卜生社会哲学[M].上海:泰东图书局,1927:115.

③ 袁振英.易卜生社会哲学[M].上海:泰东图书局,1927:69.

④ 袁振英.易卜生社会哲学[M].上海:泰东图书局,1927:63.

⑤ 袁振英.性的危机[M].香港:香港受匡出版部,1928:14.

⑥ 袁振英.性的危机[M].香港:香港受匡出版部,1928:14.

⑦ 袁振英.易卜生社会哲学[M].上海:泰东图书局,1927:60-61

⑧ 袁振英.易卜生社会哲学[M].上海:泰东图书局,1927:105-107.

⑨ 袁振英.性的危机[M].香港:香港受匡出版部,1928:1-2.

袁振英反对家庭婚姻的罪恶，“家庭绝对没有价值，除非女子达到了伦理的平等和独立，来代替为妻为母的天职”①。他既反对包办婚姻的罪恶也反对自由婚姻的罪恶，提倡不结婚。袁振英认为，无论是家庭包办婚姻，还是自由婚姻，其罪恶都在于限制了女性。“家庭是女子的牢狱，男子是女子的狱吏，儿女是女子的枷锁!”②婚姻也束缚了男性，由于包办婚姻并非男女双方的意愿，自然限制了女性，也束缚了男性。“婚姻……不但使女子失了自己的人格，男子也要连带损伤。”③

自由婚姻也会限制个人的个性发展吗？袁振英认为，自由婚姻常常出于一时冲动而使得男女一生都受累。“人情是厌故喜新的，现在女子所谓解放，有些自由，不用来找寻一种社会的职业，只用来找寻一个丈夫。婚姻制度把女子降服于丈夫”④，因而自由婚姻也限制了女性，从而束缚了男性。他认为，无论是西方的一夫一妻制、当时中国的一夫多妻制以及当时印度和中国西藏的一妻多夫制，都束缚了男女个性的自由全面发展。与上面他反对婚姻原因相同，袁振英认为这几种家庭制度实际上都不能满足男女个体性情，尤其是爱情的需要。“家庭根本是谬误的，无法改善……(家庭制度下的人)精神已破产了；不能做工了；是一个‘已死的活人’。”⑤

而婚姻制度的存在，一个根本目的就在于维护私有财产制。“两性有一个市场来做买卖，婚姻条件便是定价”。⑥ 并且，他认为在资本主义社会，由于金钱至上，婚姻、卖淫都成了金钱操纵的罪恶。“恋爱的机能已经被社会软化了，弄到麻木不仁，不能自由运用……有产阶级的社会是劫夺的；这种劫夺的结果就是婚姻制度和卖淫制度。娼妓就是资本主义底下的一种恋爱的榜样。卖淫制度(Prostitution)跟着雇佣制度(Salaried)同时发达……现在两性痛苦的根源都是由于资本主义……资本主义只是产生社会阶级的制度。青年人不能维持家庭的生活，就不能不依赖遗产。所以遗产制度不能消灭。青年人又因为找不到结婚的机会，便不能不趋于荒淫，娼妓制度所以依然存在。女子因为不能够经济独立，又不能得到婚姻的护身符，女子所以只有做娼妓一条路可以走。”⑦从这种意义上说，私有制一天不废除，婚姻制度就存在一天，同时，卖淫制度也会存在一天。“现在的婚姻不过是一种法律规定的卖淫制度。”⑧

于是，为了满足个体爱情的需要，卖淫制度必然伴随家庭制度作为其补充而存在；同时，由于社会上的女子经济不独立，许多贫困女子迫于生计不得不加入卖淫的队伍。这样，只要财产私有制存在一天，婚姻制度就会存在一天，卖淫制度便一天不可能消除。“婚姻制度和娼妓制度在社会混沌中，表面的结局是不同的，实际上是和同的。结婚的女子有许多和娼妓是和同的，只是普通人对于他们的意见是大大的差别……因为普通社会以为婚姻是一种神

① 袁振英.易卜生社会哲学[M].上海：泰东图书局，1927：24.

② 袁振英.性的危机[M].香港：香港受匡出版部，1928：78.

③ 袁振英.易卜生社会哲学[M].上海：泰东图书局，1927：128.

④ 袁振英.性的危机[M].香港：香港受匡出版部，1928：5.

⑤ 袁振英.易卜生社会哲学[M].上海：泰东图书局，1927：27.

⑥ 袁振英.性的危机[M].香港：香港受匡出版部，1928：95.

⑦ 袁振英.性的危机[M].香港：香港受匡出版部，1928：23.

⑧ 袁振英.易卜生社会哲学[M].上海：泰东图书局，1927：19.

圣的制度”。[①] 袁振英认为,只要私有制度存在,即使国家法律明文禁止,卖淫这种罪恶仍然会以暗娼的形式存在。

但是,袁振英并不因卖淫制度罪恶而蔑视娼妓。他认为,“娼妓不是罪人,只是社会制度的牺牲者”。并且,他指出,消灭罪恶的娼妓制度有助于社会健全,要消灭罪恶的娼妓制度,就要取消私有制。“改造现在的经济状况,消灭娼妓的制度,这是唯一的救济的方法……娼妓的生活,对于社会的生活和健全有很大的关系。”[②]

(三)恋爱观念

从恋爱观念上来看,袁振英主张无婚姻的自由恋爱。

“未来的人道,只需有自由恋爱,不许有婚姻制度。”[③]并对自由恋爱抱有乐观的态度,“中等教育男女同学不是已经试验了么?成功了么?将来的自由恋爱也要有同一的趋势”[④]。而且意识到现实社会一些领域存在着自由恋爱,并推断将来必然会充分实现自由恋爱,“劳动界许多是自由结合,用不着礼教的防闲,并且没有多大金钱来做形式的东西,所以世界是渐渐的趋于自由恋爱一途”[⑤]。

他认为自由恋爱的价值远远高于婚姻。“婚姻常常是很荒谬的、很恶浊的、很专制的,结果改变了爱情的定律,弄到两性都做了奴隶……唯一的解决的方法,就是绝对的自由恋爱。”[⑥]这是因为充满人性光辉的爱情是活的,“法律制度统统都是死的东西,只有爱情才是活活泼泼的”[⑦]。

他主张通过改造社会制度,使自由恋爱代替和废除婚姻家庭制度。“要提倡废除神圣不可侵犯的婚姻制度,而实行自由恋爱。”[⑧]自由恋爱应当适应个体的情况,促进个人的发展。“爱情不但联合两性,并且联络世界一切精神。不适宜个人的爱情的观念应该消灭。”[⑨]恋爱不应受制于婚姻等制度。“爱情是不能用制度来限制的。”[⑩]男女要根据性情爱好来决定自己的恋爱,这是个人私事,“恋爱的问题,社会不应该干涉”[⑪]。

袁振英认为,在实行自由恋爱的同时,还应设立帮扶孕妇、抚养儿童和扶养老人的社会机构帮助个体实现优生优育、享受青春和安享晚年。“未来的男女决不能放弃责任,让家庭的全体由一人操持……而为人妻为人母的机能也将有社会保护和发育,将来的产母和婴儿亦当由社会管理,这是社会应尽的责任”[⑫],以此达到优生学和社会进化的要求,从而也减轻

① 袁振英.性的危机[M].香港:香港受匡出版部,1928:17.
② 袁振英.性的危机[M].香港:香港受匡出版部,1928:22,20.
③ 袁振英.性的危机[M].香港:香港受匡出版部,1928:31.
④ 袁振英.性的危机[M].香港:香港受匡出版部,1928:5.
⑤ 袁振英.性的危机[M].香港:香港受匡出版部,1928:20.
⑥ 袁振英.性的危机[M].香港:香港受匡出版部,1928:18.
⑦ 袁振英.易卜生社会哲学[M].上海:泰东图书局,1927:36.
⑧ 袁振英.性的危机[M].香港:香港受匡出版部,1928:54.
⑨ 袁振英.易卜生社会哲学[M].上海:泰东图书局,1927:70.
⑩ 袁振英.性的危机[M].香港:香港受匡出版部,1928:66.
⑪ 袁振英.易卜生社会哲学[M].上海:泰东图书局,1927:54.
⑫ 袁振英.性的危机[M].香港:香港受匡出版部,1928:130.

或解除女子在怀孕妊娠和子女教育上的困难与痛苦。

袁振英对自由恋爱评价极高，主要有以下内容：

实行自由恋爱，可以促进人的全面发展。“两性与恋爱是自然的，家庭与婚姻是人为的；自然的是真，而人为的是伪。”[①]从而能够避免婚姻制度的尴尬局面。“社会颂扬人家作伪，反对人家的真情；所以现在欧美表面上是一夫一妻制度，其实同是一夫多妻和一妻多夫……婚姻制度实际上已经不能存在，不但是根本动摇，并且要完全消除了。”[②]自由恋爱能够使恋爱的个体，激情迸发。“个人是很枯寂，一个人的快乐是不长久的，只有两个人是真乐。”自由恋爱能够使个体人格完善。“个人的精神要包括全体人类就先要爱育一个人。”[③]自由恋爱使个体充满创造力，推动事业成功，“一个男子没有得到一个自己知己的女朋友，做事就不容易成功”[④]。

自由恋爱能够体现出人类两性自由，因而十分高尚。“恋爱不但不是疾病和反常，并且是一种人生的绝对的需要……现在有进化论的生物学看来，恋爱有很高的道德和价值……恋爱是一种选择，并且是自由的选择。”[⑤]

自由恋爱能够促进两性平等。“‘自由恋爱’现在是伪君子的‘社会栋梁’所极端反对的，但是没有谬误，自由恋爱才能够创造出人性的平等。”[⑥]自由恋爱避免了婚姻不平等的弊端。“恋爱才是两性关系的正轨。恋爱和婚姻是两种很不同的东西，不能够调和的……恋爱只存在于平等的地位……婚姻制度中的男女是很不平等的。”[⑦]自由恋爱能够促进女子解放。“女子所走的三条路(结婚、独身、为娼)都是罪恶的，所以只有自由恋爱才是女子的生路。”[⑧]在自由恋爱中，女性的自由选择举足轻重。“一个女子的爱情可以变作一个男子的幸福。所以无论如何，不应摧残女子的爱情。讲到爱情一个问题，女子的选择比男子更觉利害……爱情一件东西，由广义看来，不单是个人的幸福，乃是全体的幸福。女子能够改换人类的血肉，从新估定人生的价值。”[⑨]

自由恋爱能够打破财产私有制的束缚，创造出真正的爱情，“两个人的结合，不是在于金钱的权利，也不是互相欺骗那才能够保存两方面(即男女双方)的信心……只有这一种结合才是纯正的，旁的婚姻总是带有多少不道德……新家庭的精神有创造纯正爱情的能力，新家庭的爱情是万能的，维系宇宙永久的精神，指导人道的爱情”[⑩]。自由恋爱能够塑造出不爱慕虚荣、不受制于钱财、人格独立的新女性。新女性“愿意自杀不愿在虚荣中讨生活”[⑪]。

实行自由恋爱，才能够废除以财产私有制为基础的婚姻制度。“制度是恋爱的仇敌，现

---

① 袁振英.性的危机[M].香港：香港受匡出版部，1928：44.

② 袁振英.性的危机[M].香港：香港受匡出版部，1928：44，108.

③ 袁振英.易卜生社会哲学[M].上海：泰东图书局，1927：53

④ 袁振英.易卜生社会哲学[M].上海：泰东图书局，1927：53，58.

⑤ 袁振英.性的危机[M].香港：香港受匡出版部，1928：24.

⑥ 袁振英.易卜生社会哲学[M].上海：泰东图书局，1927：66.

⑦ 袁振英.性的危机[M].香港：香港受匡出版部，1928：16-17.

⑧ 袁振英.性的危机[M].香港：香港受匡出版部，1928：95.

⑨ 袁振英.易卜生社会哲学[M].上海：泰东图书局，1927：130.

⑩ 袁振英.易卜生社会哲学[M].上海：泰东图书局，1927：70-71.

⑪ 袁振英.易卜生社会哲学[M].上海：泰东图书局，1927：64.

在的婚姻建筑在金钱上面，男子要看女子的嫁妆多少，女子也要看男子的资财……恋爱不是一种情操了，只是一种罪恶。照着现代文明社会的法则看来，男子不是要娶女子，不过是要女子的嫁妆，利益和资财。大多数的婚姻是一种不道德的交易，两个青年男女，互相买卖，要以黄金做代价。”[①]实行了自由恋爱，也才能够消灭同样以金钱为基础的卖淫制度。“我们不是提倡一夫多妻，也不是提倡一妻多夫，只是自由恋爱。这一种改造，耻辱的娼妓制度就可以消灭于人世。”[②]“娼妓制度的存在，跟梅毒病症的蔓延，便是现代社会的罪恶！”[③]

自由恋爱促进新家庭的诞生，“爱情的势力是很大的，如果世人明白了爱情，新的家庭就会产生”[④]。这种新家庭建立在自由恋爱基础上，摆脱了旧有家庭的束缚，由平等的两性组成。这种新家庭的出现则有助于促进社会团结。“新的家庭能够造成博爱的社会，因为人类的团结是没有界限的。”[⑤]自由恋爱可以替代婚姻制度及其附带问题。“改造社会的经济基础，就可以改造两性的生活。凡是要改造一种制度，必然要预先做成一种新制度来代替它，所以替代婚姻制度就是自由恋爱。”[⑥]如能实施自由恋爱，私生子问题、未婚母亲问题、堕胎问题便很容易解决。“私生子也不是罪大极恶的……未婚母也是寻常事……堕胎一个问题……不算是什么罪恶的事情。”[⑦]自由恋爱能使人类的后代优秀。“现在社会的优秀分子，因为对于婚姻不能满足，而社会的顽固势力，又不许婚姻以外的产蓐。只有那些乏顽不灵之辈，才可以自由传种……这种两性的危机，善种学者和人种卫生学者不能不十二分注意。”[⑧]自由恋爱能够创造新的社会规范，新的生命。“英雄，天才，道德统统是关于爱情的，有爱情才能够明白各种东西，才能够改造各种东西，因为只有爱情才能够创造生命。”[⑨]

自由恋爱能够促进社会改造，“爱情发达能够扩张一切智育的和德育的机能。可是人人有爱情就不会做罪恶的事。没有爱情，什么改造都是虚假的，结果也不过是以暴易暴。所以克鲁泡特金要提倡互助主义，托尔斯泰要讲恋爱哲学”[⑩]。自由恋爱促进人类社会发展，而“现代的家庭把人类的爱情和希望统统弄糟了。易氏(易卜生)希望有健全的家庭，拿两性的平等做基础。女子要自由解放。男子要完全的自由，应该找一个自由的女子。自由的男子创造新家庭，新家庭就是新社会的基础。”[⑪]自由恋爱能够避免许多罪恶产生，促进社会和谐。“罪恶之所以产生全是由于人类不知道有爱情。除爱情以外，世界上没有一件东西能够拿幸福供给人道。又只有爱情一种方法才能够消灭一切罪恶和痛苦。并且人类才能够和谐。”[⑫]自由恋爱迎来人类的黄金时代。“自由恋爱才真合于人性，自由、平等、博爱的黄金时

---

① 袁振英.易卜生社会哲学[M].上海：泰东图书局，1927：18-19.
② 袁振英.易卜生社会哲学[M].上海：泰东图书局，1927：19.
③ 袁振英.性的危机[M].香港：香港受匡出版部，1928：44.
④ 袁振英.易卜生社会哲学[M].上海：泰东图书局，1927：67
⑤ 袁振英.易卜生社会哲学[M].上海：泰东图书局，1927：70.
⑥ 袁振英.性的危机[M].香港：香港受匡出版部，1928：164.
⑦ 袁振英.易卜生社会哲学[M].上海：泰东图书局，1927：14.
⑧ 袁振英.性的危机[M].香港：香港受匡出版部，1928：154.
⑨ 袁振英.易卜生社会哲学[M].上海：泰东图书局，1927：36.
⑩ 袁振英.易卜生社会哲学[M].上海：泰东图书局，1927：35.
⑪ 袁振英.易卜生社会哲学[M].上海：泰东图书局，1927：54.
⑫ 袁振英.易卜生社会哲学[M].上海：泰东图书局，1927：35-36.

代才会实现。”①

袁振英认为，无婚姻的自由恋爱，必然能够实现。到了共产主义社会，人们才不整天为生计而奔波，从各种生产活动的劳作中解脱出来，才有闲暇时间去追求自己的真实感情生活。届时，无婚姻的自由恋爱就能够完全实现。

(四)实现途径

从实现途径来看，袁振英有丰富而深刻的女学教育思想。通过教育，可以破除“男尊女卑”观念。而且，通过多途径的专门女子教育可以促进妇女解放，实现男女平等。

袁振英认为，“男尊女卑”等陈腐观念在社会上占统治地位，与女子自身情况有关。“女子既然有高优的机能，为什么不能占一重要位置？要达到这一目的，必先要女子有自由的地位。还有一层，要有强健的个性……(之所以未达到，是因为)她是自己本性和情操的奴隶。”②因此，要破除这种观念，必须进行教育，“现在社会上的女子，没有不依赖男子的，和娼妓生涯一样，所以改造的功夫是少不了的”③。他认为教育使社会接受妇女解放思想，从而引起社会进步。“我们统统做‘社会的栋梁’，教育就是独一无二的利器。”④

他认为，专门的女子教育是关键。“女子运动的目的在于解放，经济上固然要独立，产育也要有完善的保障，而女子教育尤为当务之急。”⑤袁振英猛烈抨击当时社会的教育：“(女子)改造的事业全在于思想的革命……现代教育的目的，是在于摧残儿童的个人发育的本能。”⑥他认为这种贤妻良母式的教育，培养不出独立自主的新女性，只能造成默默接受社会安排的、作为男性从属品的家庭奴隶，使得人类备受摧残。“人类在很少年时代就消灭了自己的个性和人格。”⑦并且，女子受教育会促进社会理想实现。“女子是很高尚的，不是梦幻，还是事实，我们要栽培女子，以达到我们的理想。”⑧

专门的女子教育包含两个方面。

一方面包括女子自主能力的培养、男女平等观念的灌输、正确恋爱观的养成、正确社会人生观念的教育等。其中女子自主能力的培养、男女平等观念的灌输、恋爱观的养成对于一个女子在社会上独立自主、自我解放具有重要的意义。“要女子的教育和工作同男子一样，一方面趋于个人的改造，一方面又制造社会的幸福。”⑨只有具备了独立自主的能力，一个女子才有了在社会上不依附于男性而独立的基础；有了男女平等的意识，才知道男女平等的重要价值和意义；养成了正确恋爱观，一个女子才会追求自己的幸福，才不会局限于、屈从于家庭和社会对自己命运的安排。

另一方面是新文学创作。通过文学塑造，传播科学的思想，推动新女性的涌现。“我们

---

① 袁振英.性的危机[M].香港：香港受匡出版部，1928：7.

② 袁振英.易卜生社会哲学[M].上海：泰东图书局，1927：108.

③ 袁振英.性的危机[M].香港：香港受匡出版部，1928：143.

④ 袁振英.易卜生社会哲学[M].上海：泰东图书局，1927：24.

⑤ 袁振英.性的危机[M].香港：香港受匡出版部，1928：163.

⑥ 袁振英.易卜生社会哲学[M].上海：泰东图书局，1927：112.

⑦ 袁振英.易卜生社会哲学[M].上海：泰东图书局，1927：25.

⑧ 袁振英.易卜生社会哲学[M].上海：泰东图书局，1927：57

⑨ 袁振英.易卜生社会哲学[M].上海：泰东图书局，1927：116.

要创作新文学，一方面是破坏旧势力，一方面是建设人生必需的要素；有新方式的人生观，便能创造一种新式的社会，发生一种新式的恋爱的意义。”①

袁振英“不婚主义”产生的原因

袁振英本人产生“不婚主义”思想的原因，很复杂。具体来说，主要有以下几个方面：

第一，袁振英信奉无政府主义，并深受无政府主义者的妇女解放思想的影响。共产主义思想希望生产力高度发达、物质极大丰富、国家消亡以及人的自由全面的发展等。无政府共产主义，作为众多共产主义思想的一个流派，尤其在国家消亡以及人的自由全面的发展这一点上与众多共产主义思想有类似之处。无政府主义的基本立场是反对一切统治和权威，提倡个体之间的自助关系，关注个体的自由和平等；它的政治诉求是消除政府以及社会上或经济上的任何独裁统治关系。对大多数无政府主义者而言，“无政府”一词并不代表混乱、虚无或道德沦丧的状态，而是一种由自由的个体们自愿结合，互助、自治、反独裁主义的和谐社会。1902 年，克鲁泡特金（无政府主义的鼻祖）出版的《互助论：进化的一种因素》主张：虽然达尔文主义认为自然界的法则是“适者生存”，但在动物世界存在另一种重要的法则——合作。动物组成群体更利于生存竞争，在群体中年长的动物更容易生存下来，因此也更能积累经验，不会互助合作的动物种类，更容易灭亡。总的来说，无政府主义反对强加的权威，主张个体之间的协作来代替外来权威的支配。

无政府主义者的妇女解放思想对正处于青年时期、对新思想新观念接受能力特别强的袁振英产生了不可估量的影响。

1917 年，新文化运动进入高潮之时，《新青年》是其领衔刊物，但是，能够在《新青年》上发表文章的学生凤毛麟角。高才生袁振英，却能够在上面发表不止一篇文章。他在陈独秀主编的《新青年》杂志上发表的第一篇文章是一篇译文。题目为《结婚与恋爱》（美国高曼女士），载于 1917 年《新青年》杂志第三卷第五号。《结婚与恋爱》集中阐述了高曼女士无政府主义的妇女解放思想。

由此，各种无政府主义者的妇女解放思想，特别是美国高曼女士的无政府女权运动思想开始使袁振英接受一系列无政府主义者的女权运动思想。他开始认真思考自己对于妇女解放运动的看法。

无政府主义的妇女解放思想是一种激进的女性主义，主张父权是这个社会最根本的问题。无政府主义的妇女解放思想将父权视为人类历史上最明显的等级制度。父权制首先产生的压迫形式便是男性支配女性的压迫。因此，无政府主义的妇女解放思想将性别的平等看作是重要的议题。无政府主义的妇女解放思想认为，如果女性主义者反抗父权，那么她们必然反抗所有形式的等级制度，也因此必然反抗国家和资本主义的独裁。

无政府主义思想是袁振英的信仰体系。马克思主义和无政府主义思想都被北洋军阀政府称为“过激主义”。其实，无政府主义比马克思主义更激进。思想信仰的激进再加上青春年少、血气方刚，以及对许多不幸女子悲惨遭遇的同情，对社会不良现象的深恶痛绝，使得袁

① 袁振英.性的危机[M].香港：香港受匡出版部，1928：91.

振英在女子命运上的思考深入骨髓、深刻透彻:他既看到了现实社会中不利于女性解放的社会经济文化条件,又预言了未来女性解放进入无婚姻自由恋爱状态的必然趋势,还分析假设了这一未来趋势产生所需要的经济文化条件,并满怀信心地憧憬这一天到来。“自由恋爱便是两性的无政府,推翻婚姻的治人机关——家庭和政府。”①

第二,陈独秀、胡适等新文化运动健将在新文化运动中的女性解放思想的启发,以及易卜生等西方文化界名人的影响也是袁振英产生无政府主义妇女解放思想的重要原因之一。

陈独秀创办的《新青年》成为新文化运动的前沿阵地。《新青年》的一个重要特色在于女性研究,并且在倡导妇女解放上和当时《妇女杂志》一样具有主导作用。② 1918 年,当时昆剧突然在北京盛行。昆剧的内容是旧的传统伦理观念。新文化阵营的人们对此心有不甘。胡适便想到用易卜生的话剧来对抗。为此,1918 年 6 月 15 日出版的《新青年》第四卷第六期专辟为“易卜生专号”。其中,袁振英发表了《易卜生传》(同期杂志还刊载了胡适的《易卜生主义》,罗家伦、胡适等译的《娜拉》,陶履恭译的《国民之敌》,吴弱男译的《小爱友夫》。这也是《新青年》创刊以来第一次以作家个人为主题来组稿出版)。这个过程中,胡适,作为袁振英的英文授课教师和思想导师,他的一系列妇女解放思想直接影响袁振英。被称为“陈独秀的手足”③的袁振英,与陈独秀共事几年,受到陈独秀妇女解放思想的不少影响。

《易卜生传》是袁振英当时的得意之作,也是对袁振英产生了长达一生影响的文章。后来,为了研究和向国人介绍易卜生及其思想。在 1927 年,袁振英还编写了《易卜生社会哲学》。袁振英眼中,易卜生不仅仅是一个剧作家。在传记的写作中,易卜生日渐成为他推崇的英雄。他对易卜生极表钦慕与赞美。在他的笔下:“易氏虽为一有名之大剧曲家,然亦一大革命家也。”④他高度评价传主的思想与为人:“易氏之新思潮,如好花怒放,甘冒天下之大不韪,果敢无伦,前人之不敢言者,彼乃如鲠在喉,以一吐为快;发聋振聩,天下为骇,此氏所以有‘惟天下之最强者,乃能特立独行’之语也”⑤。

这样,袁振英便受到了陈独秀、胡适等新文化运动健将在新文化运动中的启发以及易卜生等西方思想界文化界名人的影响。

第三,袁振英本人对近代中西社会各种丑恶变态现象的不满和鞭挞,和袁振英自身经历和实践在思想上的升华,促成了他的无政府主义妇女解放思想的形成。

袁振英本人有一种强烈的社会责任感,“我良心上欢喜如此,利用自己的学问来改造社会,不必顾及社会一切毁誉”⑥就是他自己的真实陈词。对卖淫制度残害女子无比痛恨,以及对各种婚姻制度对男女,尤其是对女性个性的束缚相当不满,对“男尊女卑”观念和行为极为反对,是袁振英女性解放思想的感情源泉。

在实践上,他率先实行中学男女同校,并践行自己的婚恋观念。中华民国成立之后,全国小学实行男女同校。自此以后,升入中等女校的女生日益增加。为数不多的女校已经无

---

① 袁振英.性的危机[M].香港:香港受匡出版部,1928:91.

② 刘慧英.从《新青年》到《妇女杂志》五四时期男性知识分子所关注的妇女问题[J].中国文化研究,2008:春之卷.

③ 陈立平.袁振英在中国共产党创立时期的作用[J].广东党史,2001(4).

④ 袁振英.性的危机[M].香港:香港受匡出版部,1928:5.

⑤ 袁振英.性的危机[M].香港:香港受匡出版部,1928:5.

⑥ 袁振英.性的危机[M].香港:香港受匡出版部,1928:5.

法满足女性接受中学教育的要求。从美国留学回来的陶行知曾呼吁普通中学应该允许女生进入就读,但因为社会风气未开,中学男女同校一直没有进展。在小学男女同校成为事实以后,"五四"新文化运动时期,北京大学开始开放女禁,实行男女同校。大学开放女禁后就要求女生应与男生有同等的知识方可录取,这又对女子中等教育提出了新的任务和要求。所以,伴随着大学开放女禁的声浪,要求中等学校男女同校的呼声也应时而生。但鉴于中学时期的学生正处于青春期,对是否应该实行男女同校,赞同者和反对者意见不一,发生了激烈的争论。① 此时,1921 年 1 月,袁振英正式出任广东省一中校长。他上任之后所做的一项大改革就是招收女子插班生,实行男女同校。由于守旧势力的反对,该举动引起了许多风波,但最终在陈独秀、陈炯明、汪精卫以及社会各界的支持下成功推行,就此引领了全广东省和全国中学对女子开放的潮流,开创了中学教育新纪元。当时,袁振英在广雅书院"无邪堂"专门约来数十名女生举行演讲及茶会,②以提高女学生的演说交流能力。但是这一举动被守旧势力攻击为"择妃主义"。为了反击这些守旧势力的攻击,同时为了实践自己的婚姻与恋爱观念。他曾在报纸上公开申明,放弃父亲给他订的包办婚姻。当时他自己认识了一位叫黄式坤的新女性。这位新女性很早就成了职业女性。后来他们一同留学法国,经过数年的甜蜜恋爱后,在 1924 年结成夫妻。袁振英以亲身行动践行了自己的妇女解放思想和婚恋观念。

在思想上,袁振英始终认为没有爱情的家庭是一种妨碍人发展的桎梏与束缚。他自己极端主张自由恋爱,反对包办婚姻。他常说的话是,宁要没有婚姻的恋爱,绝不要没有恋爱的婚姻。袁振英以废除婚姻家庭和伴随娼妓制度,主张男女完全平等、自由恋爱为核心的关于女性解放的"不婚主义",在他于 1928 年出版的专著《性的危机》一书中得到了集中阐述。书中详细系统分析了自由恋爱的必要性与必然性、婚姻家庭制度的私有制根源、作为变态恋爱的卖淫制度的产生根源、废除婚姻家庭卖淫制度所需要的历史条件、女子怎样才能克服婚姻家庭卖淫制度的弊端进而实现女性的解放等种种问题。

这些实践和思想活动,促使袁振英的妇女解放思想形成一个清晰的轮廓和系统化的体系。并且,袁振英的妇女解放思想的合理性、彻底性与革命性,已经超出了当时许多赫赫有名的社会贤达,比如陈独秀、蔡元培、胡适、李大钊等人的认识,也超出了当时社会所允许的程度。即便跨越时空,他的妇女解放思想在当今社会也仍然有重要的思想启迪价值和一定的指导意义。

袁振英的妇女解放思想的形成与启示

袁振英的妇女解放思想形成过程,可以概括如下:

袁振英最初翻译美国高曼女士的《恋爱与婚姻》时,就在这篇文章的无政府主义的妇女解放思想的启发下,开始思考妇女解放问题;后来,在创作《易卜生传》时,他十分推崇易卜生,深受易卜生的启发;同时,新文化运动使他信仰无政府主义和共产主义相结合的无政府

① 李继锋,郭彬.袁振英——陈独秀的得意弟子[J].炎黄春秋,2008(3).

② 郭彬,李继锋.袁振英——中学男女同校的先行者[J].钟山风雨,2007(6).

共产主义思想，形成了稳定的世界观。这决定了他激进的革命民主主义人生观和价值观。以上因素综合起来，作用于他，使他形成了激进的妇女解放观念。对国内外所见所闻的反思以及对自己亲手设立的中学男女同校制度的坚持，有力地促使他形成了这样一套妇女解放思想。

他的两本专著《易卜生社会哲学》和《性的危机》，可以说是袁振英的妇女解放思想的两块里程碑。虽然两本书分别出版于1927年5月和1928年6月，时间相差仅仅一年有余，却分别是袁振英的妇女解放思想不同发展阶段的标志。如果说，《易卜生社会哲学》是"代圣人立言"——袁振英借易卜生之口表达自己的一系列妇女解放思想观念，标志着袁振英的妇女解放思想处于发展和形成时期的话；那么完全可以这么认为，《性的危机》一书则是袁振英将自己的这一系列妇女解放思想观念进行系统整合，形成的一套完整体系。这标志着袁振英的妇女解放思想已经成熟。

此外，虽然同《易卜生社会哲学》和《性的危机》一样，《节育与文明》也是袁振英妇女解放方面的作品，并且是袁振英妇女解放思想的进一步深化和发展，但《节育与文明》一书已经淡出了妇女解放运动的主题，站在人类文明的高度重点关注女性节育问题。书中写道，"现代文明的一个特征，就是节育一个问题。凡有高等文化的民族，对于节育一个问题，都看得非常重要"①。《节育与文明》所阐述的妇女解放思想主要在于，通过节育来减轻女子在产育子女和抚养后代上的负担和痛苦，从而使得女子尽量不受家庭责任的束缚，更加自由和独立。

我们之所以没有像众多学者一样，把袁振英一系列论述的思想称作以其名字命名的"主义"，在于以下原因：本文的论述还不够全面系统，只能够算作初论；若存在某些对袁振英妇女解放思想不充分的理解，违背了袁振英的初衷，却仍以袁振英的名字命名，恐将有损其名誉。

在研究袁振英过程中，我们得到一种启发：袁振英对社会男女问题的洞察力深邃，富有启迪意义；半个多世纪以前的袁振英在冲破世俗陈见方面的勇气其实可以令当今很多人汗颜。

有了对袁振英妇女解放思想内容的产生原因和产生过程的认识，我们就可以回答开篇时提出的疑问了。可以看出，袁振英不是以道学家的那种不顾社会经济基础、完全站在道义立场上毫无实际价值的学理性方式来批判和鞭挞现实社会的丑恶，而是在既坚持正义原则，又客观地、辩证地分析问题来龙去脉的基础上，提出根本的解决之道的。

卖淫制度会伴随家庭制度、婚姻制度而产生吗？家庭是社会的细胞，没有家庭行得通吗？从袁振英的妇女解放思想来看，婚姻制度，无论是包办婚姻还是自由婚姻，都是对自由恋爱的束缚，因此，许多男子和女子会在婚姻之外找寻自己的所爱。各种外遇问题、婚外恋问题、出轨问题、卖淫问题、私生子问题、未婚母亲问题等感情混乱就会产生。此外，袁振英认为，卖淫制度还源于私有财产制度造成的阶级不平等和男女经济上的不平等，许多无产者贫困女子生活无着，迫于生计被迫卖淫。这些现象的主要原因不是此类女子的道德沦丧，而是社会经济财产方面万恶的私有制度对她们的倾轧。

他认为，到了私有制不存在的共产主义社会，就能够废除婚姻、实行无婚姻的自由恋爱，把无婚姻的自由恋爱当成个人隐私来尊重和保护，只有这样才能从根源上铲除束缚个人自

---

① 李继锋，郭彬.袁振英——陈独秀的得意弟子[J].炎黄春秋，2008(3).

由而全面发展的家庭婚姻制度和或明或暗的各种娼妓行为。这样的社会，无论在爱情上，还是在社会运作上，都成了自由人的联合体，而自由人的联合体正是各种学派所主张的共产主义社会的基本特征。袁振英的观念显然是一种历史唯物主义观点，揭示了卖淫制度和婚姻家庭制度的必然联系，论述了家庭制度和卖淫这种罪恶现象根本的社会经济根源——财产私有制，并指出了铲除婚姻家庭制度以及与之相联系的卖淫现象根本条件和社会条件。

Yuan Zhenying's Thought on Women's Liberation

Guo Hailong　Xu Hongxia

(Central Compilation & Translation Bureau, Beijing, 100032)

Abstract: As a pioneer of coeducation in middle school, Yuan Zhenying has his own set of women's liberation thought, which is unique. It mainly includes: reforming the social and economic basis to achieve gender equality, women should liberate themselves, abolishing the family and marriage system that constrains the personality of men and women; advocating the establishment of institutions to help pregnant women, raise children and support the elderly in society to help the female have good birth and good education, enjoy youth and their old age life; free love without marriage and special women education, etc. As a system, this set of thoughts can be summed up as a noun "unmarrialism". The main reasons for this kind of thought are lying below: Yuan Zhenying believed in anarchism and was deeply influenced by anarchists' thought of women's Liberation; the inspiration of Chen Duxiu and Hu Shi in the New-culture Movement; the inspiration of Ibsen and other Western cultural celebrities; Yuan Zhenying's dissatisfaction and criticism of various ugly abnormal phenomena in modern Chinese and Western society, and the sublimation of yuan Zhenying's own experience and practice. Yuan Zhenying's thought of women's liberation has gone through the stages of formation, development and maturity.

Key words: un-marrialism; free love; women's liberation; anarchism

性别与社会学、哲学

Gender, Sociology and Philosophy

Women/Gender Studies

女侠的现代特征:基于金庸小说人物的大五人格分析

吴胜涛 许丽娟 马 潇 蔡佳佳 李 甜 朱廷劭*

内容摘要:文学是社会的反映,但很少有研究对社会变迁背景下文学主角的心理特征进行量化分析,尤其现代女性人物的量化研究则更少。本研究基于文学智能分析模型,对金庸小说中35位女侠的对话进行定量分析,探讨她们的情绪性、外向性、尽责性、宜人性、开放性等大五人格特征。结果发现,相对于传统型女侠,现代型女侠的外向性更高;与现代型女侠及其他类型传统女侠相比,邪恶乖张型女侠的宜人性更低。研究揭示了中国社会变迁过程中现代女性形象的"大五"人格特征,并为文学人物分析提供了新的分析方法。

关键词:女侠;人格;语言分析;小说

自第二次世界大战以来,世界经历了前所未有的经济增长和社会变迁,城市化、现代化在全球范围内深入推进,社会心理也随之发生根本变革,如浪漫爱情、性别平等、婚姻选择、独立和自由等现代观念越来越成为一种规范。①② 相应的,作为现实生活的写照,现代文学作品也通过塑造新的人物形象来反映这些社会变化。为此,本研究基于对金庸小说中女侠的文学智能分析,考察了现代女性人物的心理特征。

作为小说家和文化偶像,金庸被公认为是现代中国最具影响力、最广为人知的作家。金庸的武侠小说塑造了众多不同于传统女性的女侠形象,她们敢爱敢恨,具有浓厚的文化象征意味——这既反映了二战后中国社会的变化,也吸引了来自世界各地、不同政治环境的广大读者。③

* 吴胜涛,男,汉族,厦门大学社会与人类学院副教授,主要研究方向为社会变迁、文化适应与心理健康,正义动机与社会规范,大数据分析。

许丽娟,女,汉族,厦门大学社会与人类学院研究生,主要研究方向为社会心理学。

马潇,女,汉族,何塞州立大学心理学系助理教授,主要研究方向为性别、文化心理学。

① Wu, M. S., Li, B. Zhu, L., Zhou, C. Culture change and affectionate communication in China and the United States: evidence from Google digitized books 1960—2008 [J]. Frontiers in Psychology, 2019, 10, 1110.

② Yan, Y. Private life under socialism: love, intimacy, and family change in a Chinese village, 1949—1999[M]. Stanford: Stanford University Press, 2003.

③ Chappell, B. Louis Cha, who wrote beloved Chinese martial art novels as Jin Yong, dies [EB/OL]. (2018-10-31). https://www.npr.org/2018/10/31/662519573/.

陶慕宁[①]的研究表明，金庸小说中的女主角可以分为若干原型，这些原型具有鲜明的个性特征，例如多愁善感、天真无邪、聪明任性、邪恶乖张、端方淑懿等。在此框架基础上，我们考察了四种典型人物：(1)现代型女侠(如赵敏)，以聪明才智和不守规矩为特征；(2)多愁善感型女侠(如小龙女)，以纯真、痴情为特征；(3)端方淑懿型女侠(如戚芳)，以谦逊、温良为特征；(4)邪恶乖张型女侠(如李莫愁)，以心理扭曲、不择手段为特征。[②] 多愁善感、端方淑懿和邪恶乖张的原型都可以在传统小说中找到，但现代型女侠是一个明显的例外，后者是现代社会的产物。

本研究使用计量语言学方法阐明金庸小说中上述四种类型女性的性格特征。金庸本人也对小说人物性格给予极大重视："从我的角度来看，在小说中，人的性格和情感比社会意义更重要。"[③]为此，我们采用了在世界范围内被广泛应用的大五人格模型，包括情绪性(Neuroticism)、外向性(Extraversion)、开放性(Openness)、宜人性(Agreeableness)和尽责性(Conscientiousness)五个维度[④]。

我们依靠自然语言处理及机器学习技术对个体的大五人格进行分析。该技术已在以往研究中成功用于用户人格的预测，如在社交媒体帖子内容点赞与大五人格量表得分之间建立预测模型，从而分析 Facebook 用户[⑤]、新浪微博的用户人格。这种通过机器学习自动识别个人心理特征的过程基于生态行为数据，例如对话(被称为生态识别)[⑥]。本研究的重点是运用这种预测模型来分析金庸武侠小说中不同女侠的人格特性，并评估现代女侠与传统女侠或女性角色原型之间是否存在差异。

鉴于现代化与社交能力的提高和探索外部世界的人格倾向有关[⑦⑧]，我们预测现代和传统女侠之间的外向性有显著差异。另外，由于宜人性主要与道德标准和社会责任有关，我们

---

① 陶慕宁.谈金庸小说的女性形象[J].南开学报.2001(5):7-8.

② 王维燕.论金庸小说中女性形象模式的成因[J].中华女子学院学报,2005(1):62-66.

③ 金庸.神雕侠侣[M].广州:广州出版社,2013.

④ Costa, P.T.Jr., McCrae, R. R. Revised NEO personality inventory manual [M]. Odessa, Florida: Psychological Assessment Resources, 1992.

⑤ Wu, Y. Y., Kosinski, M., Stillwell, D. Computer-based personality judgments are more accurate than those made by humans [J]. Proceedings of the National Academy of Sciences of the United States of America, 2015, 112, 1036-1040.

⑥ Liu, M., Xue, J., Zhao, N., Wang, X., Jiao, D., Zhu, T. Using social media to explore the consequences of domestic violence on mental healt [J]. Journal of Interpersonal Violence, 2018. DOI: 10.1177/0886260518757756.

⑦ Chen, X., Chen, H., Li, D., Wang, L. Early childhood behavioral inhibition and social and school adjustment in Chinese children: A five-year longitudinal study [J]. Child Development, 2009, 80, 1692-1704.

⑧ Chan Zhou, Wai Ying Vivien Yiu, Michael Shengtao Wu, Patricia M. Greenfield. Perception of Cross-Generational differences in child behavior and parent socialization: A mixed-method interview study with grandmothers in China[J]. Journal of Cross-Cultural Psychology, 2018, 49(1): 62-81.

预测邪恶乖张型女侠在宜人性上低于其他原型。[①②]

研究方法

本文采用由中国科学院心理研究所计算网络心理实验室研发的"中文心理分析系统"(简称"文心")(TMS)[③]进行对话分析和大五人格预测。"文心"系统主要由三部分组成:(1)语言技术平台(Language Technology Platform,LTP);[④](2)简体中文心理分析词典(Simplified Chinese LIWC dictionary,SC-LIWC);[⑤](3)"大五"人格预测模型。LTP 是一个开放源代码软件系统,可以对其进行定制以满足研究的特定需求。SC-LIWC 是在 LIWC 2007[⑥]的基础上开发的,用于简体中文环境下的心理分析研究,具有较好的信度和效度。对于每一种人格特征,分别构建了线性回归模型来预测 88 个 LIWC 特征的"大五"量表(BFI-44)得分。这些人格模型的训练数据来自新浪微博的语料库。[⑦⑧] 新浪微博的语料库和小说的对白都是简体中文,具有相同的语法结构,并且都是对个人感受和想法的记录。

文学智能分析流程简化示意图如图 1 所示。首先,对金庸的全部 15 篇小说的电子文本进行对话抽取,为避免抽取过程中的主观因素的影响,以具有双引号的句子为一个单位。[⑨]我们在预处理步骤删除了无用的内容,并以人物为分类条件拆分对话。接下来,将每一个人

---

① Graziano, W. G., Eisenberg, N. Agreeableness: A dimension of 360 personality [M]. Handbook of personality psychology, 1997, 795-824.

② Walker, L. J., Frimer, J. A. Moral personality of brave and caring exemplars[J]. Journal of Personality and Social Psychology, 2007, 93, 845-860.

③ Gao R, Hao B, Li H, et al. Developing simplified Chinese psychological linguistic analysis dictionary for microblog[C]. International conference on brain and health informatics. Springer, Cham, 2013: 359-368.

④ 刘挺,车万翔,李正华. 语言技术平台[J]. 中文信息学报, 2011,06:53-62.

⑤ Zhao, N., Jiao, D. D., Bai, S. T., Zhu, T. S. Evaluating the validity of simplified Chinese version of LIWC in detecting psychological expressions in short texts on social network services[J]. PLOS ONE, 2016, 11, e0157947.

⑥ Yla R. Tausczik,James W. Pennebaker. The psychological meaning of words: LIWC and computerized text analysis methods[J]. Journal of Language and Social Psychology, 2010, 29(1): 24-54.

⑦ Li, L., Li, A., Hao, B. B., Guan, Z. D., Zhu, T.S. Predicting active users' personality based on Micro-Blogging behaviors[J]. PLoS One, 2014, 9, e84997.

⑧ 人格预测模型最初是基于 547 位活跃的中国新浪微博用户建立的。招募这些用户来完成 44 项"大五"量表(BFI-44),并允许他们下载自己在微博上的帖子,以建立人格模型。我们首先将参与者的语言数据转换为矩阵,其中每一行代表一个参与者,每一列代表一类 LIWC 特征。(i,j)条目被设置为特征 j 的参与者 i 的 LIWC 特征值。对于五个人格特质中的每一个,使用 Pace 回归方法(Wang,2000)拟合线性回归模型,以从参与者-LIWC 矩阵(每一列被视为变量)中预测自我报告的人格分数。在每个模型中应用十折交叉验证,以避免过度拟合。为了评估模型的预测准确性,我们对预测和自我报告的人格分数进行了相关分析。预测分数与自我报告调查表分数之间的相关系数如下:宜人性:r=0.48,尽责性:r=0.54,外向性:r=0.50,开放性:r=0.49,以及情绪性:r=0.50。

⑨ 黄伯荣,廖序东.现代汉语[M].北京:高等教育出版社,2011.

物的全部对话都集中到一个新的文件中，从而得到每个人物的全部对话集。之后，利用“文心”系统对小说人物的大五人格进行预测。首先，我们使用语言技术平台(LTP)对人物的全部对话进行分词。然后，利用简体中文心理分析词典(SC-LIWC)①将这些词汇划分为88个类别，并根据LIWC计算每个类别的频率。最后，大五人格预测模型通过LIWC特征得到该人物大五人格的预测值。预测值是从0到100的标准分数，分数越接近100，则相应维度的人格倾向越明显。

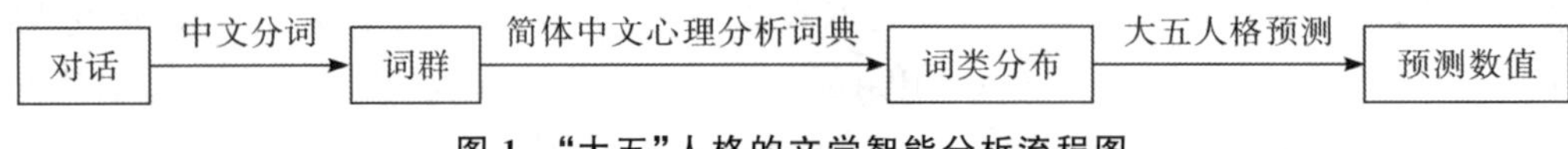

图1 “大五”人格的文学智能分析流程图

我们选取了对话超过50句的人物对话文本用于人格分析②，由此确定了35个女侠作为分析对象，其中现代女侠13人、传统女侠22人(参见附表1)。根据小说中的女侠人物特征及以往文艺学分析，对每一位女侠进行类型分类。编码器显示出很高的评估者间信度(r=0.94)，并确定了四种类型的女侠，包括现代型、多愁善感型、端方淑懿型和邪恶乖张型。

研究结果

基于所进行的文学智能分析，我们得出了每个女侠在“大五”人格特征上的得分(参见附表2)。接下来，我们针对每种类型的女侠计算了五个特征的平均得分和等级。考虑到这四类女侠的样本量都较小，因此在接下来的分析中我们采用非参数检验。如表1所示，Kruskal-Wallis检验表明，四种类型的女侠在外向性方面存在显著差异，其中现代型女侠的外向性得分最高。

表1 现代和三种传统女侠“大五”人格特征的平均得分和等级

女侠类型	宜人性	尽责性	外向性	开放性	情绪性
现代型	39.82(18.85)	35.43(15.31)	63.87(25.23)	64.06(15.08)	73.59(16.42)
传统型	37.18	42.04	40.18	74.69	76.66
多愁善感型	36.79(17.27)	46.04(21.64)	40.57(14.27)	72.74(18.73)	77.37(19.41)
端方淑懿型	47.32(26.60)	43.22(22.60)	40.23(14.40)	74.08(18.80)	74.46(16.60)
邪恶乖张型	29.46(10.33)	33.73(13.33)	39.05(12.17)	78.85(22.33)	77.20(20.0)
Kruskal-Wallis(χ^2)	7.03	4.54	10.49 *	2.22	0.84

注：* $p<0.05$。

① Zhao, N., Jiao, D. D., Bai, S. T., Zhu, T. S. Evaluating the validity of simplified Chinese version of LIWC in detecting psychological expressions in short texts on social network services[J]. PLOS ONE, 2016, 11, e0157947.

② Liu, M. M., Wu, Y. F., Jiao, D. D., Wu, S. T., Zhu, T. S. Literary intelligence analysis of novel protagonists' personality traits and development [J]. Digital Scholarship in the Humanities, 2018, 34, 221-229.

进而，为了检验现代女侠和三类传统女侠在"大五"人格特征上的区别，我们进行了Mann-Whitney U 检验。结果如表 2 所示，现代女侠与其他三类女侠在外向性上均存在显著差异（$p<0.05$），但在尽责性（$p=0.23$）、宜人性（$p=0.71$）、开放性（$p=0.20$）和情绪性（$p=0.48$）上无显著差异。

表 2　现代与传统女侠（包括多愁善感型、端方淑懿型和邪恶乖张型）在"大五"人格特征上等级差异的显著性

人格特征	现代型 vs. 传统型	现代型 vs. 多愁善感型	现代型 vs. 端方淑懿型	现代型 vs. 邪恶乖张型
宜人性	—	—	—	—
尽责性	—	—	—	—
外向性	+	+	+	+
开放性	—	—	—	—
情绪性	—	—	—	—

注：+表示达到统计显著水平（$p<0.05$）。

此外，我们还通过 Mann-Whitney U 检验比较了邪恶乖张型女侠与其他类型女侠之间的差异。结果如表 3 显示，邪恶乖张型女侠与其他类型女侠在宜人性上存在显著差异（均 $p<0.05$），但在尽责性、外向性、开放性及情绪性上的差异不显著。

表 3　邪恶乖张型与其他类型人格特征的比较

人格特征	多愁善感型-端方淑懿型 vs.邪恶乖张型	多愁善感型-端方淑懿型-现代型 vs.邪恶乖张型
宜人性	+	+
尽责性	—	—
外向性	—	—
开放性	—	—
情绪性	—	—

注：+表示达到统计显著水平（$p<0.05$）。

讨　论

当前研究结果阐明了金庸小说中现代女性的人格特征。其中，现代女侠比传统女侠表现出更高的外向性，但其另外四种人格与传统女侠相当。相比之下，经典武侠小说中的传统女侠往往以与男性主人公的爱情为生活的中心：多愁善感与残忍邪恶是由她们对爱情的追求结果来界定的，二者主要区别在于她们是否会因为感情失败而转向邪恶。同样，以温柔谦逊而著称的端方淑懿型女侠，也有以男性为中心的轨迹：她往往具有贤妻良母的典型特征。

因此，金庸小说中的这些传统女侠似乎缺乏一种基本的女性意识，难以获得最终的解放。[①]这与现代女侠形成鲜明对比，她们往往以社交性、个性和自主性而著称。

本研究为金庸小说中这些不同类型女侠的人格特征差异提供了依据。通过对现代中国最受欢迎小说的语料库进行的生态识别与分析，展现了现代女侠与传统女侠在心理叙事上的差异。尽管存在这些差异，但金庸小说中所有女侠的宜人性和尽责性似乎都很低，这表明她们缺乏社会依从性。这一结果与武侠小说中的女侠经典形象相一致：她们几乎总是才华横溢、机灵、美丽、勇敢而机智；但尽管拥有这些积极的特质，她们的社会处境依然十分尴尬，以致总扮演西蒙・波伏娃所谓"第二性"的角色。

本研究首次将文学智能分析技术和"大五"人格模型应用于金庸武侠世界中女性角色的对话文本分析，阐明现代女侠的心理特征。通过聚焦于可以说是中国最受欢迎的当代作家所塑造的女性形象，可以洞悉现代中国文学的集体意识以及传统和现代女性原型的代表性。

值得注意的是，目前的工作依然存在局限性，因为我们只研究了单个作者、单一体裁的语料库。因此，现代和传统女性形象所呈现的人格特征，可能是武侠小说中的女性所特有的，并不能概括到其他文学体裁中的女性角色身上。此外，鉴于文化背景，目前研究结果也可能与当代中国妇女的社会规范和性别期望有关。因此，未来的研究可以将这些分析技术应用到更广泛的文献语料库中，以研究体裁、时间一致性、时间变化以及文化差异的问题。

总之，本研究为现代中国语境下的文学人物分析提供了一种新方法，并揭示了现代女性的性格特征。尽管该分析方法存在一定的局限性，但这些技术和发现展示了理解现代和传统文本中人物塑造的新方法。

表4　金庸小说35位女主角的社会背景信息

类型	女侠	句数	背景(年龄、早期经历、婚姻)
现代型	周芷若	96	17，船夫之女，未婚
	殷素素	83	少女，殷天正之女，已婚
	方仪	88	16，沐王府后代，已婚
	小昭	61	15，韩千叶之女，未婚
	骆冰	91	少妇，骆元通之女，已婚
	赵敏	179	17，"汝阳王"察罕帖木儿之女，已婚
	李沅芷	90	千金小姐，李可秀之女，已婚
	郭芙	163	9，郭靖之女，已婚
	黄蓉(a)*	313	15，黄药师之女，已婚
	周绮	77	17，周仲英之女，已婚
	水笙	82	20，水岱之女，已婚
	陆无双	102	9，陆展元之女，未婚
	霍青桐	140	19，木卓伦长女，未知

① Wang, Y. A new approach to fitting linear models in high dimensional spaces[D]. Doctoral dissertation. New Zealand: The University of Waikato, 2000.

续表

类型	女侠	句数	背景(年龄、早期经历、婚姻)
多愁善感型	小龙女	310	17,孤儿,已婚
	王语嫣	190	18,大理王子(镇南王)之女,未知
	钟灵	101	16,大理王子(镇南王)之女,已婚
	沐剑屏	136	14,沐剑声之妹,已婚
	郭襄	166	15,郭靖之女,未婚
	陈圆圆	55	40,苏州妓院,已婚
	木婉清	167	少女,大理王子(镇南王)之女,已婚
	双儿	119	14,孤儿,已婚
	李文秀	93	7,剑客之女,未婚
	岳灵珊	85	18,华山派掌门之女,已婚
	仪琳	83	16,不戒和尚之女,未婚
端方淑懿型	阿碧	92	16,未知,未婚
	闵柔	95	中年,未知,已婚
	阿朱	329	15,大理王子(镇南王)之女,已婚
	黄蓉(b)	280	中年,黄药师之女,已婚
	戚芳	101	18,戚长发之女,已婚
邪恶乖张型	李莫愁	168	30,未知,未婚
	阿紫	316	15,大理王子(镇南王)之女,未婚
	马夫人	127	27,未知,已婚
	叶二娘	52	18,穷人之女,未婚
	灭绝师太	57	44,方平之妹,未婚
	裘千尺	87	老太太,裘千仞之妹,已婚

* 有两个不同的女主人公,都被命名为黄蓉,但代表两个不同的人物,分别来自《射雕英雄传》(a)和《神雕侠侣》(b)。

表 5　金庸小说 35 位女主角的"大五"人格特征

类型	女侠	宜人性	尽责性	外向性	开放性	情绪性
现代型	周芷若	35.98	32.32	67.91	42.35	68.72
	殷素素	57.20	40.27	78.64	34.89	67.47
	方仪	55.45	45.20	45.53	91.30	47.71
	小昭	36.60	31.99	82.74	79.46	83.20
	骆冰	58.23	45.79	85.09	63.58	63.62
	赵敏	32.70	18.48	95.2	59.18	77.19
	李沅芷	65.99	17.85	80.07	84.17	68.30
	郭芙	42.23	57.27	57.12	51.31	83.35
	黄蓉(a)	37.44	38.57	23.02	68.68	79.27
	周绮	11.77	26.82	48.18	25.05	75.84
	水笙	22.28	34.35	73.60	76.51	87.19
	陆无双	14.93	23.10	47.58	60.40	78.18
	霍青桐	46.84	48.53	45.61	95.93	76.59
	现代型平均	39.82	35.43	63.87	64.06	73.59
多愁善感型	小龙女	40.30	29.44	47.50	83.10	87.84
	王语嫣	28.63	44.94	24.03	73.11	96.73
	钟灵	41.06	31.49	43.36	59.37	87.19
	沐剑屏	58.71	34.31	71.88	92.29	74.13
	郭襄	39.39	54.23	15.02	61.73	69.70
	陈圆圆	37.59	80.62	43.11	81.38	58.55
	木婉清	11.49	25.07	43.01	85.85	93.64
	双儿	65.86	41.44	91.58	75.51	56.60
	李文秀	8.16	65.74	9.63	58.41	83.62
	岳灵珊	40.61	57.37	42.92	50.55	75.01
	仪琳	32.86	41.82	14.23	78.87	68.0
	多愁善感型平均	36.79	46.04	40.57	72.74	77.37
端方淑懿型	阿碧	55.70	52.95	47.83	91.72	69.10
	闵柔	47.63	35.74	62.44	55.64	68.23
	阿朱	44.08	35.72	34.96	75.02	74.47
	黄蓉(b)	44.88	51.18	42.52	92.00	88.42
	戚芳	44.31	40.51	15.67	56.02	72.09
	端方淑懿型平均	47.32	43.22	40.23	74.08	74.46

续表

类型	女侠	宜人性	尽责性	外向性	开放性	情绪性
邪恶乖张型	李莫愁	21.02	28.25	42.66	72.98	82.50
	阿紫	21.29	24.70	20.61	65.01	98.75
	马夫人	37.36	35.03	41.1	96.36	51.90
	叶二娘	37.61	59.19	38.10	86.54	85.72
	灭绝师太	27.44	20.10	63.44	76.44	60.10
	裘千尺	32.04	35.08	28.41	75.19	84.22
	邪恶乖张型平均	29.46	33.73	39.05	78.85	77.20

* 有两个不同的女主人公,都被命名为黄蓉,但代表两个不同的人物,分别来自《射雕英雄传》(a)和《神雕侠侣》(b)。

Modern Versus Traditional Heroines: A Five-factor Personality Model Based on the Linguistic Analysis of Chinese Novels

Wu Shengtao Xu Lijuan Ma Xiao Cai Jiajia Li Tian Zhu Tingshao

(Xiamen University, Xiamen, 361000)

Abstract: Literature reflects society, but few studies have attempted to quantify the psychological profiles of prototypical literary protagonists, particularly in non-Western contexts. The present research examined the literary representations of female characters by using linguistic analysis of the most widely-read and influential novels, by Jin Yong. Based on the simplified Chinese version of LIWC (Linguistic Inquiry and Word Count), the Big Five personality profiles were established among 35 heroines in Jin Yong novels. The results showed a higher level of extraversion among modern versus traditional heroines, and broken heroines revealed lower agreeableness than modern and other types of traditional ones. The current findings suggest that modern females diverge in their constellation of Big Five personality traits. Implications for new methods of the analysis of literary characters are discussed.

Keywords: heroines; personality; linguistic analysis; novels

论女性主义历史发展中知识论阶段兴起的原因和意义

左兴玲*

内容摘要:女性主义知识论是西方女性主义运动和女性主义研究长期发展的必然产物,是西方女性主义研究最重要的理论成果之一,它标志着女性主义的理论研究真正达到了哲学的高度。而女性主义知识论作为现代西方哲学的重要一维,不仅仅构成了女性主义运动和女性主义研究的理论基础,同时也对现代人类文化尤其是西方文化的多个领域,如文学、历史学、语言学、社会学等,都产生了重要的影响。因此,为了更好地评价和理解女性主义知识论,就有必要对其形成的历史和理论根源作较系统的探讨,以彰显其在现代西方哲学中的特殊地位和意义。

关键词:女性主义;知识论阶段;原因;意义

女性主义在现代西方学术界占有重要的地位,尤其是在美国,女性学(Women's Studies)已经成为一门独立的学科,在多所高等院校都开设了女性学课程,①俨然具有"显学"的地位和影响。女性主义理论本身是一个跨学科的学术范畴,它几乎涉及了文学、哲学、心理学等绝大多数人文社会学科。随着学科边界的不断拓展,女性主义理论必然呈现出日益丰富和多元的面貌,而女性主义理论的这种历史地位的形成是以女性主义与哲学相结合而产生的女性主义知识论直接相关的。因此,揭示女性主义知识论产生的根源就成了女性主义研究的重要方面。

一、女性主义知识论阶段兴起的历史和理论根源

标志着西方女性主义产生的是兴起于19世纪下半叶的第一次女性主义运动,这是一次女性追求受教育权、工作权和选举权的政治运动。第二次女性主义运动发生在20世纪60～70

* 左兴玲,女,汉族,玉溪师范学院讲师,主要研究方向为女性主义哲学。

① 女性学诞生于20世纪60年代末70年代初的美国高等院校。1969年,康奈尔大学率先把女性学作为学分课程开设。1970年,圣迭戈州立大学和纽约州立大学正式建立女性学项目。之后,女性学迅猛发展。到1989年,全美有525所大学设立女性学项目,涵盖人文和社会学科各个领域。截至2012年,包括社区大学在内的650多所美国高校设有女性学课程项目,其中16所提供博士学位课程。参见王卓,王恩铭.美国女性学的历史沿革[N].中国社会科学报,2015-8-24.

年代，这是一次进一步要求扩大女性权益和追求人身解放的社会运动。然而，女性主义并不是只以实践的形式表现出来，它同样以理论的形式对社会产生巨大的影响。女性主义理论伴随着第二次女性主义运动而产生，经过几十年的发展，已经成为西方学术界一个特别重要的研究领域。

(一)女性主义知识论阶段兴起的历史根源

女性主义运动来临之前，西方社会已经出现了一些女性主义的先声。美国学者多诺万(Josephine Donovan)甚至认为西方最早的女性主义运动应该追溯至15世纪，并在17世纪末和18世纪达至顶峰。[①] 据西方学者考证，第一位女性主义者可以追溯至15世纪法国的彼森(Christine de Pizan)。其所著《女性之城》一书成为女性主义思想的奠基性著作之一。在书中，她反对女性"天然"低劣的观点。而后，随着启蒙运动的兴盛，对个体理性推崇备至，其中一个结果就是一部分女性的主体意识开始觉醒，随之而来的是女性对自身不合理的现状的反思，从而呼吁改变不平等地位。17世纪，英国的艾斯泰尔(Mary Astell)成为那时最激进的女性主义者，她提出一些前瞻性的观点：女人的生活目标不应该只是一味追求美貌以便吸引一个男人同自己结婚，而应该注重改进自己的灵魂；男女两性有同等的理性能力，因而应当受到同等的教育。进而，她认为女性应该和男性一样拥有对事物进行独立判断的自然权利，而不是仅仅通过道听途说来理解和认识我们所拥有的东西，女性能够进行独立观察，并获得自己的理解，这些认识和理解并非只属于自认为理性更发达的男性所有。[②] 1790年，美国人玛丽(Judith Sargent Murray)在马萨诸塞发表了一篇题为"论两性的平等"的文章。1791年，在法国大革命早期，法国知识妇女古杰(Olympe de Gouges)在巴黎散发一本名为《妇女的权力》的小册子。与此同时，在巴黎还出现了一些女性俱乐部，并向世人发表了第一个"女权宣言"，要求与男性一样拥有教育权和就业权。[③] 让人痛惜的是这位女性主义先驱因为追求女性权利而被送上断头台，相应的女性运动也招致镇压。

然而，尽管受到各种打压，女性要求获得平等权利的声音并没有销声匿迹。18世纪末，英国出现了一位对后世的女性主义思想影响深远的女性主义者——沃尔斯通克拉夫特(Mary Wollstonecraft)，她在1792年完成了重要的女性主义理论著作《为女权辩护》。从全书内容看，启蒙思想一以贯之，其基本观点有：(1)颂扬理性，并坚信女人拥有和男人一样的理智。(2)相信教育，尤其是批判性思维的训练，可以作为改造社会的有效工具。(3)认为每个人都是孤立的个体，依据理智成为独立、自主的行动者。(4)赞同天赋人权学说，这是女性要求平权的理论核心。以此观之，《为女权辩护》俨然是出自一位女性思想家的又一部弘扬启蒙思想的理论经典。毋庸置疑，这本书对随后出现的第一次大规模的女性主义运动产生了极大的影响。

在沃尔斯通克拉夫特《为女权辩护》问世半个世纪以后，英国著名哲学家穆勒(John Stuart Mill)和泰勒(Harriet Taylor)加入了由沃尔斯通克拉夫特所呼吁的女性平权事业。穆勒所著《妇女的从属地位》和泰勒的著作《妇女的选举权》，都被视为女性运动的经典之作。

---

① 约瑟芬·多诺万.女权主义的知识分子传统[M].赵玉春，译.南京：江苏人民出版社，2002：1-5.

② 李银河.女性主义[M].济南：山东人民出版社，2005：15-16.

③ 约瑟芬·多诺万.女权主义的知识分子传统[M].赵玉春，译.南京：江苏人民出版社，2002：1-2.

它们不仅对改变女性不平等地位和现状有十分重要的影响，与此同时，也拉开了第一次女性主义运动的帷幕，引发了世界范围内轰轰烈烈的女性运动，目前普遍认同的时间大致在1840年到1925年间。这次运动的主要目标在于谋求与男性一样的选举权、受教育权和经济权利(就业权)。经过近百年的抗争，第一次女性运动取得了诸多成果，使女性的选举权、受教育权和就业权等，都得到了极大的改善。简单地说，这次运动显然是一次女性要求平权的政治运动，因此，也称为“女权运动”。

女性主义运动的第二次浪潮发生在20世纪的60—70年代，最早兴起于美国。当时正是美国黑人民权运动风起云涌的时候。虽然美国在19世纪70年代就废除了奴隶制，并赋予了黑人公民权和选举权，但是，黑人在参与政治和经济生活上却因为白人的歧视而存在普遍的不平等现象。受黑人运动的影响，女性主义的民权运动也像黑人运动一样，强烈要求改变自己受歧视的处境，并享有像男性一样的选举权、受教育权和工作权。因此，第二次女性主义运动正是在民权运动高涨时产生的，民权运动是推动此次运动的现实基础。然而，早在1949年，法国女作家西蒙·德·波伏娃的著作《第二性》一书的出版，就已经为第二次女性主义运动奠定了理论基础。在这部著作中，波伏娃从哲学、心理学等角度出发，阐明了女性的个人自由之所以受到严重压抑和限制主要原因不是生理因素，而是男权制为主导的社会制度。她指出，男人将自己定义为自我，而将女性看作“他者”，“他者”被认为是丧失了自我意识，处于他人或环境的支配下，不具备主体地位的被异化了的人。总之，波伏娃对女性的性别压迫作了深层的分析和研究，揭示了女性性别的社会建构特征，在一定程度上这已经将女性主义研究纳入了哲学的理论层次，自然为女性主义知识论的产生奠定了理论基础。

(二)女性主义知识论阶段兴起的理论根源

第一次女性主义运动之后，女性虽然有了选举权、工作权和受教育权，但她们很快就发现社会并没有表现出广泛的欢迎和接纳女性，她们走向社会仍然面临着诸多挑战。换言之，女性似乎只取得了参与社会公共领域的通行证，而在她们参与现实的政治、经济等社会活动时，社会普遍对她们存有的偏见和歧视成为她们进入这些领域的最大障碍，尤其是在选举权和工作权上，女性只有形式上的平等，背后隐藏着性别不平等的巨大鸿沟。女性主义者们追根溯源，强调造成性别不平等有自己深层的社会根源，即男性中心主义的权力和制度体制。因此，第二次女性主义运动并不限于第一次女性运动所关注的参政、就业和教育的问题，而是进一步对一些社会问题进行了广泛的理论讨论：例如，关于生育问题，对自然还是人工生育展开了激烈的争辩；社会和家庭针对女性的暴力问题、性骚扰问题，以及对妇女性欲方面的压迫进行分析；对同性恋尤其是女同性恋问题进行深入讨论；对色情作品展开激励讨论。概言之，如果说女性主义运动第一阶段是一场追求平权的政治运动，那么这一时期的女性运动则是围绕女性自身的一些社会问题，展开对男性中心主义的社会意识形态的批判。如果说传统的社会分工和对女性生育的控制是父权制的表征，那么女性对社会分工的挑战和对生育权利的自主，则意味着女性运动对女性的从属地位改变的同时，也触动了父权制的根本。

女性主义对社会问题的关注直指解构男权主义，这就催生了当代的女性研究。或者说，一般的女性主义运动上升为更加深刻而系统的女性研究。女性研究(Women's Studies)又称女性主义研究(Feminist Studies)，于20世纪60年代首先出现在美国和英国。由于对女性有关的社会问题的看法存在诸多分歧,女性主义研究从一开始就衍生出众多的理论派别。例如,就女性受压迫的根源而论,一些女性主义者强调父权制文化中的社会性别制度是妇女受压迫的主要根源,具体表现在男人对女人的性控制,因此,女性主义的主要目标是打破由男性建构的社会性别机制,这一流派被称为"激进女性主义"。一些女性主义受到马克思的劳动异化理论的启发,着重对妇女的工作问题进行分析,认为妇女受压迫的根源在于,妇女的劳动被视为"非生产性的",因此,妇女解放的关键是家务劳动的社会化,这一流派被称为"马克思主义的女性主义"。另外一些女性主义者则受到马尔库塞、阿尔都塞等哲学家的影响,认为现代社会资本主义制度和父权制共同构成了妇女受压迫的制度根源,因而被称之为"社会主义的女性主义"。尽管各个流派之间存在很大的差异,但是它们有一个共同的政治目标,那就是消除男女两性之间的不平等关系。最为关键的是,它们都有共同的理论基点——性别分析方法,这是女性主义独特的分析视角和重要标志。女性主义认为以往的理论体系存在"性别盲点",看似性别中立的主张实际上掩盖了以男性为中心的事实,这是由于女性在历史上长期"不在场"的结果。因此,女性主义主张恢复女性的历史地位,实现女性从"缺席"到"在场"的转变,女性视角和立场的介入有利于批判性地审视理论中的性别视角的缺失。在此过程中,女性主义引入了"Gender"这一概念,[①]中文译为"社会性别",将它与"Sex"(生理性别)区分开,以强调它的社会建构性,意在表明是社会因素而非自然因素造成了妇女地位低下。女性主义学者鲁宾(Gayle Rubing)较早对社会性别作了说明,她认为,社会性别是一套制度安排,社会通过这套安排把生物学意义上的性转变为人类活动的产物。[②]比如,父权制社会通过男女生理学上的差异,建构出了一套彼此对立的"男性气质"和"女性气质",并以这种性别身份来规范和制约女性的社会生活和社会活动方式。以社会性别为核心,女性主义逐渐发展出一种新的研究方法——性别分析方法。这种方法强调在考察人们的认识和行动时,要充分考虑"性别"因素,尤其在社会制度和文化层面,更需充分考虑到每一个独立个体(包括男人和女人)的特殊需要,使不分男人和女人的个体都有在社会中获得合理发展的权利。

性别分析方法首先被运用到社会学研究中,改变了以往只将女性问题简单纳入社会学研究的范式,促成了性别研究成为一个独立的研究领域,并一度成为社会学研究的主流。女性主义发展至 20 世纪 80—90 年代,其触角延伸至文学、史学、心理学、教育学、哲学等多个学术领域,以性别分析方法为理论切入点,女性主义对西方整个学术传统重新进行反思和批判。就哲学领域而言,女性主义学者对传统的哲学展开批判,并以女性主义的视角对哲学问题进行重新思考。知识论是哲学中的一个重要组成部分,一些女性主义学者也深入到知识论领域,试图寻找男女两性不平等的认识论根源,女性主义知识论正是在这样的背景下应运而生的。总的说来,女性主义知识论学者认为传统的知识论忽视女性的存在,将女性排除在

① "Gender"一词最早是语法用语,在某些语言(如法语、德语)中,表示"性"的区分(阳性、阴性和中性),不同的性有不同的词尾。将"社会性别"区别于"生理性别"并努力与后者划清界限,是西方女性主义研究的重要成果。起因是,自然的性生理差异很容易导致性别的本质主义倾向从而固化女性的性别身份,并成为男女不平等的自然基础。而用 Gender 取代 Sex,这种词义上的"革命"益于改造人们的观念,对消解传统文化对女性的偏见有极为深远的影响。

② 转引自罗斯玛丽·帕特南·童.女性主义思潮导论[M].艾晓明,译.武汉:华中师范大学出版社,2002:71.

认知范围之外，由此而来的知识和认知实践是以男性为中心的，因而在深层意义上决定了女性受压迫的命运。女性主义知识论的主要目的是揭露并批判传统知识论对女性认知的轻视和贬低，同时揭示男性中心主义的知识观所包含的性别不平等，进而建构两性平等的知识论。

二、女性主义知识论兴起的意义

女性主义的初衷是消除社会政治上的性别不平等，这种理论要求首先体现在，对哲学中存在的性别不平等进行批判，尤其是对传统哲学知识论中对女性的歧视和绝对的男权主义作系统的批判。1981 年科德(Lorraine Code)首次提出“在知识论上，认知者的性别重要吗?”[①]这一问题；次年，哈丁发表了“性别在理性概念中是一个变量吗?”的文章，都将知识论与性别关联起来。1983 年，哈丁等人出版的论文集《发现真实：女性主义视角中的知识论、形而上学、方法论和科学哲学》，其中收录了探讨性别和知识相关的文献。20 世纪 90 年代，随着《谁知道：从奎因到一种女性主义经验论》、《谁的科学？谁的知识》和《她能知识什么?》等著作的出版，性别与知识的话题，诸如“我们谈论的是谁的知识?”“究竟谁可以成为认知主体，只有男性可以吗?”等，都成为女性主义学者关注的热门话题，并使女性主义者形成了这样一种共识：知识论研究不可能绕开性别问题。通过考察她们发现，如同其他社会理论忽视女性的利益和价值一样，以往的知识论也将女性排除在认知实践之外，进而使女性处于不利地位，具体表现如下：(1)将女性排除在科学研究以外；(2)否定她们知识的权威；(3)贬低“女性化”的认知风格和知识模式；(4)将女性的生产理论表征为低级的，或者只有在它们对男性利益有用时才是重要的；(5)女性的活动和利益在认知实践中得不到体现；(6)生产的知识(例如科学与技术)对于处在从属地位的人来说没有用，或者它强化了性别和其他社会等级[②]。女性主义知识论学者将女性的这些“认知失败”追溯到有缺陷的知识概念和科学方法论，这种概念和方法论都是以男性为中心的、反映男性视角的知识论观念，其中最典型的就是对主体和客观性两个知识论概念的解释。在女性主义知识论学者看来，传统知识论的认知主体和客观性概念都是以理性概念为基础的，将人的理性认识能力看作是认识世界的最佳工具，准确说，就是一种男性化的思维方式，也是西方文化数千年的理性传统缔造的二元对立的认识模式。二元对立的认识模式和父权制文化，在近代自然科学产生后以更加紧密的结合方式展现在科学认识中，科学成为男性的领地，而在科学知识成几何倍数增长的时代，女性在认识领域中的缺失就越发凸显出来。正因如此，女性主义知识论学者通过对传统哲学认知主体和客观性观念的批判，展开了女性主义知识论的建构过程。

以性别—知识为轴线，通过批判、审视传统知识论的男性中心主义特征，女性主义知识论逐渐成为当代知识论的重要一维。女性主义知识论的兴起和发展在多方面产生了深远的

---

① Lorraine Code. Is the Sex of the Knower Epistemologically Significant? [J].Metaphilosophy, 1981(12): 267-276.

② Elizabeth Anderson. Feminist Epistemology and Philosophy of Science[EB/OL].(2000-09-03)[2020-10-03].https://plato.stanford.edu/entries/feminism-epistemology/.

影响。

首先,女性主义知识论成为女性主义理论的重要组成部分,它是女性主义视角延伸至知识论的必然结果,其产生和发展是与女性主义追求男女两性平等的总体政治目标相一致并为此服务的。事实上,女性主义知识论兴起之际,在批判传统知识论的男性中心主义的同时,也在积极地建构相关的理论。其中一个方面就是要求将女性的经验、认知方式、认知价值以及认知诉求纳入对知识的考察和探索之中。随着女性主义知识论的深入发展,女性已经取得了相对平等的知识话语权,并逐渐参与到人类对自身认识活动的解释和评价之中,使女性能够与男性一样平等地参与知识的生产、评价和运用,同时也改变了对人类知识的男性化的理解、评价方式,并改善了女性在这方面的地位和作用。

其次,女性主义知识论的兴起和发展拓展丰富了作为整体的知识论。如前所述,女性主义知识论经过长期的努力,将女性主义视角逐步纳入人类知识论体系之中,使女性主义知识论变成了与传统知识论、社会知识论相并立的重要知识论分支,使女性主义知识论逐步与传统知识论、社会知识论相互融合、渗透、批判,为人类寻求构建更合理的一般知识论(男女两性都受到充分重视,没有男性霸权主义的知识论)提供了重要的理论素材。如格瑞克(John Greco)所指出的,女性主义知识论与社会知识论以及作为知识论的阐释学一起看作是知识论新的发展方向。① 据此,2000 年以后,英美出版的词典已将"女性主义知识论"单独作为一个词条进行编写,如 2004 年出版的《知识论手册》中单独收录了由列侬(Kathleen lennon)撰写的"女性主义知识论"。在国内译介的哲学教材类或哲学入门性的著作也将女性主义知识论写入其中,例如,由欧阳康编译,2005 年出版的《当代英美哲学地图》一书中,其中第二十章就专门讨论了"女性主义认识论和科学哲学";2014 年出版的《哲学的邀请》一书,从本体论、认识论和价值论三大方面框架性的讨论哲学问题,整本书只有三百多页,但在认识论一部分也给女性主义知识论留了一定的篇幅。② 由此可见,女性主义知识论不仅在知识论中占据一定的位置,在当代哲学史中也具有一席之地。正因如此,我们认为女性主义知识论不应该看作是社会知识论的一个分支,更应该被视为知识论整体中的一部分。这是因为女性主义知识论从知识与性别关系的角度切入,对知识做了新的理解,这是它区别于社会知识论的根本所在。进一步说,女性主义知识论所要纠偏的是男性中心主义的知识论,而在女性主义看来,不论是传统个人主义的知识论,还是作为当代知识论新的发展方向的社会知识论,它们都具有男性中心主义的倾向,或者说忽视了女性的认知价值,没有注意到从性别视角审视人类的知识。女性主义知识论的目标是将女性独有的认知方式也纳入知识论中,从而矫正男性中心主义的知识论,最终实现一种男女认知方式和价值都同样受重视的知识论。从这个意义上说,女性主义知识论不仅拓展而且同时也丰富了知识论的研究。

最后,女性主义知识论的兴起和发展,对女性自身的人格自信、性别自信以及自我完善都有很大的影响。历史上,由于女性在认识活动中长期缺位,认识能力受到贬抑,造成了她们对自身性别身份的否定,甚至对女性的人格造成了一些伤害。例如,女性数学能力比男性差常常被用来证明女性的理性推理能力的不足,但是,随着女性主义知识论的兴起,对女性

---

① 转引自魏开琼,曹剑波.女性主义知识论[M].北京:光明日报出版社,2013:5.

② 斯坦利·霍纳,托马斯·亨特,等.哲学的邀请——问题和选择[M].顾肃,刘雪梅,译.上海:上海译文出版社,2014:112-114.

认识能力和认知价值的充分肯定,知识的大门向女性敞开,已经有越来越多的女性证明她们并非如男性原来认识的那样缺乏理智。而让女性更有自信的则在于,女性主义知识论突显出女性独特的认知方式,如注重情感关怀,这种认知模式使女性在认识活动中也能彰显出自己的价值。此外,女性的完整开放,有利于人类完整人格的形成。在传统语言中,男性代表了所有的人,因此也代表了人性,例如,英语单词"Man"既有"男人"的意思,也指代整个"人类"。女性主义知识论的兴起和发展使得女性能够共同参与到人类各项认识活动中,是和男性一起共同代表整个人类的。更进一步说,女性主义知识论的兴起促进了人类社会的巨大进步和人类认识的不断完善和发展,现代科学的兴起就是人类伟大的认知进步,而认识到男女平等也是伟大的变革,而且将女性的认知纳入整个人类的认识中,毫无疑问,这对于人类社会的整体进步都有着非常重要和积极的作用,甚至在某种程度上是人类文明进步和妇女的解放程度的重要标志,因为认识上的解放也是女性获得整体解放的一个组成部分,更是通往每一个人的自由、全面发展的必要内涵。

On the Reason and Significance of the Rise of Feminist Epistemology in the Historical Development of Feminism

Zuo Xingling

(Yuxi Normal University, Yuxi, 653100)

Abstract: Feminist epistemology is the inevitable outcome of the long-term development of western feminist movement and feminist research. It is one of the most important theoretical achievements of western feminist research. It marks that the theoretical research of feminism has really reached the height of philosophy. Feminist epistemology, as an important dimension of modern Western philosophy, not only constitutes the theoretical basis of feminist movement and feminist research, but also exerts an important influence on modern human culture, especially in many fields of Western culture, such as literature, history, linguistics, sociology and so on. Therefore, in order to better evaluate and understand feminist epistemology, it is necessary to make a more systematic discussion on its historical and theoretical origin, so as to manifest its special status and significance in modern Western philosophy.

Key words: feminism; feminist epistemology ; reason ; significance

书　评

Book Reviews

Women/Gender Studies

"满洲的丁玲":吴瑛

——李冉《吴瑛研究》序

刘晓丽*

内容摘要:吴瑛,作为伪满洲国首屈一指的女作家、文化使者和文化明星,有着"满洲的丁玲"之称。吴瑛的身体和作品都深深地嵌在了日本炮制的满洲傀儡国这个异态时空之中,之后又被长久地遗忘在历史的迷雾之中。现今青年学者李冉博士以《吴瑛研究》新著,拨开云雾,使吴瑛的文学成就和她的时代得以被看见,同时融入当下的问题域,让我们重新思考文学与政治、主体与历史、性别与殖民、女性与身份等一系列问题。

关键词:伪满洲国;《吴瑛研究》;女性意识;反抗

吴瑛(1915—1961),1934年登上文坛,1944年封笔过起主妇生活,与她推崇的同时代的萧红(1911—1942)一样,文学创作时间为20~30岁的韶华十年,留下令人惊叹的作品;吴瑛为了远离家务劳作更集中精力写作,她像西蒙·波伏娃(1908—1986)一样,与爱人在都市旅馆中过生活,大部分作品在旅馆里创作出来。吴瑛的作品直面女性的爱情、婚姻、生育和性解放等问题,被称为"满洲的丁玲",同时代的批评家们常常把她的作品同丁玲、冰心、林芙美子等进行比较评价,她自己宣称最欣赏的作家是张天翼和丁玲。我常常想,如果吴瑛像萧红一样逃离了伪满洲国,她会写出什么样的作品?如果她如丁玲在延安生活,能写出什么样的作品?如果她生活在现在,她的作品又会如何?但是,时间中的存在者没有这样的"如果",吴瑛的身体和作品都深深地嵌在了日本炮制的满洲傀儡国这个异态时空之中,她成了伪满洲国首屈一指的女作家、文化使者、文化明星,之后又被长久地遗忘在历史的迷雾之中。现今青年学者李冉博士以《吴瑛研究》①新著,拨开云雾,使吴瑛的文学成就和她的时代得以被看见,同时融入当下的问题域,让我们重新思考文学与政治、主体与历史、性别与殖民、女性与身份等一系列问题。

《吴瑛研究》一书由六部分组成。绪论部分考察吴瑛的创作情况和文化活动,勾勒出吴瑛的人生轨迹;阐论研究吴瑛及其时代文学创作的意义。第一章,从东北特殊的历史境遇出发,张氏东北到民国东北再到日本炮制的伪满洲国东北,梳理吴瑛生平的两条主线:由少女成为妻子、母亲这一人生经历对其创作的影响;在伪满洲国时期进入职场、成为著名女作家、文化明星的过程。探寻吴瑛自觉或不自觉地参与到沦陷区文化发展进程、成为"文化符号"的原因,呈现"新女性"意识和传统保守行为在她身上矛盾共存的图景;论述吴瑛在乱世中作

---

* 刘晓丽,女,汉族,华东师大中文系教授、博士生导师,主要研究方向为中国现当代文学。

① 李冉.吴瑛研究[M].上海:上海交通大学出版社,2020.

为编辑和文学评论家的责任担当与反殖意识，在殖民语境中考察吴瑛之于东北文学存在和发展的意义。第二章，在殖民语境下考察吴瑛的文学创作。从吴瑛编辑的期刊和她的文学作品入手，分析吴瑛的艺术特征和创作风格；结合吴瑛生平和自叙散文，探究“五四”启蒙运动对吴瑛的影响；分析吴瑛作品中的女性意识与解殖意识，对官方推崇的封建礼教的回应、对封建旧式大家庭的批判、对不同背景下女性困境的呈现以及在殖民文化统制下的文学表达形式，解读吴瑛的女性视野和文化经验。第三章，“顺应、迂回、抵抗——吴瑛与殖民者的关系考察”，以吴瑛赴日参加“东亚操觚者大会”和“大东亚文学者大会”为具体案例，分析受殖主体对日本文化的心态及在殖民文化裂隙中的反殖表达；并通过考察吴瑛与在满日本文人的交往，思考吴瑛的民族认同和文化价值取向。第四章，“一代女文笔家的落幕”，梳理吴瑛在伪满洲国后期的文学活动及离职回归家庭的人生经历。作品《鸣》被审查，朋友或被捕或逃离，吴瑛离开文学岗位，随着伪满洲国的覆灭，她辗转北京等地，定居南京，开始一种与文学无关的生活。结语部分从吴瑛出发，思考合作与反抗、性别与殖民、文学与政治、历史与现实等一系列问题。

李冉地毯式搜集散落在报纸杂志中的吴瑛作品，在中国国家图书馆、上海市图书馆、吉林省图书馆、长春市图书馆、辽宁省图书馆、沈阳市图书馆、华东师范大学图书馆、复旦大学图书馆、南京市图书馆等地搜集到散轶在《斯民》《明明》《新满洲》《艺文志》《文选》《诗季》《满洲文艺》《麒麟》《青年文化》《华文大阪每日》《电影画报》《新潮》《国民画报》《妇女杂志》《健康满洲》《学艺》《文颖》《中国文艺》《盛京时报》《大同报》《泰东日报》《太平洋周报》《申报》等杂志报纸中的吴瑛作品。同时李冉还找到了吴瑛、吴郎（1911—1968）的儿子——季勋先生，进行过多次深度访谈，了解到吴瑛、吴郎在 1945 年以后的生活情况。此外，李冉还采访到了经历过伪满洲国的唯一健在的老作家李正中（1921—　）先生，获得了吴瑛同时代人的证言。据此李冉整理出吴瑛的生平年表、文学历程和文化活动，列出吴瑛作品年表，清晰地勾勒出吴瑛韶华十年的文学创作情况，几乎对每篇作品进行了介绍和评析，尽显吴瑛的文学才华，这是本书的底色和贡献之一。

在这些扎实的史料基础上，缠绕在书稿中的问题是吴瑛及其作品的复杂性、多样性、典型性和不可替代性。也正是基于展示特定历史语境中文学从业者及其作品的复杂性这样的问题意识，李冉采用了文学社会学和作家论相结合的研究方案，把作家吴瑛的文学活动放在伪满洲国这个异态时空中去理解。伪满洲国是日本在东亚侵略扩张的产物，但其占领和统治的方式非常特殊，伪满洲国既是日本帝国扩张占领的一个区域，又不同于朝鲜、关东州（旅顺、大连）等地，伪满洲国的实际操纵者是日本关东军和日本官吏，但名义上国家元首为清代退位的宣统帝溥仪（1906—1967），对外宣称独立“国家”，为此构造一系列的“独立国”意识形态，例如“王道乐土”“五族协和”。也就是说，在满洲傀儡国，特别是始建初期，日本是绝对的主导者，但是同时也给以溥仪为首的宣统派及东北地方势力派留下一些政治想象。吴瑛出身满族正黄旗，生活在爱新觉罗一族熙洽（1883—1950）治下的吉林，熙洽是清太祖努尔哈赤亲兄弟穆尔哈齐的后裔，既是宣统派又是地方实力派人物，期待宣统帝复位，积极推进“满洲国”建国。“九一八”事变和“满洲国”建国期间，生活在吉林的吴瑛，日常生活并没有受到很大冲击，她的族人们甚至获得了某种生活上的改善，她本人也先后在《大同报》《斯民》《新满洲》《国民画报》等伪满洲国核心媒体工作，以作家、记者、编辑等身份活跃在文学、新闻、电影、文学评论等多个文化场域，主动地参与到殖民文化进程之中，成为伪满洲国首屈一指的女作家、文化使者、文化明星,代表伪满洲国赴日参加"东亚操觚者大会"和"大东亚文学者大会"。但是吴瑛本人并不属于宣统派,更不是殖民主义的支持者,她和同时代的萧红、白朗(1912—1990)、梅娘(1920—2013)一样,是东北地区最早受到五四思潮影响的女作家之一,文学素养主要由五四新文学培育,作品具有强烈的启蒙意识、性别意识和批判意识。吴瑛的作品关注女性问题,"性别"是她思考社会问题的主要方法,观看周遭世界的重要文化角度。初登文坛的吴瑛,写出了形形色色的伪满洲国的女人们,愚蠢的乡村妇女(《新幽灵》),自命为新女性的城市女人(《女叛徒》《新坤道》),孤僻吝啬的老寡妇(《两极》),见风使舵的女佣(《诡》),女体男性的倒错者《如意姑》,"她们做人的方式和求生的规律"[①],都毫无遮掩地暴露出来。但也正因为吴瑛的满族正黄旗身份、文学才华,作品是远离国策的"女性文学",吴瑛本人及其作品成为伪满洲国可以利用的"文化符号",被编织进所谓"五族协和""王道乐土"的"建国精神"的表征中,在日本殖民者的"东方现代性"宣传修辞中被利用。李冉在书稿中论述道:"客观而言,吴瑛的成名离不开殖民者的'扶持'和殖民语境。当殖民者需要推崇一种符合其意识形态需求的女性作家范式时,契合当局标准的吴瑛被选拔出来,作为女性作家乃至职场女性的典范,为提升'国家'女性形象活动着。在这种预设下,吴瑛获得了一定的社会地位和话语空间,为了进一步加强这种形象的塑造,殖民当局还亲自挑选她作为女性作家代表送至宗主国进行深层次洗脑,力求使其最大限度地发挥'效用'。这种局面的形成,不只是官方体制单方面的塑造,吴瑛本人也或多或少参与其中,是多方'共谋'和互相'利用'的生成。"由此吴瑛作为特定历史语境中文学从业者的复杂性、典型性和不可替代性呈现出来了。

吴瑛及其作品的复杂性还有另一个面,女性问题不局限于女性内部,性别批判自然会延展到社会批判,吴瑛作品中所展露出的女性意识、反家族、反男权意识,自然延展到反抗所有权力,反抗殖民秩序,也可以理解为反满抗日。统治者很快发现吴瑛的作品不仅不能维护其意识形态宣传,而且蕴含着违逆或挑战的意味,便毫不留情地抛弃自己曾经扶持拉拢过的文化明星。吴瑛的小说《鸣》(1943),用意识流第一人称独白的形式描写一位疯狂的孕妇对其丈夫的控诉。其中一段:"你想想,你不是对我的一部分小家族的财产也在窥视吗?你再想想,你为满足过分的贪婪是何等的残酷。你是想要消灭我的家族的。""有一天,你一旦同我的父亲闹了矛盾,你就会立刻断绝我同父亲的关系。你禁止我同父亲会面,禁止通信。把我同我的血族切断。这是什么世道啊!"[②]伪满洲国的文化检查官吏如此解读分析:"丈夫指日本,妻子指满洲,父亲暗指中国。文章是说,日本占领了满洲,进而侵略中国,企图灭亡中华民族。"[③]李冉这样分析这份材料:"事实上,审查者的怀疑不无道理。因为小说所流露的愤懑情绪和反抗情绪已经明显超越妻子与丈夫之间的矛盾。"也就是说,这时的吴瑛作品已经出现了主动反抗日本殖民者的意味。

随着日本军事侵略中国本土,中国抗日战争的爆发,太平洋战争的爆发,伪满洲国赤裸裸地暴露其日本殖民地的本来面目,原来的"五族协和""王道乐土"等意识形态伪装也被抛弃,关东军和日本官僚不再给溥仪帝派和东北地方势力任何政治幻想空间,日满之间的关

① 吴瑛.两极·后记[M].文艺丛刊刊行会,1939:附录1.

② 吴瑛.鸣[J].青年文化,1943(3).

③ 敌伪秘件[J].东北文学研究史料,1987(6):158-157.

系，已经从早期的“友邦”“盟邦”，变成了“亲邦”，溥仪在《建国十周年诏书》中直截了当地把“日满”关系定位为“父子”，一种绝对而不可违逆的上下关系。伪满洲国的文坛也进入了更严酷的时期，同时代的女作家朱媞（1923—2012）和丈夫柯炬（李正中）这样描述当时的文坛：“1942 年，对于东北沦陷时期的文艺界来说是个分水岭，……对文艺界实行残酷镇压。其具体做法是：1.逮捕一切有进步倾向或有反满行动的作家，投入监狱；2.严格审查报刊文艺园地及作品集，制造各种借口迫令销毁，或撕页、撤稿，在读者与作者之间设置障碍；3.强制杂志减页，压缩文艺发表园地，报纸合并改刊，且供应土造纸，油墨失色，使读者欲读不能。”①吴瑛参与编辑的《新满洲》杂志从 120 页减至 60 页，文坛好友女作家杨絮（1918—2004）的《我的日记》一书印出后全部被销毁，文选文丛同人作家山丁（1914—1995）的长篇小说《绿色的谷》被勒令撕页并盖上“削除济”的红印。这时吴瑛开始探索一种特殊的文体，表达自己的愤怒、抗争和反抗，《永生之灵》《鸣》《滥民》三篇小说转向病态和阴暗的疯狂，以重度忧郁症病人、疯狂者独白的方式控诉周围的人和世界，结构小说。李冉分析这些小说时，发现此时吴瑛用词的激烈，“杀人”“饿死”“气死”“闷死”“凌虐”“痛苦”“疯狂”“暴跳”“抗争”“陷害”“血腥”等，“将作者的愤怒和反抗姿态贯穿其中”。吴瑛计划撰写的满族家族故事的长篇小说《墟园》，只开个头也没有续写下去，“我已经草率的一共写了几万字。这所有人物在我的笔下，我正一点也感觉不到满足，不深刻，我再也揭不开他们的真实的心理。这心理也许已经死亡得净尽了，这样，他们是在我的笨拙的笔下，永远不会复活了。追思其最大的原因，倘不是我把握不住文学的情绪，即是我距离蕴育文学情绪的时期太远了”②。《墟园》第一部作为中篇小说曾获“满日艺文协会”颁发的“艺文赏”，吴瑛开始主动离开与伪满洲国相关的文艺组织、文艺活动和文艺奖项。这时的吴瑛处在一种深深的忧虑之中，曾经刊发的作品，曾经参与过的“满日”文艺活动，令她心神不安。自叙散文《沉默与我》《浮沉的心语》梦呓一般地述说着自己的压抑、悔恨和恐惧的情绪。贬损自己“渺小”“低能”“庸俗”“迟于一切人的思想”“低于其他人的天职”。③ 凌虐自己：“子夜，不能入睡时，我看着那盏刺人眼目的灯光……梦中我都觉得有着无数的人类这样的向我咆哮着的凌辱我，那声音森严的刺我所有的心神，使我战栗得不止。”④此时的吴瑛承受着巨大的精神压力，在睡梦中都难逃噩梦的攻击催逼，一方面为自己曾经参与过的“满日”文学活动而追悔，另一方因为作品中的反抗内容被审查而恐惧。才华横溢的女作家以这样的心灵状态永远地离开了文坛。李冉在书中这样总结道：“在特殊时代下，吴瑛获得日本殖民者的‘扶持’成为文坛耀眼光鲜的女性文人，但是在看似风光的背后却蕴含了作家难以言说的郁结。在‘光鲜’与‘沉郁’的双重磨砺下，吴瑛成为一个特殊的存在。虽然在殖民语境中，每一位作家的文学经验都复杂多样。但对于吴瑛这样一位早逝的作家而言，曾经的光鲜瞩目和落寞无奈的后半生形成鲜明对比，充满了悲情色彩。”这样一种体贴的知人论世的态度理解吴瑛，让非常时代吴瑛的焦虑、挣扎和抗争具有了意义，历史迷雾中的文学生命得以重新鲜活，让吴瑛的文学才华不被埋没，进入今日的

---

① 李柯炬，朱媞.1942 至 1945 年东北文艺界一窥[M]//冯为群，等.东北沦陷时期文学国际学术研讨会论文集.沈阳：沈阳出版社，1992：405-409.

② 吴瑛.我怎样写的《墟园》[J].艺文志，1943(1).

③ 吴瑛.沉默与我[J].新满洲，1941，3(4).

④ 吴瑛.浮沉的心语[J].麒麟，1942，2(4)

文学世界。

李冉与吴瑛及其时代相遇,是在我们博士班的讨论课上,我带着他们读加拿大诺曼·史密斯(Norman Smith)教授的《反抗"满洲国"——伪满洲国女作家研究》(*Resisting Manchukuo:Chinese Women Writers and the Japanese Occupation*),李冉对那个时代及其女作家作品产生了探究的兴趣。我让李冉翻译该书的一部分内容作为课程作业,交作业时,她告诉我想翻译全本书,并计划以吴瑛研究为博士论文的选题。当时我正在组织编辑"伪满洲国时期文学资料整理与研究"丛书,鼓励她和史密斯教授合作编辑《吴瑛作品选》,李冉在史密斯教授前期搜集工作基础上,又找到了很多吴瑛散落在报纸杂志中的作品,并且自己录入了吴瑛作品的全部文稿。博士毕业时,李冉收获三部文稿,博士论文《伪满洲国时期女作家吴瑛研究》,翻译书稿《反抗"满洲国"——伪满洲国女作家研究》,与史密斯教授合作主编的《吴瑛作品集》;更令人高兴的是,李冉还收获了聪明伶俐的宝宝,成为温柔智慧的母亲。初识李冉时,她还是华东师范大学学前教育专业的本科生,因为热爱文学,来我们中文系攻读第二学位。十一年之后,李冉由一位学前教育专业本科生成为中文系中国现当代文学的专业研究者,由少女成为妻子、母亲。几句话就说完了十一年的历程,其中甘苦只有李冉自己感知,令人欣慰的是,李冉说她一直走在自主选择的路上,做自己喜欢做的事情——从业文学研究。2017 年,李冉的译稿《反抗"满洲国"——伪满洲国女作家研究》和主编的《吴瑛作品集》均已出版,发表了一系列吴瑛研究学术论文,在博士论文基础上修订的书稿《吴瑛研究》也与读者诸君见面,现在李冉已经成为海内外知名的吴瑛研究专家。多年之前,陈思和教授为我的《异态时空中的精神世界——伪满洲国文学研究》一书作序时说:"我希望晓丽你紧紧抓住这个领域,深入研究下去,不要辜负这么多丰富的第一手资料,也不要辜负那许多在东北沦陷区文学创作中做出过贡献的作家们的殷勤期待。我们这个学科,虽然作为二级学科每年培养了大批的硕士和博士研究生,但青年一代学者中真正称得上专家的人才,实在是太少了。"学术前辈的教诲,我与李冉等一批年青学人一起践行。我们的伪满洲国文学专业研究团队正在形成,李冉博士的吴瑛研究之外,还有陈实博士的伪满洲国童话研究(已出版)、谢朝坤博士的爵青研究、李丽博士的穆儒丐研究、徐隽文的杨絮研究、吴璇的白朗研究、庄培蓉和何清的梅娘研究、孙瑛琦的但娣研究、潘唯的伪满洲国幻想文学研究、陈怡文的东亚游走研究、张宏艺的伪满洲国疾病叙事研究、余漪的《华文大阪每日》研究等,以及博士后李海英教授的伪满洲国朝鲜系作家研究(在中、韩两国出版了系列研究著作)、詹丽博士的伪满洲国通俗文学研究和"鲁迅在伪满洲国"研究(已出版),我们与海内外学者合作编辑的"伪满洲国时期文学资料整理与研究"丛书 34 册已经出版。与学术前辈,与青年学人,我们一起努力。

Wu Ying: "Ding Ling of Manchuria"—Preface to *The Study on Wu Ying* by Li Ran

Liu Xiaoli

(East China Normal University, Shanghai, 200062)

Abstract: Wu Ying, the second to none female writer, cultural emissary and cultural star of Manchukuo, is called "Ding Ling of Manchuria". Wu Ying's body and works are deeply embedded in the strange time and space of the Puppet state of Manchuria manufactured by Japan, and then forgotten in the fog of history for a long time. At present, the young scholar Dr. Li Ran, with her new book *The study on Wu Ying*, breaks through the clouds, so that Wu Ying's literary achievements and her era can be seen. At the same time, it integrates into the current problem domain, which makes us rethink a series of issues such as literature and politics, subject and history, gender and colonization, women and identity.

Key words: Manchukuo; *The study on Wu Ying*; female consciousness; resistance

本刊征文启事

《妇女/性别研究》(Women/Gender Studies)系厦门大学妇女/性别研究与培训基地创办的综合性学术刊物。本刊本着学术至上原则,刊发在文学、哲学、历史学、社会学、法学、教育学、政治学、经济学、公共管理、公共卫生等领域里的妇女/性别研究优秀论文,诚挚邀请海内外学者惠赐大作。现将相关事项知会如下:

1. 本刊暂定为一年刊,每年 10 月出版。投稿截止日期为每年的 5 月前。投稿后一般在一个月内会接到有关稿件处理的通知。

2. 来稿限用中、英文发表,中文 20000 字以内,英文 15000 字以内。

3. 切勿一稿多投,本刊所发论文,以未发表者为宜。来稿务必原创,凡涉抄袭、侵害他人等权利之事,概由作者承担包括法律在内的一切责任。

4. 每篇论文正文前须有 300 字左右的中文论文摘要,3 至 5 个中文关键词。同时提交英文篇名、作者名、摘要与关键词。

5. 来稿请附作者信息,包括姓名、单位、职称、邮编、通信地址、电话、电子信箱,以便联系。

6. 为实行环保,请作者通过电子邮件提供稿件的电子版。

7. 本刊刊登稿件均为作者研究成果,不代表本刊意见。来稿一经采用,即付稿酬,并寄样刊 3 册。

8. 联系方式:

地址:中国福建省厦门市厦门大学厦门大学妇女/性别研究与培训基地《妇女/性别研究》编辑部

邮政编码:361005

电子邮箱:hmshistone@126. com

附:本刊注释技术规范

1. 采用页下注(脚注)

2. 注释格式为:主要责任者.题名:其他题名信息[文献类型标识].版本项.出版地:出版者,出版年:引文页码.分类示例如下:

(1)引用古籍:

康熙字典:巳集上:水部[M].同文书局影印本.北京:中华书局,1962:50.

汪昂.增订本草备要:四卷[M].刻本.京都:老二酉堂,1881(清光绪七年).

(2)引用近人著作:

徐复观.中国文学精神[M].上海:上海书店出版社,2005:50-51.

北京大学哲学系美学教研室.西方哲学家论美与美感[M].北京:商务印书馆,1980:54.

陈登原.国史旧闻:第1卷[M].北京:中华书局,2000:29.

冯友兰.冯友兰自选集[M].2版.北京:北京大学出版社,2008:第1版自序.

钱学森.创建系统学[M].太原:山西科学技术出版社,2001:序2-3.

(3)引用析出文献:

宋史卷三:本纪第三[M]//宋史:第1册.北京:中华书局,1977:49.

李约瑟.题词[M]//苏克福,管成学,邓明鲁.苏颂与《本草图经》研究.长春:长春出版社,1991:扉页.

姚中秋.作为一种制度变迁模式的“转型”[M]//罗卫东,姚中秋.中国转型理论分析:奥地利学派的视角.杭州:浙江大学出版社,2009:44.

(4)引用近人论文:

王宁,黄易青.词源意义与词汇意义论析[J].北京师范大学学报(人文社会科学版),2002(4)90-98.

李炳穆.韩国图书馆法[J].图书情报工作,2008,52(6):6-21.

(5)引用译作:

杜夫海纳.美学与哲学[M].孙非,译.中国社会科学出版社,1985:52.

(6)引用网络电子文献:

李强.化解医患矛盾需釜底抽薪[EB/OL].(2012-05-03)[2013-03-25].http://wenku.baibu.com/view/47e4f206b52acfc789ebc92f.html.

吴云芳.面向中文信息处理的现代汉语并列结构研究[D/OL].北京:北京大学,2003[2013-10-14].http://thesis.lib.pku.edu.cn/dlib/List.asp? lang=gb&type=Reader&DocGroupID=4&DocID=6328.

3. 标识代码:

(1)文献类型和标识代码:

普通图书 M,会议录 C,汇编 G,报纸 N,期刊 J,学位论文 D,报告 R,标准 S,专利 P,数据库 DB,计算机程序 CP,电子公告 EB,档案 A,舆图 CM,数据集 DS,其他 Z。

(2)电子资源载体和标识代码:

磁带 MT,磁盘 DK,光盘 CD,联机网络 OL。

厦门大学《妇女/性别研究》编辑部
2017年9月